Speed! 수능 국어의 답

문법영역편 1부

생각의 차이
빠른 정답 찾기의 시작이다!

수능 문법은 〈보기〉 없는 문항과
〈보기〉 있는 문항밖에 없다

Speed!
수능
국어의
답

박종석 · 임소라 지음
안세봉 검토

문법영역편 1부

전국의 수험생에게

1993년 처음으로 수능이 실시된 이후, 지문과 문항 구성을 바탕으로 거듭 변화가 있었습니다. 그때마다 수험생들은 혼돈 속으로 빠졌을 것입니다. 때로는 수능 문항이 일정 기간 동안 패턴을 유지했기 때문에 수험생들의 어려움이 점차 사라질 것 같았지만 수능 국어를 A형과 B형으로 나누면서 혼란이 가중되었습니다. 그러나 시행과 동시에 2017학년도에 갑자기 사라지게 됩니다. 이후, 안정화가 지속 될 것 같았으나, 역시 몇몇 변화로 인해 수험생들이 혼돈에 빠진 상태일 것입니다.

가장 눈에 띈 변화는 지문의 장문화와 융합 지문의 출제 그리고 지문에 따른 문항 수의 증가입니다. 게다가 대부분의 수험생들이 겪는 시간의 촉박함까지 겹쳐 문법 체감 난이도는 점점 높아지고 있습니다. 여기에다 대학의 수험생 선발이라는 변별력이 수능 국어로 무게가 실리면서 변별력 확보 차원에서 수능 국어가 더욱 어렵게 출제되고 있는 상황입니다.

더욱 혼란스러운 수능 국어의 현실!

오랫동안 학교 현장에서 학생들을 가르치면서, 특히 수능 국어를 어려워하는 수험생의 입장을 생각할 때, 도움이 되는 해결책을 제시해야겠다는 신념이 생겼습니다. 그래서 학교 현장에서 문항 풀이 방법을 개발함과 동시에 정답을 찾는 시간의 부족함까지 해결할 수 있는 방법을 가르쳤습니다. 또한 국가 수준의 문항 구성 출제 및 문항 설계, 문항 분석과 같은 교육 활동에 직접 참여하였으며, 공교육 기관에서의 시험 출제를 다년간 경험한 필자는 수능 국어를 새로운 시각으로 접근하여 논리정연하게 정답을 찾는 쉬운 방안을 연구하게 되었습니다.

그래서 나름의 방법을 찾았습니다. 이 책에서는 단지 문항을 통해 답을 찾는 새로운 시각의 일정 부분만[Ⅰ부]을 공개할 것입니다. 물론 차후 수정 혹은 개정판이 이루어진다면, 나머지[Ⅱ부] 수능 국어 문법 풀이 방안을 공개 및 출판할 계획입니다. 이는 오로지 수험생들의 호응에 따라 책 출판 계획을 세울 것입니다.

이 책은 시중에 나와 있는 기존 수능 국어 문법의 풀이 방안과 달리, 나름의 용어를 설정해서 문항에 접근하기 때문에 다소 생소할 수 있으나, 이 책에서 설명하는 개념에 연연하기보다는 실제 풀이 방안과 실전 문제를 중심으로 이해하면 도움이 될 것입니다.

이 책은 다음과 같은 7가지에 중점을 두었습니다.

1. 문항의 정답을 찾는 단계적 방법을 정리했습니다.

시중에 출판된 기출 문제집들은 대부분 문제를 앞쪽에, 문제 풀이를 책의 뒤쪽에 실어 정답지 해석에 무게를 둔 반면에, 이 책은 지문 분석이나 정답 풀이에 무게중심을 두기보다는 문항의 정답을 찾는 정리된 방법을 제시하여 쉽게 문제에 접근하도록 하였습니다.

2. 일관된 풀이법을 개발, 적용했습니다.

각 문항마다 정답을 다르게 찾아야 하는 수험생들의 부담을 덜기 위해 문항을 유형별로 구분하고, 같은 유형의 문항은 같은 방법으로 정답을 찾을 수 있도록 일관된 풀이법을 개발, 적용했습니다.

3. 문법 문항을 5가지로 범주화하여 한눈에 볼 수 있도록 하였습니다.

수능 국어 문법 영역의 모든 문항을 한눈에 볼 수 있도록 정리하여, 문항 전체에 대한 수험생들의 심리적 부담을 덜도록 하였습니다. 가령, '수능 문법은 <보기> 없는 문항과 <보기> 있는 문항밖에 없다.'로 구별한 것처럼.

4. 수능 기출 문제를 중심으로 다루었습니다.

수능 기출에서 다루었던 문항만을 분석하여, 분석을 바탕으로 문법 지식을 정리하였습니다.

5. 개념 정리 - 예시문항 - 적용문항 - 실전 문항의 순으로 구성했습니다.

기출 문항을 기존의 학습서들과 다른 관점에서 쉽게 이해할 수 있도록 필자만의 '팁(tip)'과 '발칙한 생각'을 두어 수험생이 정답을 찾는 즐거움을 줄 것이라는 생각이 듭니다.

6. 적용 기출 문항을 제시했습니다.

<본문>에서 유형별 문제 해결 방법을 익힌 학생들이 다양하게 출제되는 문항에 대한 자신감을 가질 수 있도록 적용 기출 문항을 제시하였다는 점, 역시 이 책이 가진 특징이기도 합니다.

7. 독서 영역의 문법 관련 문항도 정리했습니다.

수능 독서 영역 가운데 문법 범주에 포함된 문항을 부록으로 정리하여, 한 문항도 틀리지 않도록 했습니다. 또한 세 가지 출제의 법칙으로 범주화하여 역시 한눈에 볼 수 있도록 했습니다.

이 책에서 언급하는 몇 가지 법칙들을 수능 문법 문항에 적용할 경우에, 한 문항에 하나 이상의 법칙이 적용될 수도 있습니다. 그러나 문항을 보는 순간 수험생들은 자연스럽게 이 책에서 익힌 법칙들을 활용하여 문항에 대한 정답을 쉽게 해결할 수 있을 것입니다. 수험생 자신이 부족하다고 생각하는 문법 문항 유형이 있을 겁니다. 스스로 부족한 문항 유형에 해당하는 법칙만을 이 책에서 찾아 이해하고 정답 찾기에 활용하면 수능 문법 영역에 대한 두려움이 다소 사라질 것입니다.

평가의 정점에 있는 수능 문항만을 대상으로 하여, 필자가 생각한 수능 문법 영역의 풀이법을 공개합니다. 이와 같은 방법론을 학습한 학생들은 분명 문항 풀이에 대한 자신감을 가질 것이며, 또한 시험 시간을 절약할 수 있을 것입니다. 또한 이 방법의 활용으로 국어에 대한 친근감과 자신감을 회복하면서 수험생 자신이 부족하다고 생각하는 다른 교과에 시간 투자와 노력을 더 해주었으면 하는 바람입니다.

『스피드 수능 국어의 답- 독서 영역 1부』와 『스피드 수능 국어의 답- 문학 영역 1부』는 이미 출판되었습니다. 정답을 찾는 스킬이 있다는 점에서 수험생들에게 좋은 평을 듣고 있지만, 내용과 편집이 다소 난해하다는 수험생들과 선생님들의 조언에 따라 새롭게 편집, 수정해 개정판을 출간하였습니다. 필자는 더욱 분발해 이번에는 『스피드 수능 국어의 답- 문법 1부』를 출판합니다. 두 권의 책과 비교하면서 수능 국어의 답을 찾는 데 작은 도움이 되었으면 합니다.

이 책을 출판하는 데 조언을 해 주신 안세봉 선생님께 고마움을 전합니다.

박 종 석
2020년 5월

차 례

제1장

수능 문법의 이해

1. 수능 문법의 범주

* 학교 문법은 기술(이론) 문법 중, 학교에서 배울 만한 문법적 지식을 따로 정리한 것이다. 따라서 기술(이론) 문법에서 허용하는 것을 학교 문법에서는 허용하지 않을 수 있다.
 '이리 와라, 이리 오너라'를 예로 들면 다음과 같다.

	학교 문법	기술 문법
이리 와라	X	O
이리 오너라	O	O

수능 문법의 범주는 크게 음운, 단어, 문장, 담화, 의미, 국어의 역사 등으로 나눌 수 있다.

특히, 최근에는 중세 문법을 현대어로 풀이하여 문법 현상을 묻거나, 중세 문법을 현대 문법과 비교하는 형태의 문항이 자주 출제되고 있다. 그래서 지문을 제시하고 세트형으로 두 문항이 출제되는 경우가 많다.

학교에서 배우는 이른바 '학교 문법'은 학교 교육 테두리 안에서 통용되는 이론이라 할 수 있다. 수능 시험은 학교 문법을 근간으로 출제되므로, 가장 먼저 문법 개념을 학습하고 이해하는 것이 매우 중요하다.

※ 수능 문법의 범주

◆ **음운** - 음운
  └ 음운의 변동

◆ **단어** - 형태소
  ├ 단어의 형성
  ├ 품사
  └ 단어의 표기법

◆ **문장** - 문장 성분
  ├ 문장의 구조
  └ 문장 표현

◆ **담화** - 담화의 상황 맥락

◆ **의미** - 단어의 의미 관계

◆ **국어의 역사** - 고대 국어
  ├ 중세 국어
  └ 근대 국어

2. 수능 문법의 필수 개념

수능 문법 문항을 잘 풀기 위해서는 지문이나 문제에 나오는 문법 개념을 정확하게 이해해야 한다. 따라서 수능 문법에 필요한 필수 개념을 정리해 알아 두어야 한다.

음운

◆ 음운의 뜻과 종류

음운이란, 단어의 뜻을 구별해주는 가장 작은 소리의 단위이다.

음운은 분절 음운(음소)과 비분절 음운(운소)으로 나뉜다. 음소와 운소의 앞 글자를 따서 음운이라고 하는 것이다. 분절 음운은 나눌 수 있는 음운으로 자음과 모음이 있다. 비분절 음운은 분절 음운에 얹혀 말을 할 때에 함께 실현되는 음운으로 따로 나눌 수 없다. 비분절 음운에는 소리의 장단, 고저, 강약이 있다.

    ┌ 분절 음운: 자음, 모음
    └ 비분절 음운: 장단, 고저, 강약

① 분절 음운

예 담 - 달 - 살

위의 예에서 보듯이 자음 'ㅁ, ㄹ, ㅅ'에 따라 단어의 뜻이 바뀌었다. 따라서 'ㅁ, ㄹ, ㅅ' 등의 자음은 단어의 뜻을 구별해 주는 음운이다.

예 달 - 돌 - 들

위의 예에서 보듯이 모음 'ㅏ, ㅗ, ㅡ'에 따라 단어의 뜻이 바뀌었다. 따라서 'ㅏ, ㅗ, ㅡ' 등의 모음도 음운이다.

② 비분절 음운

예 말(馬) - 말:(言)

위의 예에서 보듯이 소리의 장단에 따라 단어의 뜻이 바뀌는 경우도 있다. 따라서 소리의 장단도 음운이다.

예 공부해↗(의문문), 공부해↘(평서문), 공부해→(명령문)

위의 예에서 보듯이 억양에 따라 문장이 뜻이 바뀌어 의문문인지 평서문인지 명령문인지 구별된다. 따라서 억양도 음운이다.

◆ 자음과 모음

자음과 모음은 발음할 때 공기가 방해를 받느냐 받지 않느냐로 구분된다.

┌ 자음: 발음할 때 공기가 방해를 받는 소리
└ 모음: 발음할 때 공기가 방해를 받지 않고 나오는 소리

① 자음

<자음의 조음 위치>
① 윗입술 ② 잇몸, 허끝
③ 센입천장 ④ 여린입천장
⑤ 목청

자음은 발음할 때 공기가 방해를 받는 위치(조음 위치)와 발음을 하는 방법인 조음 방법을 기준으로 다음과 같이 분류할 수 있다.

조음 방법		조음 위치	입술소리	허끝소리	센입천장소리	여린입천장소리	목청소리
안울림 소리 (무성음)	파열음	예사소리	ㅂ	ㄷ		ㄱ	
		된소리	ㅃ	ㄸ		ㄲ	
		거센소리	ㅍ	ㅌ		ㅋ	
	파찰음	예사소리			ㅈ		
		된소리			ㅉ		
		거센소리			ㅊ		
	마찰음	예사소리		ㅅ			ㅎ
		된소리		ㅆ			
울림 소리 (유성음)	비음		ㅁ	ㄴ		ㅇ	
	유음			ㄹ			

자음 체계표의 여러 개념들을 정리해 보자.

· 안울림 소리(무성음): 발음할 때 성대가 울리지 않고 나는 소리
  ├ 파열음: 공기를 막았다가 터뜨리면서(파열) 나는 소리
  ├ 파찰음: 공기를 막았다가 발음 기관의 통로를 조금 열어 그 사이로
      공기를 마찰시켜 나는 소리(파열 후 마찰)
  └ 마찰음: 발음 기관의 통로를 좁혀 그 사이로 공기를 내보내며 마찰시켜
      나는 소리

· 울림 소리(유성음): 발음할 때 성대가 울리는 소리
  ├ 비음: 코로 공기가 통과해서 나는 소리
  └ 유음: 공기가 혀 옆으로 흘러 나가면서 나는 소리

② 모음

┌ 단모음: 발음할 때 입 모양이 바뀌지 않는 모음
└ 이중모음: 발음할 때 입 모양이 바뀌는 모음. 반모음과 단모음의 결합

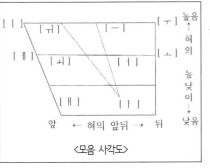
〈모음 사각도〉

단모음은 혀의 위치, 입술 모양, 혀의 높낮이를 기준으로 다음과 같이 분류할 수 있다.

혀의 위치 / 혀의 높낮이 입술 모양	전설모음		후설모음	
	평순모음	원순모음	평순모음	원순모음
고모음	ㅣ	ㅟ	ㅡ	ㅜ
중모음	ㅔ	ㅚ	ㅓ	ㅗ
저모음	ㅐ		ㅏ	

단모음 체계표의 여러 개념들을 정리해 보자.

· 혀의 위치: 모음을 발음할 때, 혀의 가장 높은 부분의 위치
    ├ 전설(前舌)모음: 혀의 가장 높은 부분이 혀 앞쪽인 모음
    └ 후설(後舌)모음: 혀의 가장 높은 부분이 혀 뒤쪽인 모음

· 입술 모양: 모음을 발음할 때의 입술 모양
    ├ 평순(平脣)모음: 발음할 때, 입술이 평평하게 펴지는 모음
    └ 원순(圓脣)모음: 발음할 때 입술이 둥글게 되는 모음

· 혀의 높낮이: 모음을 발음할 때, 혀의 높이
    ├ 고모음: 혀의 높이가 높은 모음. 입이 가장 적게 열림
    ├ 중모음: 혀의 높이가 입 중간인 모음. 입이 중간정도 열림
    └ 저모음: 혀의 높이가 낮은 모음. 입이 가장 많이 열림

발칙한 생각

모음 'ㅔ'와 'ㅐ'는 혀의 높낮이에만 차이가 있어 발음을 구별하기 쉽지 않다. 그래서 단모음 체계표를 암기하다 이 둘을 헷갈리는 학생들이 많다. 쉽게 외우는 발칙한 생각! '멍멍 개' 머리 위에 '꽃게'가 앉아 있다고 떠올려 보자.

'개' 위에 '꽃게' → 'ㅐ' 위에 'ㅔ'

이중모음은 반모음과 단모음이 결합하는 모음으로, 결합하는 반모음의 종류와 결합 순서에 따라 다음과 같이 분류할 수 있다.

	상향 이중모음	하향 이중모음
'ㅣ'계 이중모음	ㅑ, ㅕ, ㅛ, ㅠ, ㅖ, ㅒ	ㅢ
'ㅗ, ㅜ'계 이중모음	ㅘ, ㅙ, ㅝ, ㅞ	

반모음은 짧게 발음하여 온전히 발음되지 않는다. 우리나라의 반모음에는 반모음 'ㅣ', 반모음 'ㅗ, ㅜ'가 있다.

상향 이중모음은 반모음을 발음한 뒤 단모음을 발음하는 모음이며, 하향 이중모음은 단모음을 먼저 발음한 뒤 반모음을 발음하는 모음이다.

예 'ㅑ' = 반모음 'ㅣ' + 단모음 'ㅏ'
예 'ㅘ' = 반모음 'ㅗ' + 단모음 'ㅏ'

◆ 음운의 변동

* 자음 동화의 종류

'자동비유'
: 자음 동화에는 비음화, 유음화가 있다.

음운의 변동이란, 어떤 형태소가 특정한 위치에 놓이거나 다른 형태소와 결합할 때 소리가 달라지는 현상이다.

음운의 변동은 크게 음운의 조건에 따라 서로 비슷해지거나 같아지는 현상(교체), 어느 하나가 없어지거나(탈락) 생기는 현상(첨가), 두 음운이 합쳐서 다른 음운으로 줄어드는 현상(축약) 등이 있다.

· 교체 – 음절의 끝소리 규칙
　├ 자음 동화 – 비음화
　　　　　└ 유음화
　├ 구개음화
　└ 된소리되기

* 탈락의 종류

'사랑하자, 모든 거동'을
: 'ㅅ, ㄹ, ㅎ'는 자음탈락, 모음탈락은 'ㅡ, ㅓ, 동음'

· 탈락 – 자음군 단순화
　├ 자음 탈락 – 'ㄹ'탈락
　　　　├ 'ㅎ'탈락
　　　　└ 'ㅅ'탈락
　└ 모음 탈락 – 'ㅡ'탈락
　　　　├ 동일 음 탈락
　　　　└ 'ㅓ' 탈락

· 첨가 – 'ㄴ' 첨가
     └ 사잇소리 현상

· 축약 – 자음 축약
     └ 모음 축약

음절의 끝소리 규칙(교체)

> 음절 끝에서 'ㄱ, ㄴ, ㄷ, ㄹ, ㅁ, ㅂ, ㅇ'의 7개 자음만 발음되는 규칙

음절의 끝소리 규칙은 음절의 끝소리에서 'ㄱ, ㄴ, ㄷ, ㄹ, ㅁ, ㅂ, ㅇ'의 7개 자음만 발음된다는 규칙이다. 이 외의 자음이 음절 끝에 오면 반드시 이 7개의 자음으로 교체되어 발음된다.

음절 끝 표기	음절 끝 발음	예
ㄱ, ㄲ, ㅋ	[ㄱ]	낚시 [낙씨]
ㄴ	[ㄴ]	논[논]
ㅌ, ㅅ, ㅆ, ㅈ, ㅊ, ㅎ	[ㄷ]	버섯 [버섣], 끝 [끋], 있다 [읻따], 빛 [빋]
ㄹ	[ㄹ]	들 [들]
ㅁ	[ㅁ]	마음 [마음]
ㅂ, ㅍ	[ㅂ]	옆 [엽]
ㅇ	[ㅇ]	강 [강]

> * 연음 현상
>
> 자음으로 끝나는 형태소와 모음으로 시작하는 형식 형태소가 결합할 때 일어나는 현상.
> 음절의 끝소리 규칙과 잘 구분해야 한다.
>
> 잎이 [이피]- 연음
> 잎도 [입또]- 교체

비음화(교체)

> 파열음이 비음 앞에서 비음으로 바뀌는 현상
>
> 'ㄱ' + 'ㅁ, ㄴ' → ㅇ
> 'ㄷ' + 'ㅁ, ㄴ' → ㄴ
> 'ㅂ' + 'ㅁ, ㄴ' → ㅁ

* 동화의 종류

동화(同化)란, 인접한 음
운을 닮아가는 현상이다.
동화는 방향과 정도에 따
라 다음과 같이 나뉜다.

· 방향에 따라 ─ 순행
           └ 역행

· 정도에 따라 ─ 완전
           └ 불완전

비음화란, 파열음 'ㄱ, ㄷ, ㅂ'이 비음 'ㅁ, ㄴ' 앞에서 비음으로 바뀌는
현상이다. 이때, 파열음 'ㄱ, ㄷ, ㅂ'은 각각 같은 조음 위치의 'ㅇ, ㄴ, ㅁ'
으로 발음된다.

즉, 비음화는 파열음이 뒤에 오는 비음의 조음 방법을 닮아 같은 조음
위치의 비음으로 바뀌는 현상이므로 자음 동화이며 교체에 해당한다.

예 먹물 [멍물]   돋는 [돈는]   밥물 [밤물]

유음화(교체)

> 'ㄴ'이 'ㄹ'의 앞이나 뒤에서 'ㄹ'로 바뀌는 현상
>
> 'ㄴ' + 'ㄹ' → 'ㄹ'
> 'ㄹ' + 'ㄴ' → 'ㄹ'

유음화란, 'ㄴ'이 앞이나 뒤에 오는 유음 'ㄹ'의 영향을 받아 'ㄹ'로 바뀌
는 현상이다.

예 산림 [살림]   물난리 [물랄리]

+tip ✍ **자음 동화(비음화, 유음화) 외에 모음 동화는 없을까?**

'ㅣ'모음 역행 동화가 있다. 'ㅣ'모음 역행 동화는 앞 음절의 후설 모음이
뒤 음절의 전설 모음 'ㅣ'를 닮아 전설 모음 'ㅔ, ㅐ, ㅟ, ㅚ'로 변하는 현상
이다. 전설 모음에 동화되었다고 해서 전설 모음화라고도 한다.

예 먹이다[메기다]   죽이다[쥐기다]

> 후설 모음 'ㅓ, ㅏ, ㅜ, ㅗ' + 'ㅣ' → 'ㅔ, ㅐ, ㅟ, ㅚ'

그러나 'ㅣ'모음 역행 동화는 표준 발음으로 인정하지 않으며, 표기도 원형으로 밝혀 적어야 한다.

예외) 냄비, 서울내기, 시골내기, 신출내기, 풋내기, 소금쟁이, 담쟁이덩굴 등

'ㅣ'모음 순행 동화도 있다. 'ㅣ'모음 순행 동화는 'ㅣ'모음 뒤의 후설 모음 'ㅓ, ㅗ'가 'ㅣ'의 영향을 받아 각각 'ㅕ, ㅛ'로 변하는 현상이다. 앞의 'ㅣ' 모음이 반모음의 역할을 하여 이중 모음으로 발음된다고 해서 이중 모음화 라고도 한다.

예 기어 [기여]   미시오 [미시요]

'ㅣ' + 후설 모음 'ㅓ, ㅗ' → 'ㅕ, ㅛ'

'ㅣ'모음 순행 동화 역시 표준 발음으로 인정하지 않으며, 표기도 원형으로 밝혀 적어야 한다. 예외로 인정되는 단어는 단 4개 뿐이다.

예외) 되어 [되어/되여],   피어 [피어/피여],

    이오 [이오/이요],   아니오 [아니오/아니요]

구개음화(교체)

'ㄷ, ㅌ' + 'ㅣ' → 'ㅈ, ㅊ'

구개음화란, 혀끝소리인 'ㄷ, ㅌ'이 전설모음 'ㅣ'를 만나 센입천장소리인 'ㅈ, ㅊ'으로 바뀌는 현상이다. 센입천장소리를 경구개음(硬口蓋音)이라고도 하기때문에 이 현상을 구개음화라 한다.

예 맏이 [마지]   붙이고 [부치고]

구개음화는 다음과 같은 조건이 있다.

① 'ㅣ'로 시작하는 형식 형태소와 결합(실질 형태소는 일어나지 않음)

  예 끝인사 [끄딘사]

  → '인사'가 실질 형태소이므로 구개음화가 아닌, 음절의 끝소리 규칙이
    일어남

* 구개음화는 형태소끼리의 결합에서만 일어나므로 단 일어에서는 일어나지 않는다.

- 잔디 [잔디], 마디 [마디] 위 단어들은 'ㄷ'과 'ㅣ'의 결합으로 보이지만, 형태소의 결합이 아닌 단일어 내의 한 음운이므로 구개음화가 일어나지 않는다.

② 형태소끼리의 결합에서만 일어남

③ 반드시 'ㅣ'와 결합(반모음 'ㅣ'도 포함)

  예 팥을 [파틀]: 'ㅡ'와 결합했으므로 단순 연음이 적용됨.

  예 닫혀 [다텨 → 다쳐]: 'ㅕ'가 반모음 'ㅣ'+ 'ㅓ'이므로 구개음화 적용됨.

된소리되기(교체)

```
ㄱ, ㄷ, ㅂ, ㅅ, ㅈ → ㄲ, ㄸ, ㅃ, ㅆ, ㅉ
```

된소리되기란, 예사소리인 'ㄱ, ㄷ, ㅂ, ㅅ, ㅈ'가 다음 환경에서 된소리로
발음되는 현상이다.

① 받침 'ㄱ, ㄷ, ㅂ' 뒤에 예사소리가 올 때

  예 걱정 [걱쩡] 묻다 [묻따] 압도 [압또]

② 어간 받침 'ㄴ, ㅁ' 뒤에 예사소리로 시작하는 어미가 올 때

  예 껴안다 [껴안따] 감고 [감꼬]

③ 한자어 'ㄹ'받침 뒤에 'ㄷ, ㅅ, ㅈ'으로 시작하는 한자어가 결합할 때

  예 열도(列島) [열또] 결석(缺席) [결썩] 물질(物質) [물찔]

④ 관형사형 '-(으)ㄹ' 뒤에 예사소리의 체언이 올 때
　　예 잘 수 [잘 쑤]　잡을 데 [자블 떼]

자음군 단순화(탈락)

겹받침의 두 개 자음 중 하나의 자음만 발음되는 현상

자음군 단순화란, 겹받침에서 하나의 자음만 발음되고 나머지 하나의 자음은 탈락하는 현상이다. 군(群)을 이루고 있던 자음이 하나로 단순화된다고 하여 자음군 단순화라고 한다.

겹받침은 총 11개이다. 이들 겹받침의 자음군 단순화 현상을 정리하면 다음과 같다.

① 앞의 자음이 발음되는 겹받침: 'ㄳ, ㄵ, ㄶ, ㄽ, ㄾ, ㅀ, ㅄ'
　　예 몫 [목] 얹다 [언따] 않 [안] 외곬 [외골] 핥고 [할꼬]
　　　 앓아 [알아] 값 [갑]

* 자음군 단순화와 음절의 끝소리 규칙의 차이

자음군 단순화는 겹받침에서, 음절의 끝소리 규칙은 홑받침에서 일어나는 음운의 변동이다.

'꺾었다'의 'ㄲ, ㅆ'은 두 개의 자음이 합쳐진 겹받침이 아니라, 자음 체계표에서 보았듯이 원래 있는 자음(쌍자음)이므로 홑받침이다. 따라서 자음군 단순화가 아닌, 음절의 끝소리 규칙이 일어난다.

② 뒤의 자음이 발음되는 겹받침: 'ㄻ, ㄿ'

예 앎 [암]   삶 [삼]   읊고 [읍꼬]

③ 'ㄺ'의 발음 – 평소에는 뒤의 자음이 발음   예 닭 [닥]
　　　　　　└ 'ㄱ'으로 시작하는 어미와 결합: 앞 자음이 발음
　　　　　　　　　　예 읽고 [일꼬]

④ 'ㄼ'의 발음 – 평소에는 앞의 자음이 발음   예 얇고 [얄꼬]
　　　　　　├ 어간 '밟-'과 결합: 뒤의 자음이 발음   예 밟자 [밥짜]
　　　　　　└ 넓죽하다 [넙쭈카다], 넓둥글다 [넙뚱글다]

발칙한 생각

겹받침의 발음을 쉽게 외울 수 있는 발칙한 생각! 2·2·7 법칙이다. 각각의 예를 말로 만들어 외우자.

– 뒷 자음 발음되는 경우 2개('ㄻ, ㄿ'): 삶도 읊다.
– 환경에 따라 다른 발음 2개('ㄺ', 'ㄼ'): 닭도 얇고 넓죽하게 밟자.
– 'ㄻ, ㄿ', 'ㄺ, ㄼ'를 제외한 나머지 7개: 앞 자음 발음

자음 탈락(탈락)

① 'ㄹ'탈락

'ㄹ'로 끝나는 어근이 'ㄴ, ㅅ'과 결합할 때, 'ㄹ'이 탈락하는 현상
예 아들+님 → 아드님   놀+니 → 노니   불+삽 → 부삽

② 'ㅎ'탈락

'ㅎ'으로 끝나는 용언 어간이 모음으로 시작하는 어미를 만날 때 'ㅎ'이 탈락하는 현상
예 좋아 [조아]   놓으면 [노으면]   않은 [아는]

③ 'ㅅ'탈락

'ㅅ'으로 끝나는 용언 어간이 모음으로 시작하는 어미를 만날 때 'ㅅ'이 탈락하는 현상

 예 젓+어 → 저어   긋+어 → 그어

모음 탈락(탈락)

① 'ㅡ' 탈락

어간의 'ㅡ' 모음이 '아/어'로 시작하는 어미 앞에서 탈락하는 현상

 예 쓰+어라 → 써라   고프+아 → 고파

② 동일 음 탈락

어간 말의 모음과 어미의 모음이 같을 때 한 모음이 탈락하는 현상

 예 가+아라 → 가라

③ 'ㅓ' 탈락

'ㅐ, ㅔ'로 끝나는 어간 뒤에 '어'로 시작하는 어미가 올 때 어미의 '어'가 탈락하는 현상

 예 메+어라 → [메:라]

첨가

① 'ㄴ'첨가

형태소의 결합에서 뒷말 첫소리가 'ㅣ'나 반모음 'ㅣ'일 때, 'ㄴ'이 첨가되는 현상

 예 솜+이불 [솜니불] 한+여름 [한녀름]

② 사잇소리 현상

합성어에서 앞말의 끝소리가 울림소리이고, 뒷말의 첫소리가 안울림 예사소리일 때, 뒤의 예사소리가 된소리로 변하거나 'ㄴ'이 덧나는 현상

* 첨가는 '윗니'만 알면 끝난다!

'윗니'에는 'ㄴ첨가'와 '사잇소리 현상'이 모두 나타난다. '윗니'는 '위+이'로 고유어와 고유어의 결합이다. 따라서 사이시옷이 표기되어 '윗+이'가 된다. 여기에다 뒷말 첫소리가 'ㅣ'이므로 'ㄴ'이 첨가되어 최종적으로 '윗니'가 되는 것이다.

환경	일어나는 현상	예
고유어+고유어 고유어+한자어	뒷말이 된소리로 발음	등+불 [등뿔]
앞말이 모음으로 끝나고 뒤에 'ㄴ, ㅁ'이 올 때	'ㄴ' 첨가	이+몸 → 잇몸 [인몸] 후+날 → 훗날 [훈날]
앞말이 모음일 때	사이시옷 표기	나루+배 → 나룻배 [나룯빼]

사잇소리 현상은 파생어, 한자어에서는 일어나지 않는다. 즉 순우리말로 된 합성어나 순우리말+한자어로 된 합성어에서만 일어난다.

발칙한 생각

사잇소리 현상은 한자어에서 일어나지 않는다고 했는데, 여섯 개의 한자어는 예외적으로 사잇소리 현상을 인정하여 사이시옷을 표기한다. 이 여섯 한자어는 다음과 같다.

셋방(貰房) 숫자(數字) 횟수(回數) 곳간(庫間) 찻간(車間) 툇간(退間)

발칙한 생각! 첫 글자만 따서 외우자. '세수회고차퇴'
(세수를 했는지 회고해 보니 아차차! 퇴근하고는 꼭 씻어야지.)

첫 글자만 따서 문장으로 외우면 훨씬 오래 기억에 남는다.

축약

① 자음 축약(거센소리 되기)

'ㅎ'이 'ㄱ, ㄷ, ㅂ, ㅈ'을 만나 'ㅋ, ㅌ, ㅍ, ㅊ'으로 축약되는 현상
  예 젖히다 [저치다] 낳다 [나타]

② 모음 축약(이중 모음화)

두 모음이 하나로 축약되는 현상. 이때, 앞 음절의 'ㅣ'와 'ㅗ/ㅜ'는 반모음으로 바뀜

　예 쏘+아 → 쏴　배우+어 → 배워　되+어 → 돼

+tip ✍ 음운의 변동을 쉽게 구분하는 방법

① 음운 개수의 변화를 확인한다.

- 음운의 개수에 변화가 없는지, 음운의 개수가 줄어들거나 늘어났는지 확인한다.
- 음운의 개수에 변화가 없다면 교체, 음운의 개수가 줄어들었다면 탈락 또는 축약, 늘어났다면 첨가이다.

　예 맏이 [마지]

　　→ 음운의 개수가 총 4개로 변화가 없으므로 교체이다. (구개음화)

　예 뚫지 [뚤치]

　　→ 음운의 개수가 6개(ㄸ,ㅜ,ㄹ,ㅎ,ㅈ,ㅣ)에서 5개(ㄸ,ㅜ,ㄹ,ㅊ,ㅣ)로 줄어들었다. 따라서 탈락 또는 축약이다.

② 음운의 변동 전, 후에 달라진 음운을 확인한다.

- 달라진 음운이 있다면 어떤 환경에서 어떻게 달라졌는지를 확인한다.

　예 먹물 [멍물]

　　→ 'ㄱ'이 'ㅇ'으로 바뀌었다. 이것은 'ㄱ' 뒤에 결합한 'ㅁ'의 영향을 받은 것이므로 파열음이 비음으로 교체된 비음화이다.

　예 뚫지 [뚤치]

　　→ 'ㅎ, ㅈ'이 'ㅊ'으로 바뀌었으므로 자음 축약이다.

＊ '맏이'의 초성 'ㅇ'

초성 'ㅇ'은 소릿값 (음가)없는 'ㅇ'이라고 한다. 즉, 초성 자리를 채워줄 뿐 음으로서의 역할을 하지 못한다.

'이' - 'ㅣ'

위의 예에서 보듯 초성 'ㅇ'이 없어도 발음은 동일하다. 초성 'ㅇ'은 모음에 붙여 써 음절을 구성하는 요소일 뿐 음운이 아니다.

한눈에 정리하는 '음운'

✓ **음운:** 단어의 뜻을 구별해주는 가장 작은 소리의 단위
- 분절 음운: 자음, 모음
- 비분절 음운: 장단, 고저, 강약

✓ **자음:** 발음할 때 공기가 방해를 받는 소리

조음 방법		조음 위치	입술소리	혀끝소리	센입천장소리	여린입천장소리	목청소리
안울림소리	파열음	예사소리	ㅂ	ㄷ		ㄱ	
		된소리	ㅃ	ㄸ		ㄲ	
		거센소리	ㅍ	ㅌ		ㅋ	
	파찰음	예사소리			ㅈ		
		된소리			ㅉ		
		거센소리			ㅊ		
	마찰음	예사소리		ㅅ			ㅎ
		된소리		ㅆ			
울림소리	비음		ㅁ	ㄴ		ㅇ	
	유음			ㄹ			

✓ **모음:** 발음할 때 공기가 방해를 받지 않고 나오는 소리

혀의 높낮이	혀의 위치 / 입술 모양	전설모음		후설모음	
		평순모음	원순모음	평순모음	원순모음
고모음		ㅣ	ㅟ	ㅡ	ㅜ
중모음		ㅔ	ㅚ	ㅓ	ㅗ
저모음		ㅐ		ㅏ	

	상향 이중 모음	하향 이중 모음
'ㅣ'계 이중 모음	ㅑ, ㅕ, ㅛ, ㅠ, ㅖ, ㅒ	ㅢ
'ㅗ, ㅜ'계 이중 모음	ㅘ, ㅙ, ㅝ, ㅞ	

✓ **음운의 변동**: 교체, 탈락, 첨가 축약

- **교체 – 음절의 끝소리 규칙**: 음절 끝에서 'ㄱ, ㄴ, ㄷ, ㄹ, ㅁ, ㅂ, ㅇ'의 7개 자음만 발음
  - ⊢ **자음 동화** – 비음화: 파열음이 비음 앞에서 비음으로 교체
  - │   ⌊ 유음화: 'ㄴ'이 'ㄹ'의 영향을 받아 'ㄹ'로 교체
  - ⊢ **구개음화**: 'ㄷ, ㅌ'이 모음 'ㅣ'를 만나 'ㅈ, ㅊ'으로 교체
  - ⌊ **된소리되기**: 예사소리가 특정 환경에서 된소리로 교체

- **탈락 – 자음군 단순화**: 겹받침에서 하나의 자음이 탈락
  - ⊢ **자음 탈락** – 'ㄹ'탈락: 어간 'ㄹ'이 'ㄴ, ㅅ'과 결합할 때 탈락
  - │   ⊢ 'ㅎ'탈락: 어간 'ㅎ'이 모음 어미 앞에서 탈락
  - │   ⌊ 'ㅅ'탈락: 어간 'ㅅ'이 모음 어미 앞에서 탈락
  - ⌊ **모음 탈락** – 'ㅡ'탈락: 어간의 'ㅡ'가 '아/어'로 시작하는 어미 앞에서 탈락
    - ⊢ 동일 음 탈락: 어간 말의 모음과 어미의 모음이 같을 때 한 모음이 탈락
    - ⌊ 'ㅓ' 탈락: 'ㅐ, ㅔ'로 끝나는 어간 뒤에 '어'로 시작하는 어미가 올 때 어미의 '어'가 탈락

- **첨가 – 'ㄴ' 첨가**: 뒷말 첫소리가 'ㅣ'나 반모음 'ㅣ'일 때, 'ㄴ'이 첨가
  - ⌊ **사잇소리 현상**: 합성어에서 앞말의 끝소리가 울림소리이고, 뒷말의 첫 소리가 안울림 예사소리일 때, 뒤의 예사소리가 된소리 로 변하거나 'ㄴ'이 덧남

- **축약 – 자음 축약**: 'ㅎ'이 'ㄱ, ㄷ, ㅂ, ㅈ'를 만나 'ㅋ, ㅌ, ㅍ, ㅊ'로 축약
  - ⌊ **모음 축약**: 두 모음이 하나로 축약

단어

◆ 단어의 뜻

　단어란, 자립하여 쓰일 수 있거나 자립하는 말에 붙어 쉽게 분리될 수 있는 최소 단위이다.
　이때, 자립하는 말에 붙어 쉽게 분리될 수 있는 말은 '조사'이다.

　예 나는 학교에 간다. → 자립하는 말: '나', '학교', '간다'
　　　　　　　　　　　　→ 쉽게 분리되는 말(조사): '는', '에'

◆ 형태소의 뜻과 종류

> *** 문법 단위 정리**
>
> 　지금까지 배운 개념으로 문법 단위를 정리해 보자.
>
> 음운<형태소<단어<문장

　형태소란, 뜻을 가진 가장 작은 말의 단위이다.
　형태소는 자립성이 있는지의 여부와 실질적 뜻을 지니고 있는지의 여부로 다음과 같이 나눌 수 있다.

　* 자립성 유무에 따라　　　* 실질적 의미 유무에 따라
　　┌ 자립 형태소　　　　　　　┌ 실질 형태소
　　└ 의존 형태소　　　　　　　└ 형식 형태소(문법 형태소)

　예 '아이가 돌다리를 건넜다' 의 형태소 분석

	아이	가	돌	다리	를	건너	었	다.
자립성	자립	의존	자립	자립	의존	의존	의존	의존
실질적 의미	실질	형식	실질	실질	형식	실질	형식	형식

* 접사는 왜 형식 형태
소일까?

'풋사과, 개구쟁이'에서
'풋-'과 '-쟁이'는 접사
로서 형식 형태소이다.
그런데 자세히 보면, 의
미가 담겨 있어 실질 형
태소로 착각할 수 있다.
접사는 의미를 제한,
한정하거나 형식적 의
미를 더해 주는 역할을
할 뿐, 단어의 중심 의
미는 나타내지 못하므
로 형식 형태소이다.

위의 예를 통해 형태소의 종류를 정리해 보면 다음과 같다.

┌ 자립 형태소: 명사, 대명사, 수사, 관형사, 부사, 감탄사
└ 의존 형태소: 어간, 조사, 어미, 접사

┌ 실질 형태소: 명사, 대명사, 수사, 관형사, 부사, 감탄사, 어간
└ 형식 형태소(문법 형태소): 조사, 어미, 접사

◆ 이형태(異形態)

　　형태소는 결합하는 환경에 따라 다르게 나타날 때가 있다. 이때 문법적
뜻은 같고 형태가 다른 두 형태소를 이형태 관계에 있다고 한다.

　　예 나무+가, 사람+이

　　　　→ 앞말 받침 유무에 따라 주격조사가 '가', '이'로 나타남

　　　　→ '가', '이'는 이형태 관계

　　예 먹+었+다, 하+였+다

　　　　→ 어간 '하-' 뒤에서만 과거 시제 선어말 어미가 '-였-'으로 바뀜

　　　　→ '었', '였'은 이형태 관계

◆ 단어의 형성

　　단어는 형태소의 결합으로 형성된다. 이때, 형태소 결합 양상에 따라
단어를 구분할 수 있다. 어근 하나로 이루어진 단어를 단일어, 둘 이상의
어근으로 이루어진 단어를 합성어, 어근과 접사의 결합으로 이루어진 단어를
파생어라고 한다.

```
┌ 단일어: 어근 하나
│
└ 복합어 ─ 합성어: 어근+어근
          └ 파생어: 어근+접사, 접사+어근
```

어근은 단어에서 실질적 의미를 지녀 중심이 되는 부분이고, 접사는 어근에 붙어 특정한 의미를 더하거나 문법적 기능을 하는 부분이다.

> 예 색종이: 색(어근) + 종이(어근)
> 예 덮개: 덮-(어근) + -개(접사)

'색'과 '종이'는 각각 뜻이 있는 실질 형태소로 어근이다. '덮-'도 '씌우다' 라는 뜻을 가지고 있는 어근이다.

'-개'는 홀로 쓰이지 못하며 어근에 붙어 도구나 물건의 뜻을 더하는 접사이다.

① 단일어

단일어는 하나의 어근으로 이루어진 단어를 말한다.

> 예 물, 불, 구름, 바다, 종이

② 합성어

합성어는 둘 이상의 어근이 결합한 단어를 말한다.

> 예 손등(손+등) 닭고기(닭+고기) 책상(책+상) 가시방석(가시+방석)

합성어는 결합하는 양상에 따라 다음과 같이 나뉜다.

```
┌ 대등 합성어: 앞뒤로 결합한 두 어근이 의미상 대등한 관계를 맺을 때
│             예 손등(손과 등), 높푸르다(높고 푸르다)
│
├ 종속 합성어: 한 어근이 의미상 다른 어근을 수식할 때
```

---

* 비통사적 합성어

국어의 문장 방식에 어긋나는 방식으로 만들어진 합성어를 비통사적 합성어라고 한다.

-어미가 생략될 때
(접칼 → 접(은)칼)
(굳세다 → 굳(고)세다)

-부사가 명사를 꾸밀 때
(산들바람, 보슬비)

| 예 닭고기(닭의 고기), 책상(책을 보는 상)
|
└ 융합 합성어: 결합한 두 어근이 원래 의미를 잃고 새로운 의미로
    사용될 때
    예 가시방석(가시로 만든 방석× → '불편한 자리'의 뜻)
    예 종이호랑이(종이로 만든 호랑이×
        → '겉으로는 세 보이나 아주 약한'의 뜻)

일부 합성어는 대등 합성어, 융합 합성어의 뜻을 모두 가지고 있으므로
유의해야 한다.

예 밤낮 - 대등 합성어일 때의 의미: 밤과 낮
    - 융합 합성어일 때의 의미: 온종일, 늘

③ 파생어

파생어는 어근과 접사가 결합한 단어를 말한다. 접사가 앞에 결합하면
접두 파생어, 접사가 뒤에 결합하면 접미 파생어라고 한다.

예 접두 파생어: 새파랗다(새-+파랗다) 치뜨다(치-+뜨다)
예 접미 파생어: 베개(베-+-개) 놀이(놀-+-이) 사냥꾼(사냥+-꾼)

접두사는 뜻을 더하거나 강조하는 역할을 한다.

예 '새파랗다'의 '새-'는 색이 짙음을 강조하는 역할을 하는 접두사
예 '치뜨다'의 '치-'는 위로 향하게라는 뜻을 더하는 접두사

접미사는 뜻을 더하거나 품사를 바꾸기도 한다.

예 베개: '-개'는 동사 '베다'를 명사로 바꾸는 역할
예 사냥꾼: '-꾼'은 어떤 일을 전문적으로 하는 사람이라는 뜻을 더하는
    접미사

◆ 품사

품사란, 단어를 일정한 기준에 따라 나눈 것을 말한다.

우리 말의 품사는 형태, 기능, 의미를 기준으로 분류한다.

형태	기능	의미
불변어	체언	명사
		대명사
		수사
	수식언	관형사
		부사
	독립언	감탄사
	관계언	조사
가변어	용언	동사
		형용사

① 명사

명사는 사람이나 사물의 이름을 나타내는 말이다. 명사는 사용 범위에 따라 보통 명사와 고유 명사로, 감정의 유무에 따라 유정 명사와 무정 명사로, 자립 유무에 따라 자립 명사와 의존 명사로 나뉜다.

· 보통 명사와 고유 명사

┌ 보통 명사: 일반적으로 같은 종류의 사물에 두루 쓰이는 이름
│   예 꽃, 별, 산, 의자
│
└ 고유 명사: 특정한 하나의 개체에 붙인 이름 예 안개꽃, 한라산
           고유 명사는 복수 표현이 어렵고 관형사 수식에도 제한이
           있음
           예 *두 한라산, *모든 백두산

※ 고유 명사의 보통 명사화

  : 고유 명사가 복수로 쓰이면 보통 명사가 될 수 있다.

예 험난한 시절일수록 우리에게는 홍길동들이 필요하다.

(백성을 구할 영웅들이라는 의미)

· 유정 명사와 무정 명사

┌ 유정 명사: 감정을 나타낼 수 있는, 사람이나 동물을 나타내는 명사
│   예 철수, 영희, 강아지
│
└ 무정 명사: 감정을 나타낼 수 없는, 식물이나 무생물을 나타내는 명사
        예 학교, 소나무, 정부

유정 명사는 부사격 조사 '에게'를, 무정 명사는 '에'를 쓴다.
    예 나는 <u>철수에게</u> 편지를 주었다. / 그는 <u>정부에</u> 강력히 항의했다.

· 자립 명사와 의존 명사

┌ 자립 명사: 홀로 자립하여 쓰일 수 있는 명사
│   예 구름, 공, 우유, 들판
│
└ 의존 명사: 자립할 수 없고 반드시 관형어의 꾸밈을 받는 명사
        예 어쩔 <u>줄</u> 모르네. 그럴 <u>수</u> 없지. 연필 <u>한</u> 자루

의존 명사와 조사를 구별하기 어려운 경우도 있으니 주의해야 한다.
  예 ┌ 나도 너<u>만큼</u> 노래는 한다.
     │ → 체언에 붙여 썼으므로 앞말과 비슷한 정도나 한도임을 나타
     │   내는 조사
     │
     └ 먹을 <u>만큼</u> 가져 가거라.
       → 관형어 '먹을'의 수식을 받으며 띄어 썼으므로 앞의 내용에
         상당한 수량이나 정도를 나타내는 의존 명사

② 대명사

대명사는 사물이나 사람의 이름을 대신하는 말이다. 인칭 대명사는 사람을 가리키는 대명사, 지시 대명사는 사물이나 장소를 가리키는 대명사이다.

인칭 대명사	1인칭	나, 우리, 저, 저희
	2인칭	너, 너희, 그대, 당신
	3인칭	이이, 그이, 저이, 이분, 그분, 저분
	미지칭	누구
	부정칭	누구, 아무
	재귀대명사	자기, 당신
지시 대명사	사물	이것, 그것, 저것
	장소	여기, 거기, 저기

※ 재귀대명사: 앞선 체언(주로 주어)를 도로 나타내는 대명사

　　예 사람은 <u>자기</u>를 잘 알아야 한다.

　　예 아버지는 <u>당신</u>의 책을 소중히 다루신다.

③ 수사

수사는 사물이나 사람의 수량, 차례를 나타내는 말이다.

┌ 양수사: 수량을 나타내는 말　예 하나, 둘, 셋, 일, 이, 삼
│
└ 서수사: 순서를 나타내는 말　예 첫째, 둘째, 셋째, 제일, 제이, 제삼

수사와 수 관형사를 구별하기 어려운 경우도 있으니 주의해야 한다.

수사는 체언이므로 조사가 결합할 수 있지만, 수 관형사에는 조사가 결합할 수 없다.

　　예 내 나이가 <u>열여섯</u>이다. → 서술격 조사 '이다'가 결합했으므로 수사

　　예 <u>열여섯</u> 사람이 왔다. → 체언 '사람'을 수식하므로 수 관형사

④ 관형사

관형사는 체언을 꾸며 주는(수식하는) 말이다.

┌ 성상 관형사: 체언의 성질이나 상태를 나타냄   예 <u>새</u> 양말, <u>맨</u> 얼굴
│
├ 지시 관형사: 대상을 가리킴   예 <u>이</u> 사람, <u>그</u> 책
│
└ 수 관형사: 수와 양을 나타냄   예 <u>한</u> 사람, <u>열</u> 번

⑤ 부사

> * 문장 부사
>
> 문장 부사는, 뒤에 오
> 는 문장 전체를 수식하
> 는 부사이다.
>
> - <u>과연</u> 그녀가 왔을까?
> - <u>다행히</u> 비가 안 오네.

부사는 주로 용언을 꾸며 주는(수식하는) 말인데, 관형사나 다른 부사,
문장 전체를 꾸며 주기도 한다.

┌ 성상부사: 성질이나 상태를 나타냄   예 <u>매우</u> 빨리, <u>폴짝</u> 뛰어라
│
├ 지시부사: 대상을 가리킴   예 <u>이리</u> 오너라
│
└ 부정부사: 부정의 뜻을 나타냄   예 <u>아니</u> 되오, <u>못</u> 먹었다.

⑥ 감탄사

감탄사는 부름, 느낌, 놀람이나 대답을 나타내는 말이다.
　　예 <u>아이고</u>, 머리가 아프네.   <u>네</u>. 알겠습니다.
　　예 <u>어</u>. 네 말대로 하자.   <u>앗</u>! 깜짝이야.

감탄사는 다음과 같은 특징이 있다.
　　・다른 문장 성분과 관계를 맺지 않고 독립적으로 쓰임.
　　・문장 내에서 자리 이동이 자유로움.
　　・조사가 결합할 수 없음.

⑦ 조사

조사는 자립하는 말에 붙어 그 말과 다른 말과의 문법적 관계를 표시하거나 특수한 말의 뜻을 더하는 말이다.

조사는 앞에 오는 체언이 문장 안에서 일정한 자격을 하도록 해 주는 격조사, 특수한 말의 뜻을 더하는 보조사, 단어를 이어 주는 접속 조사가 있다.

격조사	주격 조사 ('이/가')	앞의 체언이 문장 안에서 주어 역할을 하게 하는 조사	내가 공부를 한다.
	목적격 조사 ('을/를/ㄹ')	앞의 체언이 문장 안에서 목적어 역할을 하게 하는 조사	내가 공부를 한다.
	보격 조사 ('이/가')	앞의 체언이 문장 안에서 보어 역할을 하게 하는 조사	나는 장학생이 되었다.
	관형격 조사 ('의')	앞의 체언이 문장 안에서 관형어 역할을 하게 하는 조사	나는 학교의 장학생이 되었다.
	부사격 조사 ('에,에서,로')	앞의 체언이 문장 안에서 부사어 역할을 하게 하는 조사	나는 학교에서 공부한다.
	서술격 조사 ('이다')	앞의 체언이 문장 안에서 서술어 역할을 하게 하는 조사 조사이지만 활용을 한다.	나는 학교의 장학생이다.
	호격 조사 ('아/야, 이시여')	앞의 체언이 문장 안에서 독립어 역할을 하게 하는 조사	민수야, 정말 장학생이 되었니?
보조사 ('은/는, 만, 도')		특별한 의미를 더해 주는 조사	나만 그걸 못했어. 너조차 그럴 수 있니?
접속조사 ('와/과, 랑')		둘 이상의 단어를 같은 자격으로 이어 주는 조사	나랑 너랑 같이 가자. 사과하고 배하고 사자. 너와 그는 참 닮았다.

+tip ✍ **특별한 의미를 더하는 '보조사'**

> *** 보조사 '요'**
>
> - 체언, 조사, 부사, 어미에 자유롭게 붙을 수 있다.
> - 존대의 의미를 더해 준다.
> - '요'가 빠져도 문장이 성립한다.
>
> 추우면요, 옷을 입어요.
> 제가요 빨리요 갔는데요.

- 은/는: 대조, 화제, 강조의 의미를 더함

　예 나는 농구를 좋아하고, 너는 야구를 좋아한다. → 대조의 의미

　예 코끼리는 코가 길다. → 화제의 의미

　예 내가 단어 외우기는 자신 있다. → 강조의 의미

- 만: 한정의 의미를 더함

　예 너는 야구만 좋아한다.

- 도: 포함, 역시의 의미를 더함

  예 여기도 주세요.

- 조차: 더욱 심한 경우를 더함의 의미를 더함

  예 너조차 나를 배신하다니.

* 보조사와 주격 조사

우리 말은 주격 조사가 붙어 주어가 됨이 원칙이나, 경우에 따라서는 주격 조사가 생략되거나 보조사만 붙을 수도 있다.

  예 나 학교 갈 거야. / 나도 학교 갈 거야.

보조사와 주격 조사가 함께 나타날 경우, '보조사 + 주격 조사'의 순서로 결합한다.

  예 할아버지께서는 올해 칠순이시다. (께서+는)

⑧ 용언

┌ 동사: 사람이나 사물의 동작을 나타내는 말

│

└ 형용사: 사람이나 사물의 성질을 나타내는 말

동사와 형용사는 의미상 '성질'을 나타내느냐, '동작'을 나타내느냐로 구별할 수도 있지만, 다음과 같이 현재 시제 선어말 어미의 결합, 청유형과 명령형으로의 사용 여부를 가지고도 구분할 수 있다.

	현재 시제 선어말 어미 '-는/-ㄴ'	명령형	청유형	
달리다	달리는 중이다.	지희야 달려라	지희야 달리자	⇒ 동사
예쁘다	*예쁘는 중이다.	지희야 *예뻐라	지희야 *예쁘자	⇒ 형용사

동사는 현재 시제 선어말 어미와 결합이 가능하고 명령형, 청유형 문장의 서술어로 쓰인다. 하지만 형용사는 세 경우가 모두 불가능하다.

특정 용언은 동사, 형용사로 두루 쓰이는 경우가 있어 주의해야 한다.

예 저 집 마당은 정말 크다.

  → '사람이나 사물의 외형적 길이, 넓이, 높이, 부피 따위가 보통 정도를 넘다.'는 뜻의 형용사

예 내 동생은 일 년 동안 15센티미터나 컸다.

  → '동식물이 몸의 길이가 자라다.'는 뜻의 동사

※ 용언의 불규칙 활용

용언은 다양한 어미가 결합하여 모습을 바꾸는 가변어이다. 이렇게 용언이 다양한 모습으로 변하는 것을 '활용'이라 한다.

이때, 어간이나 어미가 불규칙적으로 바뀌어 설명할 수 없는 경우가 있다. 이를 용언의 불규칙 활용이라 한다.

용언의 불규칙 활용은 다음과 같이 어간이 불규칙하게 바뀌는 경우, 어미가 불규칙하게 바뀌는 경우, 어간과 어미가 모두 바뀌는 경우로 나뉜다. 규칙 활용의 예와 비교하며 살펴보자.

불규칙 종류		불규칙 활용의 내용	불규칙 활용의 예	규칙 활용의 예
어간	'ㅅ'불규칙	어간 'ㅅ' 탈락	잇다 → 이어, 이으니	씻다 → 씻어
	'ㄷ'불규칙	어간 'ㄷ' → 'ㄹ'	묻다(問) → 물어 물으니	묻다(埋) → 묻어
	'ㅂ'불규칙	어간 'ㅂ' → '오/우'	돕다 → 도와 (도오+아)	입다 → 입어
	'르'불규칙	어간 '르' → 'ㄹㄹ'	구르다 → 굴러 (구ㄹㄹ+어)	치르다 → 치러
	'우'불규칙	어간 '우' 탈락	푸다 → 퍼	누다 → 눠
어미	'여'불규칙	어미 '아' → '여'	하다 → 하여	잡다 → 잡아
	'여'불규칙	어미 '아/어' → '러'	이르다 → 이르러	치르다 → 치러
	'너라'불규칙	어미 '아라' → '너라'	오+아라 → 오너라	먹+어라 → 먹어라
어간, 어미		어간 'ㅎ' 탈락, 어미도 변화	파랗+아서 → 파래서	좋+아서 → 좋아서

용언의 활용 중 어간이 불규칙한 경우는 '산 바다 우르르'로 외우자.
　　　　산('ㅅ'불규칙), 바다('ㅂ'불규칙, 'ㄷ'불규칙), 우르르('우'불규칙, '르'불규칙)

어미가 불규칙한 경우는 '여러 명이 오너라'로 외우자.
　　　　여('여'불규칙), 러('여'불규칙) 오너라('너라'불규칙)

※ 본용언과 보조 용언

　본용언은 문장 안에서 실질적 뜻을 나타내는 부분이며, 보조 용언은 본용언 뒤에 결합하여 본용언에 의미를 더해 주는 부분이다. 보조 용언은 홀로 쓰이지 못해 반드시 본용언에 붙어 결합해야 한다.

　즉, '본용언 어간 + 보조적 연결 어미 + 보조 용언'의 형태가 된다. 보조적 연결 어미에 대한 설명은 다음 페이지에서 확인하자.

　　예 강아지가 <u>추운가 보다</u>.　　예 중요한 내용이니 잘 <u>들어 두어라</u>.
　　　　　본용언　보조용언　　　　　　　　　　　　　본용언 보조용언

+tip ✍ 본용언과 보조 용언의 구별

　본용언과 보조 용언을 구별하는 방법은 홀로 쓰일 수 있느냐, 즉 자립성의 유무로 판단하는 것이다.

　본용언은 홀로 쓰여 문장을 구성할 수 있지만, 보조 용언은 홀로 쓰일 수 없다. 또한, 보조 용언만으로는 온전한 문장의 의미를 나타낼 수 없다.
　　예 나는 라면을 <u>먹고 싶다</u>. → 나는 라면을 먹는다. (○)
　　　　　　　　　　　　　　　　→ 나는 라면을 싶다. (×)

◆ 어간과 어미

```
┌ 어간: 용언이 활용할 때, 형태가 변하지 않는 중심 부분
│        예 잡다, 잡고, 잡아 ('잡-'이 어간)
│
└ 어미: 용언이 활용할 때, 변하는 부분
         예 잡다, 잡고, 잡아 ('-다, -고, -아'가 어미)
```

우리말은 어미가 매우 발달해 있어 그 종류가 많다.

어미는 다시 선어말 어미, 어말 어미로 나눌 수 있다. 선어말 어미란, 어말 어미 앞(先)에 나타나는 어미를 말한다. 어말 어미란, 용언의 활용에서 맨 끝(末)에 나타나는 어미를 말한다.

예 아기가 꿈을 꾸었다.

꾸-(어간) + -었-(선어말 어미) + -다(어말 어미)

어미의 종류를 정리하면 다음과 같다.

```
┌ 선어말 어미 ┌ 시제 선어말 어미
│             └ 높임 선어말 어미
│
└ 어말 어미 ┌ 비종결 어미 ┌ 연결 어미 ┌ 대등적 연결 어미
           │             │          ├ 종속적 연결 어미
           │             │          └ 보조적 연결 어미
           │             │
           │             └ 전성 어미 ┌ 명사형 전성 어미
           │                        ├ 관형사형 전성 어미
           │                        └ 부사형 전성 어미
           │
           └ 종결 어미 ┌ 평서형 종결 어미
                      ├ 의문형 종결 어미
```

├ 명령형 종결 어미
├ 청유형 종결 어미
└ 감탄형 종결 어미

① 시제 선어말 어미

시간을 표현할 때 쓰이는 선어말 어미로 과거, 현재, 미래시제 선어말 어미가 있다.

┌ 과거시제 선어말 어미: '-았-/-었-' 예 나는 책을 읽었다.
│
├ 현재시제 선어말 어미: '-는-/-ㄴ-' 예 나는 책을 읽는다.
│
└ 미래시제 선어말 어미: '-겠-' 예 나는 책을 읽겠다.

② 높임 선어말 어미

행위의 주체인 주어를 높이는 문장에서, 높임 선어말 어미 '-(으)시-' 가 쓰인다.

예 할머니께서는 시장에 가신다.

-시(높임 선어말 어미) + -ㄴ-(현재시제 선어말 어미) + -다(종결 어미)

이밖에도 공손을 표현하는 '-옵-(오/우), -ㅂ-'도 높임 선어말 어미이다.

예 받아 주시옵소서.　　예 저는 내일 서울에 갑니다. (가-+-ㅂ-)

③ 연결 어미

연결 어미는 문장이나 단어를 연결하는 역할을 하는 어미이다.

- 대등적 연결 어미: 앞과 뒤를 의미상 대등하게 연결해주는 어미
→ 나열, 대조, 선택 등의 의미를 지님
예 엄마는 사과를 깎고, 나는 귤을 깠다.(나열)

- 종속적 연결 어미: 의미상 앞이나 뒤가 종속되게 연결해주는 어미

→ 원인, 이유, 의도, 조건 등의 의미를 지님

예 비가 와서, 날이 춥다.(원인)

- 보조적 연결 어미: 본용언과 보조 용언을 연결하는 어미

-아/어, -게, -지, -고 5개 뿐임

예 그는 음료수를 다 <u>마셔</u> 버렸다.

마시-(어간) + -어(보조적 연결 어미)

④ 전성 어미

전성 어미는 용언을 다른 품사의 역할을 하도록 바꿔 주는 역할을 하는 어미이다. 용언의 성격을 바꿔 준다고 해서 전성(轉成) 어미라고 한다.

- 명사형 전성 어미: 용언을 명사처럼 바꿔 주는 어미

'-음, -ㅁ, -기'

예 힘들어도 활짝 <u>웃기</u>

웃-(어간) + -기(명사형 전성 어미)

- 관형사형 전성 어미: 용언을 관형사처럼 바꿔 주는 어미

'-은, -ㄴ, -을, -ㄹ, -는, -던'

예 내가 어제 <u>꾼</u> 꿈은 좋은 징조이다.

꾸-(어간) + -ㄴ(관형사형 전성 어미)

- 부사형 전성 어미: 용언을 부사처럼 바꿔 주는 어미

'-게'

예 밥 <u>먹게</u> 손 씻고 와.

먹-(어간) + -게(부사형 전성 어미)

우리 말의 여러 문장에서 용언과 체언을 구별하기 어려운 때가 있다. 이것은 전성 어미와 파생 접사의 형태가 같은 경우가 있기 때문이다. 이 때는 서술성이 있거나 부사어의 수식을 받을 수 있다면 용언, 그렇지 않다면 체언으로 파악해야 한다.

예 그림을 잘 그리기는 어렵다
  - '그림'은 명사
  - '그리기'는 부사 '잘'의 수식을 받으며 서술성이 있으므로 용언

예 춤을 신나게 춤
  - 첫 번째 '춤'은 명사
  - 두 번째 '춤'은 부사 '신나게'의 수식을 받으며 서술성이 있으므로 용언

⑤ 종결 어미

종결 어미는 문장을 끝맺는 역할을 하는 어미이다.
  - 평서형 종결 어미: 내용을 객관적으로 전달하는 문장에 쓰이는 어미
      '-다, -네' 등
      예 그녀는 노래를 부른다.

  - 의문형 종결 어미: 대답이나 설명을 요구하는 의문문에 쓰이는 어미
      '-어/아, -니, -냐, -ㅂ니까, -ㄹ까' 등
      예 그녀는 노래를 불러? (부르+어)
      예 그녀는 노래를 부르니?

  - 명령형 종결 어미: 어떠한 행동을 요구하는 명령문에 쓰이는 어미
      '-어라/아라, -거라, -너라' 등
      예 너는 노래를 불러라. (부르+어라)
      예 너는 노래를 부르거라.

- 청유형 종결 어미: 어떠한 행동을 함께 하자고 요청하는 청유문에
쓰이는 어미

'-자, -세' 등

📖 우리 노래를 부르<u>자</u>.

📖 우리 노래 부르<u>세</u>.

- 감탄형 종결 어미: 느낌을 표현하는 감탄문에 쓰이는 어미

'-구나, -도다, -아라/어라' 등

📖 그녀가 노래를 부르는<u>구나</u>.

📖 노랫소리가 아름다<u>워라</u>. (아름다우+<u>어라</u>)

◆ 단어의 표기법

① 외래어 표기법

외래어 표기법이란, 우리말로 들어온 외국어를 한글로 적는 표기법으로
다음과 같은 원칙이 있다.

> **제1항** 외래어는 국어의 현용 24자모만으로 적는다.

외래어에는 'f, v, z' 등 우리말에 없는 음운이 존재한다. 하지만 이들을
표기하기 위해 새로운 기호를 만들지 않고, 현재 국어에서 사용하고 있는
(現用) 24개의 자음과 모음만으로 적는다.

> **제2항** 외래어의 1음운은 원칙적으로 1기호로 적는다.

외래어를 표기할 때, 음운과 기호(표기)를 1대 1로 대응시킨다는 것이다.
예를 들어, 음운 'f'는 기호로 '프'만을 쓴다.

📖 family → 패밀리 / fighting → 파이팅 / frypan → 프라이팬

> **제3항** 받침에는 'ㄱ, ㄴ, ㄹ, ㅁ, ㅂ, ㅅ, ㅇ'만을 쓴다.

따라서 받침에 'ㄷ, ㅌ, ㅍ,' 등은 쓰지 않는다.

예 roket → 로켓 / good → 굿 / shop → 숍

> **제4항** 파열음 표기에는 된소리를 쓰지 않는 것을 원칙으로 한다.

파열음 표기에 된소리를 쓰지 않기 때문에 'ㄲ, ㄸ, ㅃ'을 쓰지 않는다.

예 bus → 버스 / Paris → 파리

그러나 예외도 있다.

예 gum → 껌

> **제5항** 이미 굳어진 외래어는 관용을 존중하고, 그 범위와 용례는 따로 정한다.

오래전부터 쓰이던 외래어는 수정할 경우 혼란이 가중될 수 있어, 굳어진 그대로를 인정한다는 규정이다.

예 radio → 라디오(레이디오x) / banana → 바나나(버내너x)

② 로마자 표기법

로마자 표기법이란, 우리말을 로마자로 표기하는 방법으로 다음과 같은 원칙이 있다.

제1장 표기의 기본 원칙

> **제1항** 국어의 로마자 표기는 국어의 표준 발음법에 따라 적는 것을 원칙으로 한다.

즉, 글자 표기 그대로 로마자를 적는 것이 아니라, 표준 발음법에 따라

발음 나는 대로 적어야 한다.

예 독립문[동님문] → Dongnimmun / 좋고[조코] → joko

제2항 로마자 이외의 부호는 되도록 사용하지 않는다.

단, 이름을 표기할 때 음절 사이에 붙임표(-)를 쓰는 것은 허용한다.

예 홍길동 → Hong Gildong (Hong Gil-dong)

제2장 표기 일람

1. 단모음

ㅏ	ㅓ	ㅗ	ㅜ	ㅡ	ㅣ	ㅐ	ㅔ	ㅚ	ㅟ
a	eo	o	u	eu	i	ae	e	oe	wi

2. 이중 모음

ㅑ	ㅕ	ㅛ	ㅠ	ㅒ	ㅖ	ㅘ	ㅙ	ㅝ	ㅞ	ㅢ
ya	yeo	yo	yu	yae	ye	wa	wae	wo	we	ui

3. 자음

파열음

ㄱ	ㄲ	ㅋ	ㄷ	ㄸ	ㅌ	ㅂ	ㅃ	ㅍ
g, k	kk	k	d, t	tt	t	b, p	pp	p

파찰음

ㅈ	ㅉ	ㅊ
j	jj	ch

마찰음

ㅅ	ㅆ	ㅎ
s	ss	h

비음

ㄴ	ㅁ	ㅇ
n	m	ng

유음

ㄹ
r, l

> **[붙임 1]** 'ㄱ, ㄷ, ㅂ'은 모음 앞에서는 'g, d, b'로, 자음 앞이나 어말에서는 'k, t, p'로 적는다.

　[붙임 1]은 유성음과 무성음을 구분하여 표기하는 것으로, 'ㄱ, ㄷ, ㅂ'은 원래 안울림소리로 파열음이지만, 울림소리 사이에서는 울림소리로 발음된다.
　모음은 모두 울림소리이므로 'ㄱ, ㄷ, ㅂ'이 모음과 만나면 유성음이 된다. 실제 우리말에서는 유성음과 무성음을 구별하지 않고 모두 'ㄷ'으로 적지만, 로마자 표기법에서는 이를 구분하여 적는다.

　예 구미 → Gumi, 옥천 → Okcheon / 호법 → Hobeop

> **[붙임 2]** 'ㄹ'은 모음 앞에서 'r'로, 자음 앞이나 어말에서 'l'로 적는다. 단, 'ㄹㄹ'은 'll'로 적는다.

　[붙임 2]는 'ㄹ'에 관련된 규정이다. 'ㄹ'은 모음 앞에서 혀끝을 잇몸에 빠르게 대었다가 떼면서 발음한다. 이를 탄설음(彈舌音)이라고 한다. 반면 자음 앞이나 어말에서는 혀의 중앙을 입천장에 대고 양쪽 혹은 한쪽으로 공기를 흘려 보내면서 발음한다. 이를 설측음(舌側音)이라고 한다.
　이들 역시 [붙임 1]의 기호들처럼 의미를 구별하는 데에 사용되지 못해 우리말에서는 모두 'ㄹ'로 적지만, 로마자 표기법에서는 이를 구분하여 적는다.

　예 모음 앞: 구리 → Guri, 설악 → Seorak
　　 자음 앞이나 어말: 칠곡 → Chilgok, 임실 → Imsil
　　 'ㄹㄹ': 울릉 → Ulleung, 대관령[대괄령] → Daegwallyeong

제3장 표기상의 유의점

제1항 음운 변화가 일어날 때에는 변화의 결과에 따라 각 호와 같이 적는다.

1. 자음 사이에서 동화 작용이 일어나는 경우

   예 왕십리 → Wangsimni, 신문로 → Sinmumno

2. 'ㄴ, ㄹ'이 덧나는 경우

   예 학여울 → Hangnyeoul, 알약 → allyak

3. 구개음화가 되는 경우

   예 해돋이 → haedoji, 맞히다 → machida

4. 'ㄱ, ㄷ, ㅂ, ㅈ'이 'ㅎ'과 합하여 거센소리로 나는 경우

   예 좋고 → joko, 낳지 → nachi

   다만, 체언에서 'ㄱ, ㄷ, ㅂ' 뒤에 'ㅎ'이 따를 때에는 'ㅎ'을 밝혀 적는다.
   예 집현전 → Jiphyeonjeon

   [붙임] 된소리되기는 표기에 반영하지 않는다.

제2항 발음상 혼동의 우려가 있을 때에는 음절 사이에 붙임표(-)를 쓸 수 있다.

   예 중앙 → Jung-ang 해운대 → Hae-undae

제3항 고유명사는 첫 글자를 대문자로 적는다.

   예 부산 → Busan

한눈에 정리하는 '단어'

✓ **단어:** 자립하여 쓰일 수 있거나 자립하는 말에 붙어 쉽게 분리될 수 있는 최소 단위

✓ **형태소:** 뜻을 가진 가장 작은 말의 단위(자립/의존 형태소, 실질/형식 형태소)

✓ **단어의 형성**
　　┌ 단일어: 어근 하나
　　└ 복합어 ─ 합성어: 어근+어근(대등/종속/융합 합성어)
　　　　　　└ 파생어: 어근+접사(접미 파생어), 접사+어근(접두 파생어)

✓ **품사:** 단어를 일정한 기준에 따라 나눈 것, 우리 말은 총 9 품사

형태	기능	의미	특징
불변어	체언	명사	사람이나 사물의 이름을 나타냄 보통명사/고유명사, 자립명사/의존명사
		대명사	명사를 대신하는 말 인칭 대명사, 지시 대명사
		수사	수량, 차례를 나타냄 양수사, 서수사
	수식언	관형사	체언을 꾸밈
		부사	주로 용언을 꾸밈
	독립언	감탄사	부름, 느낌, 놀람, 대답
	관계언	조사	다른 말과의 문법적 관계를 표시함 격조사, 보조사, 접속조사
가변어	용언	동사	사람이나 사물의 동작을 나타냄
		형용사	사람이나 사물의 성질을 나타냄

✓ 용언의 불규칙 활용

불규칙 종류		불규칙 활용의 내용	불규칙 종류		불규칙 활용의 내용
어간	'ㅅ'불규칙	어간 'ㅅ' 탈락	어미	'여'불규칙	어미 '아' → '여'
	'ㄷ'불규칙	어간 'ㄷ' → 'ㄹ'		'여'불규칙	어미 '아/어' → '러'
	'ㅂ'불규칙	어간 'ㅂ' → '오/우'		'너라'불규칙	어미 '아라' → '너라'
	'르'불규칙	어간 '르' → 'ㄹㄹ'	어간, 어미		어간 'ㅎ' 탈락, 어미도 변화
	'우'불규칙	어간 '우' 탈락			

✓ 어간과 어미

· 어간: 용언이 활용할 때, 형태가 변하지 않는 중심 부분
· 어미: 용언이 활용할 때, 변하는 부분

✓ 어미의 종류

┌ 선어말 어미 ┌ 시제 선어말 어미
│　　　　　　└ 높임 선어말 어미
│
└ 어말 어미 ┌ 비종결 어미 ┌ 연결 어미 ┌ 대등적 연결 어미
　　　　　　│　　　　　　│　　　　　├ 종속적 연결 어미
　　　　　　│　　　　　　│　　　　　└ 보조적 연결 어미
　　　　　　│　　　　　　│
　　　　　　│　　　　　　└ 전성 어미 ┌ 명사형 전성 어미
　　　　　　│　　　　　　　　　　　　├ 관형사형 전성 어미
　　　　　　│　　　　　　　　　　　　└ 부사형 전성 어미
　　　　　　│
　　　　　　└ 종결 어미 ┌ 평서형 종결 어미
　　　　　　　　　　　　├ 의문형 종결 어미
　　　　　　　　　　　　├ 명령형 종결 어미
　　　　　　　　　　　　├ 청유형 종결 어미
　　　　　　　　　　　　└ 감탄형 종결 어미

문장

◆ 문장의 뜻

문장이란, 생각이나 감정을 완결된 내용으로 표현하는 최소의 단위이다.

◆ 문장 성분

문장 성분이란, 문장을 구성하는 요소로서 문장 안에서 일정한 문법적 기능을 한다.

```
┌ 주성분 ┌ 주어
│       ├ 목적어
│       ├ 서술어
│       └ 보어
│
├ 부속 성분 ┌ 관형어
│         └ 부사어
│
└ 독립 성분 ─ 독립어
```

주성분은 문장을 이룰 때 반드시 필요한 필수 성분이므로 주(主)성분이라 한다.

부속 성분은 주성분을 수식하여 뜻을 더해 주는 성분이다. 따라서 문장 구성에 반드시 필요하지는 않으므로 '부속' 성분이라 한다.

독립 성분은 문장의 다른 성분들과 직접적 관계를 맺지 않는 성분이다. 따라서 따로 떨어져 독립적으로 기능한다 하여 '독립' 성분이라 한다.

① 주어

주어는 문장 안에서 동작, 상태, 성질의 주체가 되는 문장 성분이다.
주어는 다음과 같은 형태로 나타난다.

- 체언 + 주격조사　　예 <u>아기가</u> 웃는다.　<u>할머니께서</u> 책을 읽으신다.
- 체언 + 보조사　　　예 <u>아기도</u> 웃는다.　<u>책상은</u> 깨끗하다.
- 조사가 생략되는 경우도 있다.　　예 <u>나</u> 지금 너무 떨려.

② 목적어

목적어는 서술어의 대상이 되는 문장 성분이다.
목적어는 다음과 같은 형태로 나타난다.

- 목적어 + 목적격조사　　예 나는 <u>빵을</u> 좋아한다.
- 목적어 + 보조사　　　　예 나는 <u>빵도</u> 좋아한다.
- 조사가 생략되는 경우도 있다.　　예 나는 <u>빵</u> 좋아해.

③ 서술어

서술어는 주어의 동작, 상태, 성질을 설명하는 문장 성분이다.
서술어는 다음과 같은 형태로 나타난다.

- 용언 어간 + 어미　　예 물고기가 <u>헤엄친다</u>. (헤엄치+ㄴ다)
- 체언 + 서술격조사 '이다'　　예 이것은 소설 <u>책이다</u>.

* 서술어의 자릿수

서술어의 자릿수란, 서술어가 필요로 하는 문장 성분의 개수이다. 서술
어마다 문장을 구성하는 데 필요한 문장 성분의 개수가 다르다.

예 아기가 <u>웃는다</u>.
　　→ '웃는다'는 주어만 필요하므로 한 자리 서술어
예 나는 선생님이 <u>되었다</u>.
　　→ '되었다'는 주어, 보어가 필요하므로 두 자리 서술어
예 선생님께서 나에게 편지를 <u>보냈다</u>.
　　→ '보냈다'는 주어, 목적어, 필수 부사어가 필요하므로 세 자리 서술어

④ 보어

보어는 문장의 의미를 보충해 주는 문장 성분으로, 서술어 '되다, 아니다' 앞에 나오는 말이다.

예 <u>아침이</u> 되었다.　　　그는 <u>연예인이</u> 아니다.

⑤ 관형어

관형어는 체언을 수식하는 문장 성분이다. 관형어는 문장에 필수적인 성분은 아니지만, 의존 명사는 관형어가 반드시 필요하다.

예 나무 <u>한</u> 그루가 있다. ('그루'가 의존 명사임)

관형어는 다음과 같은 형태로 나타난다.
- 관형사　예 나는 <u>새</u> 신발을 잃어버렸다.
- 체언 + 관형격 조사　예 <u>그의</u> 집은 다 불타 버렸다.
- 용언 + 관형사형 어미 예 그녀는 <u>재미있는</u> 책을 읽고 있다.

⑥ 부사어

부사어는 용언을 수식하는 문장 성분이다. 부사어는 문장에 필수적인 성분은 아니지만, 일부 서술어는 부사어를 반드시 필요로 하는 경우가 있다. 이때의 부사어를 필수 부사어라고 한다.

예 아기가 <u>엄마와</u> 닮았다.

부사어는 다음과 같은 형태로 나타난다.
- 부사　　예 그녀는 잠을 제대로 <u>못</u> 잤다.
- 체언 + 부사격 조사　　예 그는 <u>병원에서</u> 밤을 지샜다.
- 용언 + 부사형 어미　　예 그녀는 <u>재미있게</u> 말하는 재주가 있다.

⑦ 독립어

독립어는 다른 문장 성분과 직접적인 관련이 없는 문장 성분이다.
독립어는 다음과 같은 형태로 나타난다.

- 감탄사　　예 <u>와!</u> 물이 정말 시원하네.
- 체언 + 호격 조사　　예 <u>아가야,</u> 잘 자거라.
- 체언 단독(부름, 제시어)　　예 <u>선생님,</u> 안녕하세요?

　　　　　　　　　　　<u>사랑,</u> 이 아름다운 말

+tip ✎ 품사와 문장 성분의 구별

품사는 단어 하나 하나의 성질을 나타내는 것으로 형태, 의미, 기능을 기준으로 단어를 나눈 것이다. 문장 성분은 문장 안에서 일정한 기능을 하는 요소를 나타내는 것이므로 반드시 문장으로 나타나야 문장 성분을 알 수 있다.

품사는 단어 하나 하나의 성질이므로 국어 사전에 나오지만, 문장 성분은 단어 하나만으로는 알 수 없으므로 국어 사전에 나오지 않는다.

이들의 구별법을 '발칙한 생각'을 통해 알아보자.

발칙한 생각

품사와 문장 성분은 계속 헷갈린다. 이렇게 외워보자!
- **품사:** 단어 하나만 나와도 알 수 있는 것, 사전에 나와 있는 것, 모두 '<u>사</u>'로 끝나는 것!
- **문장 성분:** 문장 안에서 하는 역할로 알 수 있는 것, <u>모두 '어'로 끝나는 것!</u>

몇 개의 문장을 다음과 같은 방법으로 연습해 보면, 금방 품사와 문장 성분을 구별할 수 있을 것이다.

예 '아름다운 그녀가 매우 슬프게 울고 있다'의 분석

품사	아름다운	그녀	가	매우	슬프게	울고	있다.
	형용사	대명사	조사	부사	형용사	동사	동사
문장 성분	아름다운	그녀가		매우	슬프게	울고 있다.	
	관형어	주어		부사어	부사어	서술어	

◆ 문장의 구조

문장은 홑문장과 겹문장으로 나뉜다.

```
┌ 홑문장: 주어와 서술어가 한 번만 나타나는 문장
└ 겹문장: 주어와 서술어가 두 번 이상 나타나는 문장
```

겹문장은 다시 이어진 문장과 안은 문장으로 나뉜다.

```
┌ 이어진 문장 ┌ 대등하게 이어진 문장
│            └ 종속적으로 이어진 문장
│
└ 안은 문장 ┌ 명사절을 안은 문장
           ├ 관형절을 안은 문장
           ├ 부사절을 안은 문장
           ├ 인용절을 안은 문장
           └ 서술절을 안은 문장
```

① 이어진 문장

이어진 문장이란, 두 개의 문장이 나란히 놓여 한 문장으로 이어진 문장이다. 이어진 문장은 앞 절과 뒤 절의 의미 관계에 따라 대등하게 이어진 문장, 종속적으로 이어진 문장으로 나뉜다.

· 대등하게 이어진 문장

앞 절과 뒤 절이 의미상 나열, 대조, 선택 등으로 대등하게 이어진 문장이다.

대등하게 이어진 문장은 대등적 연결 어미 '-고, -며, -나 –든지' 등이 결합하여 실현된다.

예 나는 과자를 먹었고, 형은 아이스크림을 먹었다. (나열)

예 면접 결과에 만족할 수 없었지만, 시험에 합격했다. (대조)

예 지금 바로 밥을 먹든지, 목욕 후에 밥을 먹든지 해라. (선택)

어미가 아닌 접속 조사 와/과에 의해 대등하게 이어진 문장이 되기도 한다.

예 나와 민수는 영화를 보러 갔다.

  → '나는 영화를 보러 갔다.' + '민수는 영화를 보러 갔다.'

예 그녀는 춤과 노래에 재능이 있다.

  → '그녀는 춤에 재능이 있다.' + '그녀는 노래에 재능이 있다.'

• 종속적으로 이어진 문장

앞 절과 뒤 절이 의미상 원인, 이유, 의도, 조건 등 한 절이 의미상 다른 절에 종속되어 있는 문장이다.

종속적으로 이어진 문장은 종속적 연결 어미 '-서, -려고, -면' 등이 결합하여 실현된다.

예 아이스크림을 너무 많이 먹어서, 배탈이 났다. (원인)

예 오빠는 라면을 끓이려고, 냄비를 찾았다. (의도)

예 네가 1시까지 오면, 나를 만날 수 있을 것이다. (조건)

종속적으로 이어진 문장은 한 절이 다른 절에 종속되어 있으므로 앞 절과 뒤 절의 순서를 바꾸면 문장이 아예 성립하지 않거나, 의미가 달라진다.

예 *배탈이 나서, 아이스크림을 너무 많이 먹었다.

예 *오빠는 냄비를 찾으려고, 라면을 끓였다.

예 *나를 만날 수 있으면, 네가 1시까지 올 것이다.

② 안은 문장

하나의 절이 전체 문장 속에 들어가 하나의 문장 성분 역할을 할 때, 전체 문장을 안은 문장, 문장 성분 역할을 하는 절을 안긴 문장이라고 한다.

안 은 (안긴문장) 문 장
 ↳ 하나의 문장 성분 역할

안은 문장은 안긴 절의 역할에 따라 다음과 같이 나뉜다.

· 명사절을 안은 문장

하나의 절이 다른 문장 속에 들어가 주로 주어, 목적어로 쓰이는 문장

서술어에 명사형 어미 '-(으)ㅁ, -기'가 결합

예 <u>그녀의 주장이 사실임</u>이 밝혀졌다.

     ↳ '그녀의 주장이 사실이다'가 전체 문장에서 주어로 쓰임

예 나는 <u>네가 꼭 합격하기</u>를 바란다.

     ↳ '네가 꼭 합격하다'가 전체 문장에서 목적어로 쓰임

· 관형절을 안은 문장

하나의 절이 다른 문장 속에 들어가 관형어로 쓰이는 문장

서술어에 관형사형 어미 '-(으)ㄴ, -는, -(으)ㄹ, -던'이 결합

예 형이 <u>내가 준</u> 선물을 마음에 들어 했다.

     ↳ '내가 선물을 주다'가 전체 문장에서 관형어로 쓰여 '선물'을 꾸밈

예 나는 <u>네가 다쳤다는</u> 소식을 들었다.

     ↳ '네가 다쳤다'가 전체 문장에서 관형어로 쓰여 '소식'을 꾸밈

· 부사절을 안은 문장

하나의 절이 다른 문장 속에 들어가 부사어로 쓰이는 문장

서술어에 부사 파생 접사 '-이', 부사형 전성 어미 '-게, -도록, -아서/어서, -듯이' 등이 결합

예 그는 <u>다른 사람의 도움 없이</u> 혼자 일어났다.

     ↳ '다른 사람의 도움이 없었다'가 전체 문장에서 부사어로 쓰여 '일어났다'를 꾸밈

예 나는 <u>아버지와 달리</u> 말이 없다.

     ↳ '나는 아버지와 다르다'가 전체 문장에서 부사어로 쓰여 '없다'를 꾸밈

· 서술절을 안은 문장

하나의 절이 다른 문장 속에 들어가 서술어로 쓰이는 문장

다른 안은 문장과 달리, 어미, 접사 등과 결합하지 않아 안긴 문장을 알 수 있는 표지가 없음

예 할머니는 <u>주름이 많다</u>.

     ↳ '주름이 많다'가 전체 문장에서 서술어로 쓰임

· **인용절을 안은 문장**

인용한 말이 다른 문장 속에 들어가 있는 문장

직접 인용은 문장을 그대로 인용한 것이며, 간접 인용은 어미 '-고'가 결합

예 네가 "라면 먹고 싶다."라고 하니 배가 고파졌다.

   ↳ 직접 인용

예 네가 라면 먹고 싶다고 하니 배가 고파졌다.

   ↳ 간접 인용

발칙한 생각

안은 문장의 종류를 외우는 방법은 '부서 명인관'이다.

  '우리 부서 회식은 중식당 명인관에서 합니다.'

  (부사절)(서술절) (명사절)(인용절)(관형절)

이때, '부사절, 명사절'이지만 '관형사절'이 아니라 '관형절'임에 유의하자.

◆ **문장 표현**

① **높임 표현**

┌ 주체 높임: 문장의 주어(주체)를 높이는 표현
│
├ 객체 높임: 문장의 목적어나 부사어의 대상(객체)을 높이는 표현
│
└ 상대 높임: 청자를 높이거나 낮추는 표현

> * **간접높임**
>
> 간접 높임이란, 존대해야 할 인물의 신체 부분, 개인적 소유물 등을 높이는 것을 말한다.
>
> · 그 분은 머리가 하얗게 세셨다.
> → 신체의 일부인 머리카락을 높임

· 주체 높임의 실현 방법

 - 선어말 어미 '-(으)시-' 예 선생님께서 책을 읽으신다.

 - 주격 조사 '께서' 예 아버지께서 전화를 하셨다.

 - 특수 어휘: 주무시다, 잡수시다 등 예 할머니께서 주무신다.

· 객체 높임의 실현 방법

  - 부사격 조사 '께' 예 민수가 할머니께 인사를 드렸다.

  - 특수 어휘: 드리다, 뵙다 등 예 민지가 할머니를 뵈러 시골에 갔다.

· 상대 높임의 실현 방법

  - 종결 어미와 보조사 '요'

	높임		낮춤	
격식체	하십시오 예 안녕히 가십시오.	하오 예 안녕히 가오.	하게 예 안녕히 가게.	해라 예 안녕히 가라.
비 격식체	해요 예 안녕히 가세요.		해 예 안녕히 가.	

② **시간 표현**

　┌ 과거 시제: 사건시(사건이 일어난 시점) → 발화시(말하는 시점)
　│
　├ 현재 시제: 사건시(사건이 일어난 시점) = 발화시(말하는 시점)
　│
　└ 미래 시제: 발화시(말하는 시점) → 사건시(사건이 일어난 시점)

* '-었-'과 '-었었-'

· 영수가 10시에 왔다
→ 10시에 와서 여기에
　있다는 의미

· 영수가 10시에 왔었다.
→ 10시에 여기 온 일이
　있다는 의미

위의 예문으로 볼 때,
'-었었-'은 행위의 결과가
지속되지 않고 단절된 것
을 표현하는 기능이 있다.

과거 시제는 사건시가 발화시보다 앞선 시제이며, 현재 시제는 사건시와 발화시가 일치하는 시제, 미래 시제는 발화시가 사건시보다 앞선 시제이다.

· 과거 시제의 실현 방법

  - 선어말 어미 '-았-/-었-' 예 누나는 펑펑 울었다.

  - 과거를 나타내는 부사어: 어제, 지난 등 예 나는 어제 영화를 봤다.

  - 관형사형 어미 '-은, -던' 예 내가 학생이던 시절에 좋아하던 노래다.

· 현재 시제의 실현 방법

  - 선어말 어미 '-는-/-ㄴ-' 예 누나는 펑펑 운다.

  - 현재를 나타내는 부사어: 오늘, 지금 등 예 나는 지금 영화를 본다.

  - 관형사형 어미 '-는, -ㄴ' 예 이것은 내가 좋아하는 노래다.

* '-겠-'의 의미
: '-겠-'이 추측, 의지의 의
미를 나타낼 때도 있다.

- 지금쯤 도착했겠지?
(추측)
- 나는 이다음에 공학자가
되겠다. (의지)

- 미래 시제의 실현 방법

  - 선어말 어미 '-겠-, -리-'   예 누나는 펑펑 울겠지.

    예 조금만 기다리면 곧 알려 주리라.

  - 미래를 나타내는 부사어: 내일 등   예 나는 내일 영화를 보고 싶다.

  - 관형사형 어미 '-(으)ㄹ'+것   예 나는 꼭 합격할 것이다.

③ 피동 표현, 사동 표현

· 피동 표현

피동(被動) 표현은 주어가 어떤 동작을 당하는 것을 나타낸 표현이다.
피동의 반대는 능동(能動)으로, 주어가 스스로 어떤 동작을 함을 나타낸다.
피동 표현은 다음과 같은 형태로 실현된다.

- 파생적 피동(단형 피동): 어간 + 피동 접미사(-이-, -히-, -리-, -기-)

  예 벌레가 비둘기에게 잡아 먹혔다.

- 통사적 피동(장형 피동): 어간 + '-어지다', '-게 되다'

  예 가을이 되니 하늘이 높아졌다.

- 이중 피동: 단형 피동 + '-어지다'

  예 의외로 글이 쉽게 쓰여진다. (쓰 + 이 + 어지ㄴ다)

- 기타: 어휘 '받다'에 의한 피동

  예 나는 그녀에게 감동 받았다.

* 사동 표현의 중의성

 사동 표현은 중의적인 경
우가 있다.

· 내가 아이를 죽였구려.
→ 직접 죽인 것인가?
→ 살릴 수 있었는데 못 살
린 것인가?

· 나는 동생에게 밥을 먹였다.
→ 직접 밥을 입에 넣어 주
었나?
→ 스스로 밥을 먹도록 간접
적 행위를 했나?

· 사동 표현

사동 표현은 주어가 다른 대상에게 어떤 동작이나 행동을 시키는 것을
나타낸 표현이다. 사동 표현은 다음과 같은 형태로 실현된다.

- 파생적 사동(단형 사동): 어간 + 사동 접미사

  (-이-, -히-, -리-, -기-, -우-, -구-, -추-)

  예 현우가 나에게 가방을 맡겼다.

- 통사적 사동(장형 사동): 어간 + '-게 하다'

예 누나가 동생에게 양말을 <u>신게 했다</u>.

- 이중 사동: 사동 접미사가 2개 쓰임

예 엄마가 아기를 <u>재운다</u>. (자+이+우+다)

- 기타: 어휘 '시키다'에 의한 사동

예 엄마가 아이를 목욕<u>시켰다</u>.

+tip ✍ 피동문과 사동문의 구분

피동 접사와 사동 접사가 같은 경우가 있어(-이-, -히-, -리-, -기-) 피동문인지 사동문인지 구분하기 어렵다.

> * 사동문의 조건
>
> '시사를 좋아하는 목사님'
> ∴'시키다'의 의미인 '사동'은 '목적어'를 좋아한다.

피동문은 '~에 의해 당하다'는 의미이고, 사동문은 '~에게~을 시키다'는 의미이기 때문에 사동문에는 목적어가 필요하다.

예 아이가 엄마에게 안겼다. → 피동문

예 엄마가 아기에게 <u>옷을</u> 입혔다. → 사동문

④ 부정 표현

┌ 의지 부정: '안' 부정문   예 오빠는 오늘 양치를 <u>안</u> 했다.

├ 능력 부정: '못' 부정문   예 나는 오이를 <u>못</u> 먹는다.

└ '말다' 부정: 명령문, 청유문에서 쓰임   예 내일 영화보러 가지 <u>말자</u>.

부정 표현은 긴 부정문과 짧은 부정문이 있다. 긴 부정문은 '어간 +~지 아니하다(못하다)'로 실현되며, 짧은 부정문은 '부정부사 안, 못 + 서술어'로 실현된다.

예 이 옷은 <u>깨끗하지 않다</u>. → 긴 부정문

이 옷은 <u>안</u> 깨끗하다. → 짧은 부정문

한눈에 정리하는 '문장'

√ **문장**: 생각이나 감정을 완결된 내용으로 표현하는 최소의 단위

√ **문장 성분**

　　┌ 주성분 ┌ **주어**: 동작, 상태, 성질의 주체
　　│　　　├ **목적어**: 서술어의 대상
　　│　　　├ **서술어**: 주어의 동작, 상태 성질 설명
　　│　　　└ **보어**: 문장의 의미를 보충, '되다, 아니다' 앞의 말
　　│
　　├ 부속 성분 ┌ **관형어**: 체언 수식
　　│　　　　　└ **부사어**: 용언 수식
　　│
　　└ 독립 성분 – **독립어**: 다른 문장 성분과 직접적 관련 없이 독립적

√ **문장의 구조**

　　┌ 홑문장: 주어와 서술어가 한 번만 나타나는 문장
　　└ 겹문장: 주어와 서술어가 두 번 이상 나타나는 문장

√ **겹문장의 종류**

　　┌ 이어진 문장 ┌ **대등하게 이어진 문장**
　　│　　　　　　└ **종속적으로 이어진 문장**
　　│
　　└ 안은 문장 ┌ **명사절을 안은 문장**
　　　　　　　├ **관형절을 안은 문장**
　　　　　　　├ **부사절을 안은 문장**
　　　　　　　├ **인용절을 안은 문장**
　　　　　　　└ **서술절을 안은 문장**

√ 높임 표현

┌ **주체 높임**: 문장의 주어(주체)를 높이는 표현

├ **객체 높임**: 문장의 목적어나 부사어의 대상(객체)을 높이는 표현

└ **상대 높임**: 청자를 높이거나 낮추는 표현

√ 시간 표현

┌ **과거 시제**: 사건시 → 발화시

├ **현재 시제**: 사건시 = 발화시

└ **미래 시제**: 발화시 → 사건시

√ 피동 표현, 사동 표현

┌ **피동 표현**: 주어가 어떤 동작을 당하는 것

└ **사동 표현**: 주어가 다른 대상에게 어떤 동작이나 행동을 시키는 것

√ 부정 표현

┌ **의지 부정**: '안' 부정문

├ **능력 부정**: '못' 부정문

└ **'말다' 부정**: 명령문, 청유문에서 쓰임

담화

담화란, 둘 이상의 문장이 연속되어 이루어지는 말의 단위이다. 담화를 구성하는 요소로는 화자, 청자, 발화, 맥락이 있다.

◆ 담화의 요소

```
┌ 화자(話者): 이야기를 하는 사람
│
├ 청자(聽者): 이야기를 듣는 사람
│
├ 발화: 어떤 상황 속에서 문장으로 실현된 말
│
└ 맥락: 화자와 청자가 말하고 있는 시간적, 공간적 배경
```

담화는 단순히 화자의 생각을 전달하는 내용 전달의 기능 이외에도 다양한 기능을 가진다. 담화는 대개 정보 전달, 소개, 선언, 명령, 요청, 질문, 제안, 약속, 경고, 축하, 위로 등의 기능이 있다.

담화의 형식과 내용이 일치하면 직접 발화, 일치하지 않으면 간접 발화라고 한다. 예를 들어, 의문문의 형식으로 의문의 의미를 나타내면 직접 발화, 의문의 형식으로 요청이나 제안 등 다른 의미를 나타내면 간접 발화이다.

> 예 여기가 버스 정류장이 맞나요? → 직접 발화
>
> 문 좀 열어줄 수 있겠습니까? → 간접 발화(의문문 형식으로 요청의 의미를 담음)

상황에 따라 같은 형식이라도 내용과 의미가 달라질 수 있으므로 앞뒤 맥락을 잘 파악해야 한다.

> 예 (시계가 없어서) 지금이 몇 시입니까? → 직접 발화
>
> (회의 시간에 늦은 직원에게) 지금이 몇 시입니까? → 간접 발화

◆ 담화의 특성

┌ 통일성: 발화가 주제에 관련된 내용이어야 한다는 것
│
└ 응집성: 각 발화들이 유기적으로 연결되어야 한다는 것

응집성을 높이는 표현에는 지시 표현, 대용 표현, 접속 표현이 있다.
- 지시 표현: 사람, 사물을 가리키는 표현

　　　　　지시 대명사, 지시 형용사, 지시 관형사, 지시 부사가 있음

　　　　　예 이, 그, 저, 이것, 그것, 이렇다, 이리, 저리
- 대용 표현: 앞서 나온 어휘나 발화를 다시 가리키는 표현

　　　　　예 거기, 그렇게
- 접속 표현: 구절과 구절, 문장과 문장을 이어주는 표현

　　　　　예 그리고, 첫째, 둘째

+tip✍ 통일성과 응집성

　담화의 통일성과 응집성은 고쳐쓰기 문제에서 종종 출제된다. 학생들이 이 둘을 헷갈려 하는 경우가 많은데, 주제에서 벗어난 내용이 있으면 '통일성', 문장 간의 연결이 부자연스러우면 '응집성'이 부족한 것이다.

　응집성을 높이는 표현을 정확히 알기 위해서는, 비문학 지문을 활용해 직접 응집성을 높이는 표현을 찾아 표시해보는 것이 좋다.

　　　예 견과류와 같이 지방질을 많이 함유하고 있는 식품을 장기간 저장하다 보면 불쾌한 냄새가 나기도한다. 이는 대개 산패로 인해 발생한다.(2016학년도 9월 모의평가 A형)

　　→ 앞 문장의 '불쾌한 냄새'를 다시 가리키고 있는 대용 표현이다.

의미

◆ 단어의 의미 관계

① 유의 관계

유의 관계란, 단어들이 비슷하거나 같은 의미를 가지고 있는 경우를 말한다. 이러한 관계에 있는 단어를 유의어라고 한다.

예 라인 - 선 - 줄 / 명중 - 적중

유의 관계에 있는 단어라고 하더라도 어느 상황에서나 자유롭게 바꾸어 쓸 수 있는 것은 아니므로 맥락과 상황을 잘 파악해야 한다

예 소녀가 <u>아름답다</u>. - 소녀가 <u>곱다</u>.

예 *마음씨가 <u>아름답다</u>. - 마음씨가 <u>곱다</u>.

② 반의 관계

반의 관계란, 단어들이 반대되는 의미를 가지고 있는 경우를 말한다. 이러한 관계에 있는 단어를 반의어라고 한다.

예 길다 - 짧다 / 하늘 - 땅

반의 관계는 두 단어 사이에 공통적인 의미 요소가 있으면서 한 개의 요소만 다를 때 성립한다. 반의어는 의미 성분을 분석해 보면 잘 알 수 있다.

의미 성분 분석이란, 각 단어의 의미 요소들을 분석하는 것인데, 해당 의미 요소를 가지고 있으면 '+', 가지고 있지 않으면 '-'로 나타낸다.

예 '소년'과 '소녀'의 의미 성분 분석

소년	[-성숙]	[+남성]	[+인간]
소녀	[-성숙]	[-남성]	[+인간]

'소년'과 '소녀'는 다른 의미 요소는 모두 공통적인데, [+남성]의 요소만 다르므로 반의 관계에 있다.

예 '소년'과 '할머니'의 의미 성분 분석

소년	[-성숙]	[+남성]	[+인간]
할머니	[+성숙]	[-남성]	[+인간]

'소년'과 '할머니'는 [+성숙], [+남성] 총 2개의 의미 요소가 다르기 때문에 반의 관계에 있는 단어가 아니다.

③ 상하 관계

상하 관계란, 한 단어의 의미가 다른 단어의 의미를 포함하고 있는 경우를 말한다. 이때 다른 단어의 의미를 포함하는 단어를 상의어, 다른 단어의 의미에 포함되는 단어를 하의어라고 한다. 상의어는 하의어보다 일반적이고 포괄적이다.

예 ┌ 상의어: 과일, ←일반적, 포괄적
　 └ 하의어: 바나나, 사과, 배, 감

④ 동음이의 관계와 다의 관계

	동음이의 관계	다의 관계
의미	소리는 같으나 뜻이 다른 단어	여러 뜻을 가진 단어
사전 등재	다른 단어이므로 각각 사전에 등재	한 단어에 여러 의미가 있는 경우이므로 한 단어로 등재
예	다리¹(명) 사람이나 동물의 몸통 아래 붙어 있는 신체의 부분. 다리²(명) 물을 건너거나 또는 한편의 높은 곳에서 다른 편의 높은 곳으로 건너다닐 수 있도록 만든 시설물. → 다리¹과 다리²는 소리만 같을 뿐 뜻이 다르기 때문에 사전에 각각 등재되는 동음이의 관계이다.	다리¹(명) 1. 사람이나 동물의 몸통 아래 붙어 있는 신체의 부분. 예) 다리가 굵다 2. 물체의 아래쪽에 붙어서 그 물체를 받치거나 직접 땅에 닿지 아니하게 하거나 높이 있도록 버티어 놓은 부분. 예) 책상 다리 → '다리¹ 1.'은 중심적 의미, '다리¹ 2.'는 주변적 의미로서 한 단어가 여러 의미를 갖고 있는 다의 관계이다.

국어의 역사

◆ 고대 국어의 표기

고대 국어는 우리 조상들이 한반도에 살기 시작한 시기부터 고려를 건국하기 이전인 10세기까지의 국어를 말한다. 특히 신라가 삼국을 통일한 이후, 신라어를 중심으로 국어가 통일되었지만 남아 있는 자료가 부족하여 고대 국어의 구체적 모습은 확인하기 어렵다.

고대 국어에서는 아직 한글이 창제되기 이전이므로, 한자를 빌려 표기하는 '차자(借字) 표기'방식이 쓰였다.

① 고유명사의 표기

인명, 지명, 관직 등의 고유명사를 표기하기 위해 한자의 음이나 뜻을 빌려서 표기했다. 한자의 음을 빌리는 경우와 뜻을 빌리는 경우가 있었으므로 동일한 대상에 대해 두 가지 표기가 존재했으나, 읽을 때는 똑같이 읽어야 한다.

예 素那 (或云 金川)~: 소나 (혹은 금천)은~

→ '素那'와 '金川'은 한 사람의 이름이다. '金川'은 뜻을 빌려 쓴 것이다. 앞의 '素那'는 음을 빌려 쓴 것으로 '쇠내→소나'가 된 것이다.

'素那' = '金川'

(흴 소, 어찌 나) = (쇠 금, 내 천)

② 향찰

신라시대 향가를 표기하던 방법으로, 한자의 음과 뜻을 빌려 우리 말의 실질 형태소와 형식 형태소까지 모두 표기할 수 있었던 방식이다. 또한 우리말 어순대로 배열하여 한자를 그대로 수용하지 않고, 우리나라가 주체적으로 수용했음을 알 수 있는 증거이기도 하다.

예 善花公主主隱 (선화공주님은)

→ '善花公主'는 음을 빌려, '主'(님 주)는 뜻을, '隱'(숨을 은)은 음을 빌려 표기했다.

③ 구결, 이두

구결은 한문으로 된 글을 그대로 읽을 때, 쉽게 읽기 위해 우리말의 조사와 어미를 한자로 첨가한 것이다. 이두는 우리말 어순에 맞게 글을 바꾼 뒤, 우리말의 조사와 어미를 한자로 첨가한 것이다.

◆ 중세 국어의 음운

중세 국어란, 고려 시대~임진왜란 시기(10~16세기)의 국어를 말한다. 특히 15세기 훈민정음이 창제된 이후 우리 말을 그대로 옮겨 적을 수 있게 되었기 때문에 이 시기 국어의 모습을 잘 살펴보아야 한다.

① 자음

· 제자 원리

훈민정음의 자음은 발음하는 모양 또는 발음 기관의 모양을 본뜬 상형의 원리로 기본자를 만든 후, 가획과 이체의 원리로 나머지 글자를 완성하였다. 가획(加劃)이란 기본자에 획을 하나씩 더한 것이며, 병서(竝書)란 글자를 나란히 쓴 것이다. 이체(異體)란 상형과 가획의 원리가 아닌, 다른 모양으로 만든 글자라는 것이다.

	제자 원리	기본	가획	병서	이체
아음(牙音, 어금닛소리)	혀뿌리가 목구멍을 막는 모양	ㄱ	ㅋ	ㄲ	ㆁ
설음(舌音, 혓소리)	혀끝이 윗잇몸에 닿는 모양	ㄴ	ㄷ, ㅌ	ㄸ	ㄹ
순음(脣音, 입술소리)	입의 모양	ㅁ	ㅂ, ㅍ	ㅃ	
치음(齒音, 잇소리)	이의 모양	ㅅ	ㅈ, ㅊ	ㅆ, ㅉ	ㅿ
후음(喉音, 목청소리)	목구멍의 모양	ㅇ	ㆆ, ㅎ	ㆅ	

· 자음 체계표

자음의 제자 원리를 바탕으로 한 자음 체계표는 다음과 같다.

조음 방법＼조음 위치	아음	설음	순음	치음	후음	반설음	반치음
전청 (全淸, 아주 맑은 소리)	ㄱ	ㄷ	ㅂ	ㅅ, ㅈ	ㆆ		
차청 (次淸, 다음으로 맑은 소리)	ㅋ	ㅌ	ㅍ	ㅊ	ㅎ		
전탁 (全濁, 아주 탁한 소리)	ㄲ	ㄸ	ㅃ	ㅆ, ㅉ	ㆅ		
불청불탁 (不淸不濁, 맑지도 탁하지도 않은 소리)	ㆁ	ㄴ	ㅁ		ㅇ	ㄹ	ㅿ

* 합용 병서와 각자 병서

'합용 병서'는 서로 다른 글자를 나란히 붙여 쓴 것이며, '각자 병서(各自竝書)'는 같은 글자를 나란히 붙여 쓴 것이다.

· 'ㄲ, ㄸ': 각자 병서
· 'ㄳ, ㅄ': 합용 병서

· 어두 자음군

중세 국어에는 초성에 둘 이상의 자음이 올 수 있었다. 이를 어두(語頭) 자음군이라 한다. 이러한 어두 자음군은 합용 병서(合用竝書)의 원리로 만들어진 것이다.

종류	예
'ㅅ'계 - ㅺ, ㅼ, ㅽ	쑴(꿈), 쏘(또)
'ㅂ'계 - ㅳ, ㅄ, ㅶ, ㅷ	쓰다(쓰다), 쌀(쌀)
'ㅄ'계 - ㅴ, ㅵ	빼(때)

+tip ✍ **어두 자음군 읽는 법**

어두 자음군은 마치 외계어처럼 보여 학생들이 당황해 읽지 못하는 경우가 많다. 이때에는, 어두 자음군의 맨 마지막 자음을 된소리로 읽으면 된다.
　예 쁟(뜻) → 어두 자음군 마지막 자음인 'ㄷ'을 된소리로 읽으면 '뜻'

② 모음

훈민정음의 모음은 天, 地, 人(하늘, 땅, 사람) 三才를 본떠 ·(天), ㅡ(地), ㅣ(人) 세 기본자를 만들고 합용의 원리에 의해 단모음, 이중 모음을 만들었다.

초출자(初出字)란 기본자를 합친 것이며, 재출자(再出字)란 기본자와 초출자를 합친 것이다. 글자를 합쳤다고 해서 합용(合用)의 원리라고 한다.

기본자	초출자(初出字)	재출자(再出字)
·, ㅡ, ㅣ	ㅗ, ㅏ, ㅜ, ㅓ	ㅛ, ㅑ, ㅠ, ㅕ

③ 성조

중세 국어에는 소리의 고저를 이용해 단어의 뜻을 구분하기도 했다. 이를 성조라고 한다. 성조는 글자 옆에 방점을 찍어 구분했는데 평성, 거성, 상성, 입성이 있엇다.

성조는 16세기 말에 소멸되었으며, 현대 국어에서 대체적으로 평성은 짧은 소리, 상성은 긴 소리로 바뀌었다.

종류	성격	방점	예
평성 平聲	낮은 소리	없음	활(弓) 곧(꽃)
거성 去聲	높은 소리	한 점	·갈(칼) ·말[斗]
상성 上聲	낮았다가 높아지는 소리	두 점	:돌[石] :밤[栗] :둘ㅎ[二] :말[言]
입성 入聲	종성이 'ㄱ, ㄷ, ㅂ, ㅅ'인 음절의 소리	일정하지 않음	긴(기둥) ·입[口]

④ 현재 소실된 음운들

훈민정음 창제 당시에는 사용되었지만, 시간이 지나면서 사라지거나 변화된 음운들도 있다.

소실 문자	명칭	소멸 시기	소실 과정
ㆆ	여린 히읗	15세기 중엽	소멸
ㅸ	순경음ㅂ	〃	ㅂ>ㅸ>오/우
ㆅ	쌍히읗	〃	ㆅ>ㅋ, ㅆ, ㅎ
ㆀ	쌍이응	〃	ㆀ>ㅇ
ㅿ	반치음	15세기 후반~16세기 전반	ㅅ>ㅿ>ㅇ
ㆁ	옛이응	16세기 중엽	ㆁ>ㅇ
·	아래 아	음가 : 18세기 전반 표기 : 1933년	·>ㅏ, ㅡ, ㅗ, ㅓ, ㅜ

- ㆆ(여린 히읗)

　'ㆆ'은 중세 국어에서 사잇소리, 한자음의 초성으로 쓰였다.

　　┌ 고유어에서 사잇소리: 'ㄹ'과 'ㅳ'의 사이　예 하눓 ᄠᅳᆮ(하늘의 뜻)
　　│
　　├ 한자어에서 사잇소리: 소릿값 없는 'ㅇ' 뒤　예 先考ㆆᄠᅳᆮ(선고의 뜻)
　　│
　　├ 한자음의 초성　예 흡ㆅㅁ, 印ㅎ
　　│
　　└ 이영보래(以影補來): 'ㄹ'로 끝나는 한자어의 중국식 발음은 모두 'ㄷ'
　　　　　　　　　　　이므로 이를 표시하기 위해 'ㆆ'을 표기함
　　　　　　　　　　　예 日(잃), 八(ퟑ)

- ㅸ(순경음 비읍)

　'ㅸ'은 울림 소리 사이에서 쓰이다 '오/우'로 대체되었다.
　　예 표범 > 표ᄫᅥᆷ > 표웜 > 표범
　　　칩+의 > 치ᄫᅱ > 치위 > 추위

- ㆅ(쌍히읗)

　'ㆅ'은 순우리말에서 반모음 'ㅣ' 앞에서 쓰였다.
　　예 도ᄅᆞ혀다(돌이키다), 혀다(켜다)

- ㆀ(쌍이응)

　'ㆀ'은 'ㅇ'을 힘있게 발음하는 소리로, 이중 모음으로 끝나는 어간 뒤나 피동의 어미와 결합할 때만 쓰였다.
　　예 괴ᅇᅧ(괴+이+어, 사랑받아)

- ㅿ(반치음)

　'ㅿ'은 울림소리 사이에서 쓰였다.
　　예 ᄀᆞᅀᆞᆯ(가을), 지ᅀᅥ(짓+어, 지어)

· ㆁ(옛이응)

'ㆁ'은 'ㅇ'과 달리 소릿값이 있는 음운으로 현대 국어의 종성 'ㅇ'이다. 그러나 현대 국어와 달리, 초성에 표기되기도 했다. 초성에서의 소릿값은 비음이었다. 즉, 유성음이면서 비음이면서 연구개음이었다.

    예 바ㆁ울(방울), 이ㆁ어(잉어)

· ·(아래아)

'·'는 후설 저모음으로, 'ㅏ'와 'ㅗ'의 중간 음으로 발음되었다. '·'의 소릿값은 2단계에 걸쳐 소멸된다. 그러나 표기는 계속 남아 있다 1933년 한글 맞춤법 통일안에서 폐지되었다.

  ┌ 소멸 1단계: 16세기 말, 2음절 이하에서 소멸 예 ᄆᆞᅀᆞᆷ>ᄆᆞ음
  │
  └ 소멸 2단계: 18세기 중, 1음절에서 소멸 예 ᄆᆞ음>마음

※ '·'의 변천
┌ 1음절: · > ㅏ 예 ᄆᆞᆯ(馬)>말
├ 2음절: · > ㅡ 예 노ᄑᆞᆫ>높은
└ 어간 끝: · > ㅜ 예 아ᅀᆞ(弟)>아우, ᄒᆞᄅᆞ>하루

◆ 중세 국어의 표기법

① 이어적기, 거듭적기, 끊어적기

구분	정의	시기	예
이어적기 (연철, 連綴)	소리 나는 대로 앞말의 종성을 뒷말의 초성에 이어 적음	15세기	시미(샘이), 니믈(님을) 기픈(깊은), 흐튼(흩은)
거듭적기 (중철, 重綴)	앞말의 종성을 적고 뒷말의 초성에도 중복해서 적음	16세기	십미, 님믈 깁픈, 홋튼
끊어적기 (분철, 分綴)	어원을 밝혀 앞말의 종성에 적음	1933년 이후	십이, 님을 깊은, 흩은

② 8종성 가족용(八終聲可足用)

'ㄱ, ㄴ, ㄷ, ㄹ, ㅁ, ㅂ, ㅅ, ㅇ'의 8자만 받침으로 쓴다는 규정으로, 'ㄷ'과 'ㅅ'이 엄격히 구별되었다. 16세기 이후 종성의 'ㄷ'과 'ㅅ'은 뒤바뀌어 쓰이다가 점차 'ㅅ'으로 통일된다.

예 몯(不能), 못(池)

◆ 중세 국어의 조사

① 주격 조사

중세 국어의 주격 조사는 현대 국어('이/가')와 달리 '이', 'ㅣ', ∅의 세 형태로 나타난다.

┌ '이': 자음으로 끝난 체언 뒤
│　　　예 사ᄅᆞ미(사람이), 빅셩이(백성이)
│
├ 'ㅣ': 'ㅣ' 이외의 모음으로 끝난 체언 뒤
│　　　예 孔子ㅣ(공자가), 부톄(부처가)
│
└ ∅(영형태): 'ㅣ' 모음으로 끝난 체언 뒤
　　　　　　예 불휘 기픈(뿌리가 깊은), 빅 업도다(배가 없도다)

※ 특이한 주격 조사

'이', 'ㅣ', ∅ 말고도 특이한 형태의 주격 조사가 있으니 예문을 통해 알아보자.

형태	조건	예
씌셔, 겨오셔 (께서)	높임 명사 뒤	和平翁主씌셔(화평옹주께서), 先人겨오셔(선인께서)
이이셔, 애이셔 (에서)	단체 명사 뒤	나라해이셔(나라에서)
셔(서)	일반 명사 뒤	사공셔 오늘 日出이 유명ᄒ리란다. (사공이 오늘 일출이 유명할 것이라고 한다.)
ㅣ라셔(이라서)	'누구' 뒤	뉘라셔(누구라서)

② 목적격 조사

중세 국어의 목적격 조사는 현대 국어('을/를')와 달리 모음 조화에 의해 형태가 결정되었다. 앞말이 양성 모음일 때는 '올/롤'이, 앞말이 음성 모음일 때는 '을/를'이 쓰였다.

┌ 올/을: 자음 뒤　　예 무슨물(마음을), 이뜨들(이 뜻을)
│
└ 롤/를: 모음 뒤　　예 놀애롤(노래를), 뼈를(뼈를)

③ 관형격 조사

중세 국어의 관형격 조사는 현대 국어('의')와 달리 'ㅅ'이 있었다. 'ㅅ'은 현대 국어에서 사잇소리로만 쓰이고 표기되지 않는 경우도 있지만, 중세 국어에서는 관형격 조사로도 쓰이고 표기에 반영되었다.

┌ 'ㅅ': 무정 명사, 높임의 유정 명사 뒤
│　　　예 岐王ㅅ 집(기왕의 집), 나랏 말씀(나라의 말)
│
├ '인': 유정 명사, 체언 끝음절의 모음이 양성일 때
│　　　예 무릐 香(말의 향)
│
└ '의': 유정 명사, 체언 끝음절의 모음이 음성일 때
　　　　예 崔九의 집(최구의 집)

④ 호격 조사

중세 국어의 호격 조사는 현대 국어('아/야')에 나타는 조사 이외에도 높임의 대상을 부를 때 쓰이는 '하'가 있었다.

┌ 하: 부름의 대상을 높일 때 예 님금하(임금이시여), 달하(달님이시여)
│
├ 아/야: 부름의 대상을 낮출 때　예 長子야(장자야), 比丘아(비구야)

|

　　　└ 여/이여: 부름의 대상을 대우하거나 감탄의 의미일 때

　　　　　　　예 觀世音이여(관세음이여)

⑤ **부사격 조사**

　　┌ 애: 체언 끝음절의 모음이 양성일 때　예 ᄀᆞᄅᆞ매

　　│

　　├ 에: 체언 끝음절의 모음이 음성일 때　예 굴허에

　　│

　　└ 예: 'ㅣ' 모음 뒤　예 빈예

　　＊ 비교 부사격 조사

　　- 에/애(현대어 '와/과')　　예 나랏 말ᄊᆞ미 中國에 달아

　　- 도곤/두곤(현대어 '보다')　예 호박도곤 더 곱더라.

　　- 라와(현대어 '보다')　　　예 널라와 시름 한 나도

◆ **중세 국어의 체언**

　중세 국어에는 체언에 격조사가 결합할 때 특수한 형태 변화를 보이는 단어들이 있었다.

① **ㅎ종성 체언**

ㅎ종성 체언은 체언이 조사와 결합할 때 'ㅎ'이 덧붙는 체언이다.

　　예 돌(石): 돌히(돌이), 돌콰(돌과), 돌토(돌도)

　　　내(川): 내히(내가), 내해(내에)

② **모음 탈락에 의한 형태 바꿈**

체언에 조사가 결합할 때 모음 'ᄋᆞ/으, 오/우'가 탈락하는 현상이 일어났다.

┌ '슥/스'로 끝나는 체언: 모음 'ᄋ/으'가 탈락하고 '△'가 받침이 됨
│   예 아슥(아우) → 앗이(아우가), 앗을(아우를)
│
└ '릭/르'로 끝나는 체언: 모음 'ᄋ/으'가 탈락하고 'ㄹ'이 받침이 됨
                    예 노릭(노루) → 놀이(노루가), 놀올(노루를)
                       시르(시루) → 실을(시루를), 시르와(시루와)

③ 'ㄹ' 덧생김

'릭/르'로 끝나는 체언에 조사가 결합할 때 모음 'ᄋ/으'가 탈락하고 'ㄹ'
이 받침이 되고, 조사에 'ㄹ'이 덧생기는 경우가 있었다.

예 ᄒᆞ릭(하루) → 홀리(하루가), 홀룬(하루는), 홀리라(하루이다)
   ᄆᆞ릭(마루) → 물리(마루가), 물룰(마루를), 물룬(마루는)

④ 'ㄱ' 덧생김

'모/무'나 '느'로 끝나는 체언이 모음으로 시작되는 조사와 결합할 때,
끝모음이 탈락하고 'ㄱ'이 덧생긴다.

예 나모(나무) → 남기(나무가), 남굴(나무를), 남긔(나무에)
   구무(구멍) → 굼기(구멍이), 굼글(구멍을), 구무와(구멍과)

◆ 중세 국어의 높임법

중세 국어의 높임법도 현대 국어와 마찬가지로 주체 높임, 객체 높임, 상
대 높임이 있었다.

① 주체 높임

중세 국어의 주체 높임은 현대국어의 '-(으)시-'에 해당하는 선어말 어미
'-시-/-샤-'를 통해 실현되었다.

┌ '-시-' : 자음 어미 앞   예 가시고, 가시니
│
└ '-샤' : 모음 어미 앞   예 미드샷다(믿으시었다), 定ᄒᆞ샨(정하신)

② **객체 높임**: 선어말 어미를 통해 실현

형태	어간의 끝소리	다음 어미의 첫소리	예
ᄉᆞᆸ	ㄱ, ㅂ, ㅅ, ㅎ	자음	막ᄉᆞᆸ거늘(막다)
ᄉᆞᆸ		모음	돕ᄉᆞᄫᅵ(돕다)
즙	ㄷ, ㅌ, ㅈ, ㅊ	자음	듣즙게(듣다)
줗		모음	얻ᄌᆞᄫᅡ(얻다)
ᄉᆞᆸ	울림소리	자음	보ᄉᆞᆸ게(보다)
ᄉᆞᆸ	(모음, ㄴ, ㅁ, ㅇ, ㄹ)	모음	ᄀᆞ초ᄉᆞᄫᅡ(갖추다)

③ **상대 높임**

높임 종류	예				
	평서형	의문형	명령형	청유형	감탄형
ᄒᆞ쇼셔체	-이다 예 ᄒᆞᄂᆞ이다	-잇가 예 ᄒᆞᄂᆞ니잇가	-쇼셔 예 ᄒᆞ쇼셔	-사이다 예 ᄒᆞ사이다	-이다 예 ᄒᆞ도소이다
ᄒᆞ야쎠체	-ㅇ다 예 ᄒᆞ닝다	-닛가 예 ᄒᆞᄂᆞ닛가	-아쎠 예 ᄒᆞ야쎠	-	-
ᄒᆞ라체	-다 예 ᄒᆞᄂᆞ다	-녀 예 ᄒᆞᄂᆞ녀	-라 예 ᄒᆞ라	-져 예 ᄒᆞ져(라)	예 ᄒᆞ도다
반말체	-니, -리 예 ᄒᆞᄂᆞ니, ᄒᆞ리	-니, -리 예 ᄒᆞᄂᆞ니, ᄒᆞ리	-고라 예 ᄒᆞ고라		

◆ **중세 국어의 시간 표현**

① **현재 시제**

┌ 동사 어간 + 선어말 어미 'ᄂᆞ'   예 묻ᄂᆞ다(묻는다)
│   ᄒᆞ노라(ᄒᆞᄂᆞ+오라)
│
└ 형용사, 서술격 조사 : 어미가 쓰이지 않고 기본형이 현재시제
                        예 됴타(좋다)

② **과거 시제**(과거 회상)

┌ '-더-': 주로 2, 3인칭　　예 ᄒᆞ더라(하더라)
│
└ '-다': '더' + '오/우'의 결합, 주로 1인칭　예 ᄒᆞ다라(하더라)

③ **미래 시제** : '-리-', 관형사형 어미 '-ㄹ'

　　　　　예 어드리라(얻으리라), ᄒᆞ리라(하리라), 홀(할)

◆ 중세 국어의 의문문

　중세 국어의 의문문은 판정 의문문이냐, 설명 의문문이냐에 따라 종결 어미가 달랐다. 판정 의문문이란 '예, 아니오'의 대답을 요구하는 의문문이다. 설명 의문문은 상대방의 구체적인 설명을 요구하는 의문문이다.

	종결 어미		예
판정 의문문	-가		콩가, 여희리잇가
	1, 3인칭	-니여/녀	잇ᄂᆞ니여, 하녀 져그녀
	2인칭	-ㄴ다, -ᇙ다	모로ᄂᆞ다, ᄒᆞᇙ다
설명 의문문	-고(ᄒᆞ쇼셔체)		므스것고, 사ᄅᆞ시리잇고
	1, 3인칭	-뇨	잇ᄂᆞ뇨

◆ 중세 국어의 선어말 어미

　중세 국어의 선어말 어미는 현대 국어에 없는 특수한 어미가 있었다. 아래 표에서 그 형태와 예를 알아보자.

		형태	예
높임 표현	객체 높임	-습-, -줍-, -ᅀᆞᆸ-	막습거늘, 듣ᄌᆞᆸ게, 보ᅀᆞᆸ게
	주체 높임	-시-	가시고
	상대 높임	-이-	ᄒᆞᄂᆞ이다
시간 표현	현재 시제	-ᄂᆞ-	ᄒᆞᄂᆞ다
	회상 시제	-더-	ᄒᆞ더라
	미래 시제	-리-	ᄒᆞ리라
특수한 선어말 어미		-오-	ᄒᆞ노라

		형태	예
느낌 표현	주관적 믿음	-거-	가거다
	객관적 믿음	-니-	ᄒᆞᄂᆞ니라
	느낌	-돗-	ᄒᆞ도소이다

※ 특수한 선어말 어미 '-오-'

선어말 어미 '-오-'는 주로 1인칭 주어의 의도를 드러낼 때 쓰였다. 또한 모음 조화에 의해 음성 모음 뒤에서는 '-우-'로 나타나기도 한다.

예 내 … 스믈여듧 字를 ᄆᆡᆼᄀᆞ노니 (내가 … 스물 여덟 자를 만드니)

→ ᄆᆡᆼᄀᆞᆯ+ᄂᆞ+오+니

만약 관형사형에 '-오-'가 쓰인다면, 관형절의 꾸밈을 받는 명사가 의미상 목적어인 것이다.

예 얻논 약이 므스것고(얻고자 하는 약이 무엇인가?)

→ '약'을 꾸미는 관형사형에 '-오-'가 쓰였으므로 '약'은 의미상 목적어 (약을 얻다)

◆ 근대 국어

근대 국어란, 임진왜란 이후인 17세기부터 19세기까지의 국어를 말한다. 이 시기에는 중세 국어에 존재하던 음운들이 사라지고 여러 음운현상들이 일어났다.

① 단모음 체계의 변화

'·'(아래아)가 사라지고 이중 모음이던 'ㅐ, ㅔ'가 단모음으로 변하였다. 이로써 우리말의 단모음은 8개가 되었다.(ㅣ, ㅡ, ㅓ, ㅜ, ㅏ, ㅗ, ㅐ, ㅔ)

② 성조의 소멸

평성, 상성, 거성, 입성의 성조가 소멸됨에 따라 방점도 사라진다. 성조는 대부분 평성으로 바뀌었다.

③ 7종성법

중세 국어의 8종성(ㄱ, ㄴ, ㄷ, ㄹ, ㅁ, ㅂ, ㅅ, ㅇ) 표기에서 7종성으로 변화했다. 7개의 종성은 'ㄱ, ㄴ, ㄷ, ㄹ, ㅁ, ㅂ, ㅇ'이다. 이에 따라 종성의 'ㅅ'은 모두 'ㄷ'으로 발음했다. 하지만 표기할 때에는 'ㄷ' 대신 'ㅅ'을 사용했다. 발음은 'ㅅ', 표기는 'ㄷ'으로 한 것이다.

예 벋>벗, 몯>못

④ 다양한 음운 현상

· 구개음화: 근대 국어에 오면서 치음이던 'ㅈ, ㅊ'이 경구개음으로 바뀌면서 구개음화가 일어났다.

예 티다>치다

· 원순모음화: 평순모음인 'ㅡ'가 입술소리인 'ㅁ, ㅂ'의 영향을 받아 원순모음인 'ㅜ'로 바뀌는 원순모음화가 일어났다.

예 믈>물, 플>풀

· 두음법칙: 음절 첫소리의 'ㄴ'이 모음 'ㅣ'를 만나면 탈락하는 두음법칙이 등장했다.

예 녀름>여름, 님금>임금

· 모음 조화의 파괴: 'ㆍ'가 표기에서 사라지면서, 모음 조화가 파괴되는 경우가 많이 등장했다.

예 나를>나를, 자최>자취

⑤ 끊어적기와 띄어쓰기

이어적기의 방식에서 끊어적기의 방식으로 변화했다. 변화의 과도기에서 거듭적기가 나타나기도 했다. 독립신문 이후에는 띄어쓰기도 등장했다.

예 기픈>깁픈>깊은

⑥ 조사와 어미의 변화

- 주격조사 '가'의 등장   [예] 이 신문 읽기가 쉽고
- 객체 높임 선어말 어미 '-습-/-즙-/-습-'이 소멸
- 과거시제 선어말 어미 '-앗/엇-'이 확립   [예] 왓노라(왔노라)
- 명사형 어미 '-기'가 활발히 사용   [예] 븕기, 통낭ᄒ기

한눈에 정리하는 '국어의 역사'

√ 고대 국어

- 시기: 10세기까지
- 특징: 차자 표기 방식이 쓰임
  - ┌ 고유명사: 한자의 음과 뜻을 빌려 각각 표기하지만, 읽을 때는 똑같이 읽음
  - ├ 향찰
  - └ 구결, 이두

√ 중세 국어

- 시기: 10세기~16세기
- 음운

자음

조음 방법 \ 조음위치	아음	설음	순음	치음	후음	반설음	반치음
전청	ㄱ	ㄷ	ㅂ	ㅅㅈ	ㆆ		
차청	ㅋ	ㅌ	ㅍ	ㅊ	ㅎ		
전탁	ㄲ	ㄸ	ㅃ	ㅆㅉ	ㆅ		
불청불탁	ㆁ	ㄴ	ㅁ		ㅇ	ㄹ	ㅿ

모음

기본자	초출자	재출자
·, ㅡ, ㅣ	ㅗ, ㅏ, ㅜ, ㅓ	ㅛ, ㅑ, ㅠ, ㅕ

현재 소실된 음운: ㆆ, ㅸ, ㆅ, ㅇㅇ, ㅿ, ㆁ, ·

- 성조: 소리의 고저로 단어의 뜻 구분. 방점을 찍어 평성, 상성, 거성을 표시
- 표기법: 이어적기 → 거듭적기 → 끊어적기
- 격조사 ┌ 주격 조사: '이/ㅣ/∅', 씌셔, 겨오셔, 익이셔, 셔 등
  - ├ 목적격 조사: '올/롤', '을/를'
  - ├ 관형격 조사: 'ㅅ', '익', '의'
  - ├ 호격 조사 : '하', '아/야', '여/이여'
  - └ 부사격 조사: '애/에/예'

- 체언 ┌ ㅎ종성 체언
　　　├ 모음 탈락에 의한 형태 바꿈
　　　├ 'ㄹ' 덧생김
　　　└ 'ㄱ' 덧생김

- 높임법 ┌ 주체 높임: 선어말 어미 '-시-/-샤'
　　　　├ 객체 높임: 선어말 어미 '습/줍/습'
　　　　└ 상대 높임: ㅎ쇼셔체, ㅎ야쎠체, ㅎ라체, 반말체

- 시간 표현 - 현재 시제 ┌ 동사 어간 + 선어말 어미 'ㄴ'
　　　　　　　　　　└ 형용사, 서술격 조사 : 기본형이 현재시제
　　　　　- 과거 시제(과거 회상) ┌ '-더-': 주로 2, 3 인칭
　　　　　　　　　　　　　　└ '-다': '더' + '오/우'의 결합, 주로 1인칭
　　　　　- 미래 시제 : '-리-', 관형사형 어미 '-ㄹ'

- 의문문 ┌ 판정 의문문: 종결 어미 '-가', '-니여/녀', '-ㄴ다, -ᇙ다'
　　　　└ 설명 의문문: 종결 어미 '-고', '뇨'

√ 근대 국어
- 단모음 체계 변화: ㅣ, ㅡ, ㅓ, ㅜ, ㅏ, ㅗ, ㅐ, ㅔ
- 성조 소멸
- 7종성법: 'ㄱ, ㄴ, ㄷ, ㄹ, ㅁ, ㅂ, ㅇ'
- 구개음화
- 원순모음화
- 두음법칙
- 모음조화 파괴
- 띄어쓰기 등장
- 주격조사 '가'의 등장
- 객체 높임 선어말 어미 '-습-/-줍-/-습-'소멸
- 과거시제 선어말 어미 '-앗/엇' 확립
- 명사형 어미 '-기' 사용

국어 어문 규정

한글맞춤법

제1장 총칙

① 한글맞춤법은 표준어를 소리대로 적되, 어법에 맞도록 함을 원칙으로 한다.
② 문장의 각 단어는 띄어 씀을 원칙으로 한다.
③ 외래어는 '외래어 표기법'에 따라 적는다.

제2장 자모

① 한글 자모 수는 24자이고, 음운은 40개이다.

제3장 소리에 관한 것

제1절

제5항 한 단어 안에서 뚜렷한 까닭 없이 나는 된소리는 다음 음절의 첫소리를 된소리로 적는다.

· 두 모음 사이에서 나는 된소리
  예 소쩍새 어깨 오빠 으뜸 아끼다 기쁘다 깨끗하다 어떠하다 해쓱하다 가끔 거꾸로 부썩 어찌 이따금

· - 'ㄴ, ㄹ, ㅁ, ㅇ' 받침 뒤에서 나는 된소리
  예 산뜻하다 잔뜩 살짝 훨씬 담뿍 움찔 몽땅 엉뚱하다

· 다만, 'ㄱ, ㅂ' 받침 뒤에서 나는 된소리는, 같은 음절이나 비슷한

음절이 겹쳐 나는 경우가 아니면 된소리로 적지 아니한다.

예 국수 깍두기 딱지 색시 싹둑 법석 갑자기 몹시

第8항 받침소리는 'ㄱ, ㄴ, ㄷ, ㄹ, ㅁ, ㅂ, ㅇ'의 7개 자음만 발음한다.

第9항 받침 'ㄲ, ㅋ', 'ㅌ, ㅅ, ㅆ, ㅈ, ㅊ, ㅎ', 'ㅍ'은 어말 또는 자음 앞에서 각각 대표음 [ㄱ, ㄷ, ㅂ]으로 발음한다.

예 닦다[닥따], 키읔[키윽], 키읔과[키윽꽈], 옷[온], 웃다[욷ː따], 있다[읻따], 젖[젇], 빚다[빋따], 꽃[꼳], 쫓다[쫃따], 솥[솓], 뱉다[밷ː따], 앞[압], 덮다[덥따]

第10항 겹받침 'ㄳ', 'ㄵ, ㄼ, ㄽ, ㄾ', 'ㅄ'은 어말 또는 자음 앞에서 각각 [ㄱ, ㄴ, ㄹ, ㅂ]으로 발음한다.

예 넋과[넉꽈], 앉다[안따], 여덟[여덜], 넓다[널따], 외곬[외골], 핥다[할따], 값[갑], 없다[업ː따]

다만, '밟-'은 자음 앞에서 [밥]으로 발음하고, '넓-'은 다음과 같은 경우에 [넙]으로 발음한다.

(1) 밟다[밥ː따], 밟소[밥ː쏘], 밟지[밥ː찌], 밟는[밥ː는 → 밤ː는], 밟게[밥ː께], 밟고[밥ː꼬]

(2) 넓-죽하다[넙쭈카다], 넓-둥글다[넙뚱글다]

第11항 겹받침 'ㄺ', 'ㄻ, ㄿ'은 어말 또는 자음 앞에서 각각 [ㄱ, ㅁ, ㅂ]으로 발음한다.

예 닭[닥], 흙과[흑꽈], 맑다[막따], 늙지[늑찌], 삶[삼ː], 젊다[점ː따], 읊고[읍꼬], 읊다[읍따]

다만, 용언의 어간 발음 'ㄺ'은 'ㄱ'앞에서 [ㄹ]로 발음한다.

예 맑게[말께], 묽고[물꼬], 얽거나[얼꺼나]

제12항 받침 'ㅎ'의 발음은 다음과 같다.

1. 'ㅎ(ㄶ, ㅀ)'뒤에 'ㄱ, ㄷ, ㅈ'이 결합되는 경우에는, 뒤 음절 첫소리와 합쳐서 [ㅋ, ㅌ, ㅊ]으로 발음한다.

   예 놓고[노코], 좋던[조ː턴], 쌓지[싸치], 많고[만ː코], 않던[안턴], 닳지[달치]

[붙임1] 받침 'ㄱ(ㄺ), ㄷ, ㅂ(ㄼ), ㅈ(ㄵ)'이 뒤 음절 첫소리 'ㅎ'과 결합되는 경우에도, 역시 두 소리를 합쳐서 [ㅋ, ㅌ, ㅍ, ㅊ]으로 발음한다.

   예 각하[가카], 먹히다[머키다], 밝히다[발키다], 맏형[마텽], 좁히다[조피다], 넓히다[널피다], 꽂히다[꼬치다], 앉히다[안치다]

[붙임2] 규정에 따라 'ㄷ'으로 발음되는 'ㅅ, ㅈ, ㅊ, ㅌ'의 경우에는 이에 준한다.

   예 옷 한 벌[오탄벌], 낮 한때[나탄때], 꽃 한 송이[꼬탄송이], 숱하다[수타다]

2. 'ㅎ(ㄶ, ㅀ)'뒤에 'ㅅ'이 결합되는 경우에는, 'ㅅ'을 [ㅆ]으로 발음한다.

   예 닿소[다쏘], 많소[만쏘], 싫소[실쏘]

3. 'ㅎ'뒤에 'ㄴ'이 결합되는 경우에는, [ㄴ]으로 발음한다.

   예 놓는[논는], 쌓네[싼네]

[붙임] 'ㄶ, ㅀ'뒤에 'ㄴ'이 결합되는 경우에는, 'ㅎ'을 발음하지 않는다.

   예 않네[안네], 않는[안는], 뚫네[뚤네 → 뚤레], 뚫는[뚤는 → 뚤른]
   ※ '뚫네[뚤네 → 뚤레], 뚫는[뚤는 → 뚤른]'에 대해서는 제20항 참조

4. 'ㅎ(ㄶ, ㅀ)'뒤에 모음으로 시작된 어미나 접미사가 결합되는 경우
  에는, 'ㅎ'을 발음하지 않는다.

  예 낳은[나은], 놓아[노아], 쌓이다[싸이다], 많아[마ː나], 않은[아는],
     닳아[다라], 싫어도[시러도]

제13항 홑받침이나 쌍받침이 모음으로 시작된 조사나 어미, 접미사와 결합
  되는 경우에는, 제 음가대로 뒤 음절 첫소리로 옮겨 발음한다.

  예 깎아[까까], 옷이[오시], 있어[이써], 낮이[나지], 꽃아[꼬자],
     꽃을[꼬츨], 쫓아[쪼차], 밭에[바테], 앞으로[아프로],
     덮이다[더피다]

제14항 겹받침이 모음으로 시작된 조사나 어미, 접미사와 결합되는
  경우에는, 뒤엣것만을 뒤 음절 첫소리로 옮겨 발음한다.

  예 넋이[넉씨], 앉아[안자], 닭을[달글], 젊어[절머], 곬이[골씨],
     핥아[할타], 읊어[을퍼], 값을[갑쓸], 없어[업ː써]

제18항 받침 'ㄱ(ㄲ, ㅋ,,ㄺ), ㄷ(ㅌ, ㅅ, ㅆ, ㅈ, ㅊ, ㅎ), ㅂ(ㅍ, ㄼ, ㅄ)'
  은 'ㄴ, ㅁ'앞에서 [ㅇ, ㄴ, ㅁ]로 발음한다.

  예 먹는[멍는], 국물[궁물], 깎는[깡는], 키읔만[키응만], 몫몫이
     [몽목씨], 긁는[긍는], 흙만[흥만], 닫는[단는], 짓는[진ː는],
     옷맵시[온맵씨], 있는[인는], 맞는[만는], 젖멍울[전멍울],
     쫓는[쫀는], 꽃망울[꼰망울], 붙는[분는], 놓는[논는], 잡는
     [잠는], 밥물[밤물], 앞마당[암마당], 밟는[밤ː는], 읊는[음는],
     없는[엄ː는], 값매다[감매다]

[붙임] 두 단어를 이어서 한 마디로 발음하는 경우에도 이와 같다.

  예 책 넣는다[챙넌는다], 흙 말리다[흥말리다], 옷 맞추다[온마
     추다], 밥 먹는다[밤멍는다], 값 매기다[감매기다]

제19항 받침 'ㅁ, ㅇ'뒤에 연결되는 'ㄹ'은 'ㄴ'으로 발음한다.

> 예 담력[담ː력], 침략[침냑], 강릉[강능], 항로[항ː노],
>
> 대통령[대ː통령]

[붙임] 받침 'ㄱ, ㅂ'뒤에 연결되는 'ㄹ'도 [ㄴ]으로 발음한다.

> 예 막론[막논 → 망논], 백리[백니 → 뱅니], 협력[협녁 → 혐녁],
>
> 십리[십니 → 심니]

제20항 'ㄴ'은 'ㄹ'의 앞이나 뒤에서 [ㄹ]로 발음한다.

> 예 난로[날ː로], 신라[실라], 천리[철리], 광한루[광ː할루],
>
> 대관령[대ː괄령], 칼날[칼랄], 물난리[물랄리], 줄넘기[줄럼끼],
>
> 할는지[할른지]

[붙임] 첫소리 'ㄴ'이 'ㅀ', 'ㄾ'뒤에 연결되는 경우에도 이에 준한다.

> 예 닳는[달른], 뚫는[뚤른], 핥네[할레]

다만, 다음과 같은 단어들은 'ㄹ'을 [ㄴ]으로 발음한다.

> 예 의견란[의ː견난], 임진란[임ː진난], 생산량[생산냥], 결단력[결딴녁],
>
> 공권력[공꿘녁], 동원령[동ː원녕], 상견례[상견녜], 횡단로[횡단노],
>
> 이원론[이ː원논], 입원료[이붠뇨], 구근류[구근뉴]

제29항 합성어 및 파생어에서, 앞 단어나 접두사의 끝이 자음이고 뒤
단어나 접미사의 첫 음절이 '이, 야, 여, 요, 유'인 경우에는,
'ㄴ'소리를 첨가하여 [니, 냐, 녀, 뇨, 뉴]로 발음한다.

> 예 솜-이불[솜ː니불], 홑-이불[혼니불], 막-일[망닐], 삯-일[상닐],
>
> 맨-입[맨닙], 꽃-입[꼰닙], 내복-약[내ː봉냑], 한-여름[한녀름],
>
> 남존-여비[남존녀비], 신-여성[신녀성], 색-연필[생년필], 직행-
>
> 열차[직캥녈차], 늑막-염[능망념], 콩-엿[콩녇], 담-요[담ː뇨],
>
> 눈-요기[눈뇨기], 영업-용[영엄뇽], 식용-유[시굥뉴]

다만, 다음과 같은 말들은 'ㄴ'소리를 첨가하여 발음하되, 표기대로 발음할 수 있다.

> 예 이죽-이죽[이중니죽/이주기죽], 야금-야금[야금냐금/야그먀금],
> 검열[검ː녈/거ː멸], 욜랑-욜랑[욜랑뇰랑/욜랑욜랑]

[붙임1] 'ㄹ'받침 뒤에 첨가되는 'ㄴ'소리는 [ㄹ]로 발음한다.

> 예 들-일[들ː릴], 솔-잎[솔립], 설-익다[설릭따], 물-약[물략],
> 불-여우[불려우], 서울-역[서울력], 물-엿[물렫], 휘발-유[휘
> 발류], 유들-유들[유들류들]

[붙임2] 두 단어를 이어서 한 마디로 발음하는 경우에도 이에 준한다.

> 예 한 일[한닐], 옷 입다[온닙따], 서른 여섯[서른녀섣], 3연대
> [삼년대], 먹은 엿[머근녇], 할 일[할릴], 잘 입다[잘립따],
> 스물 여섯[스물려섣]

다만, 다음과 같은 단어에서는 'ㄴ(ㄹ)'소리를 첨가하여 발음하지 않는다.

> 예 6·25[유기오], 3·1절[사밀쩔], 송별-연[송ː벼련], 등용-문[등용문]

제30항 사이시옷이 붙은 단어는 다음과 같이 발음한다.

1. 'ㄱ, ㄷ, ㅂ, ㅅ, ㅈ'으로 시작하는 단어 앞에 사이시옷이 올 때에는 이들 자음만을 된소리로 발음하는 것을 원칙으로 하되, 사이시옷을 [ㄷ]으로 발음하는 것도 허용한다.

> 예 냇가[내ː까/낻ː까], 샛길[새ː낄/샏ː낄], 빨랫돌[빨래똘/빨랟똘],
> 콧등[코뜽/콛뜽], 깃발[기빨/긷빨], 대팻밥[대ː패빱/대ː팯빱],
> 햇살[해쌀/핻쌀], 뱃속[배쏙/밷쏙]

2. 사이시옷 뒤에 'ㄴ, ㅁ'이 결합되는 경우에는 [ㄴ]으로 발음한다.

> 예 콧날[콛날 → 콘날], 아랫니[아랟니 → 아랜니], 툇마루[퇻ː마루
> → 퇸ː마루], 뱃머리[밷머리 → 밴머리]

3. 사이시옷 뒤에 '이'소리가 결합되는 경우에는 [ㄴㄴ]으로 발음한다.

　　예 베갯잇[베갣닏 → 베갠닏], 깻잎[깯닙 → 깬닙],

　　　　나뭇잎[나묻닙 → 나문닙], 도리깻열[도리깯녈 → 도리깬녈]

제2절 구개음화

제6항 'ㄷ, ㅌ' 받침 뒤에 종속적 관계를 가진 '-이(-)'나 '-히-'가 올
　　　　적에는 그 'ㄷ, ㅌ'이 'ㅈ, ㅊ'으로 소리 나더라도 'ㄷ, ㅌ'으로
　　　　적는다.

○	×	○	×
맏이	마지	핥이다	할치다
해돋이	해도지	걷히다	거치다
굳이	구지	닫히다	다치다
같이	가치	묻히다	무치다
끝이	끄치		

* 종속적 관계 : 형태소 연결에 있어서 실질 형태소인 체언, 어근, 용언 어간 등에 형식 형태소인 조사,
접미사. 어미 등이 결합하는 관계.

제3절 'ㄷ' 소리 받침

제7항 'ㄷ' 소리로 나는 받침 중에서 'ㄷ'으로 적을 근거가 없는 것은
　　　　'ㅅ'으로 적는다.

　　　　예 덧저고리, 돗자리, 엇셈, 웃어른, 핫옷, 무릇, 사뭇, 얼핏,
　　　　　　자칫하면

제5절 두음법칙

제10항 한자음 '녀, 뇨, 뉴, 니'가 단어 첫머리에 올 적에는 두음법칙에
　　　　　따라 '여, 요, 유, 이'로 적는다.

　　　　　예 요소(尿素), 익명(匿名), 이토(泥土)

다만, 다음과 같은 의존 명사에서는 '냐, 녀'음을 인정한다.

　　예 냥, 냥쭝, 년(年), 몇 년, 남녀, 당뇨, 결뉴, 은닉

접두사처럼 쓰이는 한자가 붙은 말이나 합성어, 뒷말의 첫소리가 'ㄴ' 소리로 나더라도 두음법칙에 따라 적는다.

　예 신여성, 공염불, 남존여비

[붙임2] 외자로 된 이름을 성에 붙여 쓸 경우에도 본음대로 적을 수 있다.

　예 신립, 최린, 채륜, 하륜

[붙임3] 준말에서 본음으로 소리나는 것은 본음대로 적는다.

　예 국련(국제연합), 대한교련(대한교육연합회)

제6장 된소리 되기

제23항 받침 'ㄱ(ㄲ, ㅋ, ㄲ), ㄷ(ㅅ, ㅆ, ㅈ, ㅊ, ㅌ), ㅂ(ㅍ, ㄼ, ㄿ, ㅄ)' 뒤에 연결되는 'ㄱ, ㄷ, ㅂ, ㅅ, ㅈ'은 된소리로 발음

　예 국밥[국빱], 깎다[깍따], 넋받이[넉빠지], 삯돈[삭똔],
　　닭장[닥짱], 칡범[칙뻠], 뻗대다[뻗때다], 옷고름[옫꼬름],
　　있던[읻떤], 꽂고[꼳꼬], 꽃다발[꼳따발], 낯설다[낟썰다],
　　밭갈이[받까리], 솥전[솓쩐], 곱돌[곱똘], 덮개[덥깨],
　　옆집[엽찝], 넓죽하다[넙쭈카다], 읊조리다[읍쪼리다],
　　값지다[갑찌다]

제24항 어간 받침 'ㄴ(ㄵ), ㅁ(ㄻ)' 뒤에 결합되는 어미의 첫소리 'ㄱ, ㄷ, ㅂ, ㅅ, ㅈ'은 된소리로 발음한다.

　예 신고[신:꼬], 껴안다[껴안따], 앉고[안꼬], 얹다[언따],
　　삼고[삼:꼬], 더듬지[더듬찌], 닮고[담:꼬], 젊지[점:찌],
　　[다만] 피동, 사동의 접미사 '-기-'는 된소리로 발음하지 않는다.

　예 안기다, 감기다, 굶기다, 옮기다

제25항 어간 받침 '래,랜' 뒤에 결합되는 어미의 첫소리 'ㄱ, ㄷ, ㅅ, ㅈ'은 된소리로 발음한다.

　　예 넓게[널께], 핥다[할따], 훑소[훌쏘], 떫지[떨:찌]

제26항 한자어에서 'ㄹ'받침 뒤에 연결되는 'ㄷ, ㅅ, ㅈ'은 된소리로 발음한다.

　　예 갈등[갈뜽], 발동[발똥], 절도[절또], 말살[말쌀],
　　불소[불쏘](弗素), 일시[일씨], 갈증[갈쯩], 물질[물찔],
　　발전[발쩐], 몰상식[몰쌍식], 불세출[불쎄출]

[다만] 같은 한자가 겹쳐진 단어의 경우에는 된소리로 발음하지 않는다.

　　예 허허실실[허허실실](虛虛實實), 절절-하다[절절하다](切切)

제27항 관형사형 '-(으)ㄹ' 뒤에 연결되는 'ㄱ, ㄷ, ㅂ, ㅅ, ㅈ'은 된소리로 발음한다.

　　예 할 것을[할꺼슬], 갈 데가[갈떼가], 할 바를[할빠를],
　　할 수는[할쑤는], 할 적에[할쩌게], 갈 곳[갈꼳],
　　할 도리[할또리], 만날 사람[만날싸람]

[다만] 끊어서 말할 적에는 예사소리로 발음한다.

[붙임] '-(으)ㄹ'로 시작되는 어미의 경우에도 이에 준한다.

　　예 할걸[할껄], 할밖에[할빠께], 할세라[할쎄라], 할수록[할수록],
　　할지라도[할지라도], 할지언정[할찌언정], 할진대[할찐대]

제28항 표기상으로는 사이시옷이 없더라도, 관형격 기능을 지니는 사이시옷이 있어야 할(휴지가 성립되는) 합성어의 경우에는, 뒤 단어의 첫소리 'ㄱ, ㄷ, ㅂ, ㅅ, ㅈ'을 된소리로 발음한다.

　　예 문-고리[문꼬리], 눈-동자[눈똥자], 신-바람[신빠람],
　　산-새[산쌔], 손-재주[손째주], 길-가[길까], 물-동이[물똥이],

발-바닥[발빠닥], 굴-속[굴ː쏙], 술-잔[술짠], 바람-결[바람껼],
그믐-달[그믐딸], 아침-밥[아침빱], 잠-자리[잠짜리],
강-가[강까], 초승-달[초승딸], 등-불[등뿔], 창-살[창쌀],
강-줄기[강쭐기]

제4장 형태에 관한 것

[붙임 2] 종결형에서 사용되는 어미 '-오'는 '요'로 소리나는 경우가
　　　　있더라도 그 원형을 밝혀 '오'로 적는다.
　　　　예 이것은 책이오(○), 이것은 책이요(x)

[붙임 3] 연결형에서 사용되는 '이요'는 '이요'로 적는다.
　　　　예 이것은 책이요, 저것은 붓이요, 또 저것은 먹이다.(○)
　　　　　　이것은 책이오, 저것은 붓이오, 또 저것은 먹이다.(x)

제17항 어미 뒤에 덧붙는 조사 '-요'는 '-요'로 적는다.
　　　　예 읽어 - 읽어요, 참으리 - 참으리요, 좋지 - 좋지요

제21항 명사나 혹은 용언의 어간 뒤에 자음으로 시작된 접미사가
　　　　붙어서 된 말은 그 명사나 어간의 원형을 밝히어 적는다.

· 명사 뒤에 자음으로 시작된 접미사가 붙어서 된 것
　　예 값지다, 홑지다, 넋두리, 빛깔, 옆댕이, 잎사귀

· 어간 뒤에 자음으로 시작된 접미사가 붙어서 된 것
　　예 낚시, 늙정이, 덮개, 뜯게질

제22항 용언의 어간에 다음과 같은 접미사들이 붙어서 이루어진 말들은
　　　　그 어간을 밝히어 적는다.

- -으키-, -이키-, -애-가 붙는 것
   예 일으키다, 돌이키다, 없애다

- '-치-, -뜨리/-트리-'가 붙는 것
   예 부딪뜨리다 / 부딪트리다

제23항 '-하다'나 '-거리다'가 붙는 어근에 '-이'가 붙어서 명사가 된 것은 그 원형을 밝히어 적는다.
   예 길쭉이(○)-길쭈기(X)   배불뚝이(○)-배불뚜기(X)
      오뚝이(○)-오뚜기(X)

[붙임] '-하다'나 '-거리다'가 붙을 수 없는 어근에 '-이'나 또는 다른 모습으로 시작되는 접미사가 붙어서 명사가 된 것은 그 원형을 밝히어 적지 아니한다.
   예 딱따구리, 뻐꾸기, 얼루기, 칼싹두기

제26항 '-하다'나 '-없다'가 붙어서 된 용언은 그 '-하다'나 '-없다'를 밝히어 적는다.
   예 부질없다, 상없다, 시름없다, 열없다, 하염없다

제30항 사이시옷은 다음과 같은 경우에 받침을 적는다.

- 순우리말로 된 합성어로서 모음으로 끝난 경우
   ① 뒷말의 첫소리가 된소리로 나는 것
      예 고랫재, 귓밥, 냇가, 아랫집, 선짓국, 모깃불, 못자리

   ② 뒷말의 첫소리 'ㄴ, ㄹ' 앞에서 'ㄴ'소리가 덧나는 경우
      예 옛나물, 아랫니, 텃마당, 아랫마을, 빗물, 잇몸

   ③ 뒷말의 첫소리 모음 앞에서 'ㄴ, ㄴ' 소리가 덧나는 것
      예 도리깻열, 뒷일, 나뭇잎, 베갯잇, 깻잎

- 순우리말과 한자어로 된 합성어로서 앞말이 모음으로 끝난 경우
  ① 뒷말의 첫소리가 된소리로 나는 것
      예 귓병, 머릿방, 텃새, 핏기, 찻종, 샛강, 아랫방, 콧병,
        전셋집, 사잣밥

  ② 뒷말의 첫소리 'ㄴ, ㅁ' 앞에서 'ㄴ'이 덧나는 것
      예 곗날, 제삿날, 훗날, 툇마루, 양칫물

  ③ 뒷말의 첫소리 모음 앞에서 'ㄴㄴ' 소리가 덧나는 것
      예 가욋일, 사삿일, 예삿일, 훗일

- 두 음절로 된 다음 한자어(한자어는 다음 6개 단어만 사이시옷을
  적음)
    예 곳간(庫間), 셋방(貰房), 숫자(數字), 찻간(車間), 툇간(退間),
      횟수(回數)

제5장 띄어쓰기

제43항 단위를 나타내는 명사는 띄어 쓴다.
다만, 순서를 나타내는 경우나 숫자와 어울려 쓰이는 경우에는 붙여
쓸 수 있다.
          예 두시 삼십분, 오초, 제일과, 삼학년, 육층, 1946년, 10월 9
            일, 2대대, 16동 502호, 제1어학실습실

제46항 단음절로 된 단어가 연이어 나타날 적에는 붙여 쓸 수 있다.
      예 그때 그때 / 좀더 큰 것 / 이말 저말 / 한잎 두잎

제47항 보조 용언은 띄어 씀이 원칙으로 하되, 경우에 따라 붙여씀도
      허용한다.
      예 불이 꺼져 간다. - 불이 꺼져간다.
        내 힘으로 막아 낸다. - 내 힘으로 막아낸다.

비가 올 듯하다. - 비가 올듯하다.

그 일은 할 만하다. - 그 일은 할만하다

일이 될 법하다. - 일이 될법하다.

비가 올 성 싶다. - 비가 올성싶다.

잘 아는 척한다. - 잘 아는척한다.

다만, 앞말에 조사가 붙거나 앞말이 합성 동사인 경우, 그리고 중간에 조사가 들어갈 적에는 그 뒤에 오는 보조 용언은 띄어 쓴다.

예 잘도 놀아만 나는구나!   책을 읽어도 보고

네가 덤벼들어 보아라.   강물에 떠내려가 버렸다.

그가 올 듯도 하다.   잘난 체를 한다.

제6장 그 밖의 것

제54항 다음과 같은 접미사는 된소리로 적는다.

예 지게꾼, 때깔, 빛깔, 성깔, 귀때기, 장난꾼

제56항 '-더라', '-던'과 '-든지'는 다음과 같이 적는다.

① 지난 일을 나타내는 어미는 '-더라', '-던'으로 적는다.

예 지난 겨울은 몹시 춥더라.

깊던 물이 얕아졌다.

② 물건이나 일의 내용을 가리지 아니하는 뜻을 나타내는 조사와 어미는 '-든지'로 적는다.

예 배든지 사과든지, 가든지 오든지

[부록] 문장 부호

① 표제어나 표어에는 쓰지 않는다.

② 아라비아 숫자만으로 연월일을 표시할 적에는 온점을 쓴다. 1919.3.1.

③ 감탄형 어미로 끝나는 문장이라도 감탄의 정도가 약할 때에는 느낌표 대신에 온점을 쓸 수도 있다.

　[예] 개구리가 나온 것을 보니, 봄이 오긴 왔구나.

④ 바로 다음 말을 꾸미지 않을 때에 반점을 쓴다.

　[예] 슬픈 사연을 간직한, 경주 불국사의 무영탑 (무영탑을 꾸밈)

　　성질 급한, 철수의 누이동생이 화를 내었다. (누이동생을 꾸밈)

⑤ 문맥상 끊어 읽어야 할 곳에 반점을 쓴다.

　[예] 갑돌이가 울면서, 떠나는 갑순이를 배웅했다.

　　갑돌이가, 울면서 떠나는 갑순이를 배웅했다.

　　철수가, 내가 제일 좋아하는 친구이다.

⑥ 붙임표(-) : 사전, 논문 등에서 합성어를 나타낼 적에, 또는 접사나 어미임을 나타낼 적에 쓴다. 또 외래어와 고유어 또는 한자어가 결합되는 경우를 보일 때에 쓴다.

　[예] 겨울-나그네, 휘-날리다, 슬기-롭다, 나일론-실,

　　다-장조, 빛-에너지, 염화-칼륨

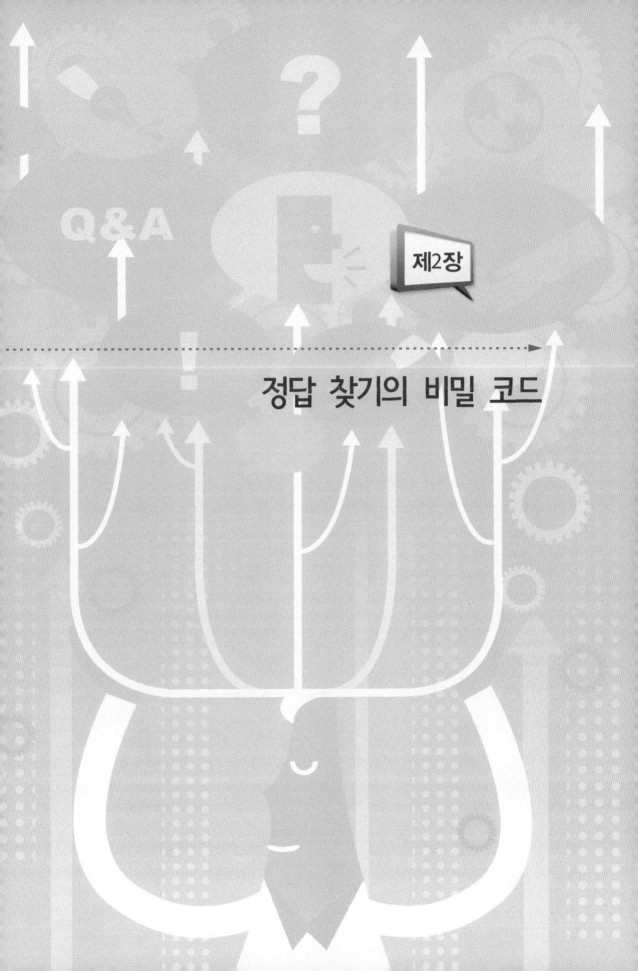

제2장

정답 찾기의 비밀 코드

수능 문법 문항을 분석해 보면, 몇 개의 요소로 구성되어 있다는 것을 알 수 있다. 이를 바탕으로 수능 문법 문항 구성의 법칙을 세 가지로 나눌 수 있다.

　이 세 법칙을 잘 적용한다면, 일정한 방법으로 쉽고 정확하게 정답을 찾을 수 있을 것이다.

발문 의도 법칙 [발문에서 출제자의 의도를 파악하라.]

발문에 출제자의 의도가 드러난다. 그러므로 발문을 통해 출제자의 **의도**를 파악한 후, 그 의도에 맞는 **문법 배경 지식**을 **활용**해 정답을 찾아야 한다.

[예시 문항]

14. 〈보기〉의 음운 변동을 분석한 것으로 적절하지 <u>않은</u> 것은? [2018학년도 11월]

출제자의 의도(평가요소)

→ 출제자의 의도가 음운 변동을 분석할 수 있는가를 평가하는 것이므로 음운 변동에 대한 문법 지식을 활용해서 정답을 찾아야 한다.

―――――――― < 보 기 > ――――――――

㉠ 흙일 → [흥닐]
㉡ 닳는 → [달른]
㉢ 발야구 → [발랴구]

→ 배경지식을 바탕으로 〈보기〉의 음운 변동을 단계적으로 분석하면 된다.

① ㉠~㉢은 각각 2회 이상의 음운 변동이 일어났다.
② ㉠~㉢에 공통적으로 일어난 음운 변동은 첨가이다.
③ 음운 변동의 결과 음운의 개수에 변화가 없는 것은 ㉠이다.
④ ㉡과 ㉢에서 일어난 음운 변동의 횟수는 같다.
⑤ ㉢에서 첨가된 음운은 ㉠에서 첨가된 음운과 같다.

+tip ✍ **가장 먼저 무엇을 확인해야 할까?**

①, ②, ③, ⑤번에서 ㉠에 대해 묻고 있으므로, 가장 먼저 ㉠의 음운 변동을 분석한 후 ①, ②, ③, ⑤번 선택지에서 ㉠을 적절하게 설명하고 있는지 확인하면 정답을 더 쉽고 빠르게 찾을 수 있다.

    문항에 대한 자세한 해설은 '제3장'에서 문항 유형에 따른 정답 해결 방법을 적용해 다루도록 하겠다. 여기서는 **'정답 찾기 비밀 code 1. 발문 의도 법칙'**에 대해서만 확실히 기억하자.

선택지 나누기 법칙 [선택지를 나누어 정답을 확인하자.]

선택지에 숨어 있는 정답을 쉽게 찾을 수 있는 법칙으로, 선택지를 둘 또는 셋으로 나누는 방법이다. 이때, 선택지를 나누는 방법은 2가지이다.

> ① 지문요소, <보기>요소, 평가요소, 판단요소로 나누기
>
> ② 선택지에서 확인해야 할 정보를 기준으로 나누기

① 지문요소, <보기>요소, 평가요소, 판단요소로 나누기

선택지를 각각 지문요소, <보기>요소, 평가요소, 판단요소로 나누고, 이들 각 요소들의 **앞, 뒤가 올바르게(타당하게) 연결**되었는지 판단하는 것이다. 쉽게 말하면, 선택지를 기준에 따라 앞·뒤로 나누어 앞 내용에 대한 뒤 내용의 설명(앞 내용의 이유, 목적, 예시 등)이 바르게 연결되었는지 판단하라는 것이다.

> · 지문요소: 제시된 지문을 확인해야 하는 것
> · <보기>요소: 제시된 <보기>를 확인해야 하는 것
> · 평가요소: 실제 출제자가 평가하고자 하는 내용(출제 의도)
> · 판단요소: 적절한가, 적절하지 못한가 판단하는 것

[예시 문항]

* 다음을 읽고 물음에 답하시오. [2018학년도 11월]

> 국어의 단어들은 어근과 어근이 결합해 만들어지기도 하고 어근과 파생 접사가 결합해 만들어지기도 한다. 어근과 파생 접사가 결합한 단어는 파생 접사가 어근의 앞에 결합한 것도 있고, 파생 접사가 어근의 뒤에 결합한 것도 있다. 어근이 용언 어간이나 체언일 때, 그 뒤에 결합한 파생 접사는 어미나 조사와 혼동될 수도 있다. 그러나 파생 접사는 주로 새로운 단어를 만든다는 점에서 차이가 있다. 이에 비해 어미는 용언 어간과 결합해 용언이 문장 성분이 될 수 있도록 해 주고, 조사는 체언과 결합해 체언이 문장 성분임을 나타내 줄 뿐 새로운 단어를 만들지는 않는다. 이 점에서 어미와 조사는 파생 접사와 분명하게 구별된다.
>
> 이러한 일반적인 상황과는 달리, 용언 어간에 어미가 결합한 형태나, 체언에 조사가 결합한 형태가 시간이 지나면서 새로운 단어가 된 경우도 있다. 먼저 용언의 활용형이 역사적으로 굳어져 새로운 단어가 된 예가 있다. 부사 '하지만'은 '하다'의 어간에 어미 '-지만'이 결합했던 것이었는데, 시간이 지나면서 굳어져 새로운 단어가 되었다. 다음으로 체언에 조사가 결합한 형태가 역사적으로 굳어져 새로운 단어가 된 예도 있다. 명사 '아기'에 호격 조사 '아'가 결합했던 형태인 '아가'가 시간이 지나면서 새로운 단어가 되었다.
>
> ┌ 또 다른 예로 미지칭의 인칭 대명사에, 의문문을 만드는 보조사 '고/구'가 결합한 형태가 굳어져
> │ 새로운 인칭 대명사가 된 경우를 들 수 있다. '이는 엇던 사룹고 (이는 어떤 사람인가?)'에서 볼
> [A] │ 수 있듯이 중세 국어에서 보조사 '고/구'는 문장에 '엇던', '므슴', '어느' 등과 같은 의문사가 있을
> │ 때, 체언 또는 의문사 그 자체에 결합해 의문문을 만들었다. 이와 같은 방식의 의문문 구성은
> └ 근대 국어를 거쳐 현대 국어의 일부 방언에까지 지속되고 있다.

12. [A]를 바탕으로 〈보기〉의 '자료'를 탐구한 '탐구 내용'으로 적절하지 않은 것은?

      지문요소   〈보기〉요소   평가요소   판단요소

  [A]는 지문에 있는 내용이기 때문에 '지문요소', 〈보기〉의 '자료'를 탐구하는 것은 '〈보기〉요소'이다. 또한 출제자가 평가하고자 하는 것은 '탐구 내용'이므로 이것이 '평가요소', 적절하지 않은 것인가를 판단하라고 했으므로 이것이 '판단요소'가 된다.

< 보 기 >

[탐구 목표]

현대 국어의 인칭 대명사 '누구'의 형성에 대해 이해한다.

[자료]

(가) 중세 국어 : 15세기 국어

·누를 니르더뇨 (누구를 이르던가?)

·네 스숭이 누고 (네 스숭이 누구인가?)

· 누ᄆ 눈구 (남은 누구인가?)

(나) 근대 국어

·이 벗은 누고고 (이 벗은 누구인가?)

·져 흔 벗은 누구고 (저 한 벗은 누구인가?)

(다) 현대 국어

·누구를 찾으세요?

·누구에게 말했어요?

[탐구 내용]

[탐구 결과]

미지칭의 인칭 대명사에 의문문을 만드는 보조사 '고/구'가 결합했던 형태인 '누고', '누구'는 시간이 지나면서 점점 굳어져 새로운 단어가 되었는데, 오늘날에는 '누구'만 남게 되었다.

① (가)에서 <u>미지칭의 인칭 대명사의 형태</u>는 / '<u>누</u>', '<u>누고</u>', '<u>누구</u>'이다.

지문요소   /   〈보기〉요소

└[정답 확인]┘

→ '지문요소와 〈보기〉요소의 연결이 타당한가?'를 확인한다.
  즉, (가)의 미지칭의 인칭 대명사가 '누', '누고', '누구'가 맞는지 판단해야 한다.

② (나)에서 <u>미지칭의 인칭 대명사의 형태는</u> / <u>'누고', '누구'</u>이다.

지문요소　　　 / 　〈보기〉요소

└─[정답 확인]─┘

→ '지문요소와 〈보기〉요소의 연결이 타당한가?'를 확인한다.
　　즉, (나)의 미지칭의 인칭 대명사가 '누고', '누구'가 맞는지 판단해야 한다.

③ (다)에서 <u>미지칭의 인칭 대명사의 형태는</u> / <u>'누구'</u>이다.

지문요소　　　 / 　〈보기〉요소

└─[정답 확인]─┘

→ '지문요소와 〈보기〉요소의 연결이 타당한가?'를 확인한다.
　　즉, (다) 미지칭의 인칭 대명사가 '누구'가 맞는지 판단해야 한다.

④ <u>(가)에서 (나)로의 변화</u>를 보니, / '누고', '누구'는 <u>체언과 보조사가 결합한 형태였다가 새로운
단어가 되었다.</u>

〈보기〉요소　　 / 　지문요소

└─[정답 확인]─┘

→ '지문요소와 〈보기〉요소의 연결이 타당한가?'를 확인한다.
　　즉, '누고', '누구'가 체언과 보조사의 결합이 맞는지 판단해야 한다.

⑤ <u>(나)에서 (다)로의 변화</u>를 보니, / 현대 국어에서는 <u>미지칭의 인칭대명사로 '누고'는 쓰이지
않고 '누구'만이 쓰이고 있다.</u>

〈보기〉요소　　 / 　지문요소

└─[정답 확인]─┘

→ '지문요소와 〈보기〉요소의 연결이 타당한가?'를 확인한다.
　　즉, 현대국어의 미지칭 인칭대명사가 '누구'뿐인지 판단해야 한다.

　　문항에 대한 자세한 해설은 '제3장'에서 문항 유형에 따른 정답 해결 방법을 적용해 다루
도록 하겠다. 여기서는 **'정답 찾기 비밀 code 2. 선택지 나누기 법칙'**에 대해서만 확실히
기억하자.

✌ 선택지에서 확인해야 할 정보를 기준으로 나누는 방법

선택지에서 확인해야 할 정보가 둘 이상일 때, 평가요소를 기준으로 앞부분과 뒷부분으로 나누는 방법이다. 1차 정답 확인에서 앞부분을, 2차 정답 확인에서 뒷부분이 적절한지 판단하면 된다. 이때, 1차 정답 확인에서 정답을 찾았다면 2차 정답 확인 단계가 필요 없으므로 시간을 절약할 수 있다.

> · 평가요소가 2개일 때, 앞부분과 뒷부분으로 나눈다.
> · **1차 정답 확인:** 앞부분을 확인한다.
> · **2차 정답 확인:** 1차 정답 확인에서 해결하지 못한 선택지만 뒷부분을 확인한다.

[예시 문항]

13. 다음은 부사어에 대해 탐구한 것이다. <u>탐구 내용으로 적절하지 않은</u> 것은?

평가요소   판단요소

〈1차 정답 확인〉

① <u>절인 '눈이 부시게'가</u> / 부사어로 쓰였군.

    1차 정답 확인 → '눈이 부시게'가 절이 맞는가? [○, ×]

② <u>부사격 조사가 결합한 '하늘에서'와 부사 '펑펑'이</u> / 부사어로 쓰였군.

    1차 정답 확인 → '하늘에서'와 '펑펑'에 대한 분석이 적절한가? [○, ×]

③ <u>부사어 '너무'가</u> / 서술어 '샀다'를 수식하는군.

    1차 정답 확인 → '너무'가 부사어가 맞는가? [○, ×]

④ <u>㉠의 '엄마와', ㉡의 '취미로'는 둘 다 부사어인데,</u> / ㉠의 '엄마와'는 ㉡의 '취미로'와 달리 필수 성분이군.

    1차 정답 확인 → '엄마와', '취미로'가 부사어가 맞는가? [○, ×]

⑤ <u>㉠의 '재로'는 부사어이고 ㉡의 '재가'는 보어로서,</u> / 문장 성분은 서로 다르지만 서술어가 반드시 필요로 하는 성분이라는 점에서는 같군.

    1차 정답 확인 → '재로'와 '재가'에 대한 분석이 적절한가? [○, ×]

`+tip` ✍ **2차 정답 확인은 꼭 해야 할까?**

1차 정답 확인에서 정답을 찾았다면, 2차 정답 확인단계는 필요가 없다.
이 문항은 '적절하지 않은가'를 판단하라고 했으므로, 1차 정답 확인에서 적절하지 않은 선택지가 있었다면 그것이 바로 정답이 된다.
이렇게 선택지를 나누어 1차, 2차 정답 확인을 하면 1차 정답 확인에서 정답을 찾을 수 있는 경우가 꽤 있기 때문에 시간을 절약할 수 있다.

<〈2차 정답 확인〉

① 절인 '눈이 부시게'가 / 부사어로 쓰였군.

　　　　　　　　　　2차 정답 확인 → '눈이 부시게'가 부사어로 쓰였는가? [○, ×]

② 부사격 조사가 결합한 '하늘에서'와 부사 '펑펑'이 / 부사어로 쓰였군.

　　　　　　　　　　　　　　　　2차 정답 확인 → 먼저 '하늘에서'가 부사어로
쓰였는가?를 확인하고 [○, ×], 다음 '펑펑'이 부사어로 쓰였는가?를 확인한다. [○, ×]

③ 부사어 '너무'가 / 서술어 '샀다'를 수식하는군.

　　　　　　　　　　2차 정답 확인 → '너무'가 '샀다'를 수식하는가? [○, ×]

④ ㉠의 '엄마와', ㉡의 '취미로'는 둘 다 부사어인데, / ㉠의 '엄마와'는 ㉡의 '취미로'와 달리
필수 성분이군.　　　　　　　　2차 정답 확인 → '엄마와'는 필수 성분인가? [○, ×]

⑤ ㉠의 '재로'는 부사어이고 ㉡의 '재가'는 보어로서, / 문장 성분은 서로 다르지만 서술어가
반드시 필요로 하는 성분이라는 점에서는 같군.

　　　　　2차 정답 확인 → 부사어와 보어는 반드시 서술어가 필요한가? [○, ×]

　　문항에 대한 자세한 해설은 '제3장'에서 문항 유형에 따른 정답 해결 방법을 적용해 다루도록 하겠다. 여기서는 **'정답 찾기 비밀 code 2. 선택지 나누기 법칙'**에 대해서만 확실히 기억하자.

지문 근거 법칙 [지문에서 정답의 근거를 찾아라.]

정답의 근거는 **지문** 속에 있다. 최근, 제시된 지문에 근거하여 정답을 찾는 세트형 문제가 출제되고 있으므로 지문의 **문법 지식**을 반드시 이해해야 한다.

따라서 문항에서 요구하는 '지문요소'의 문법 지식을 이해하여 이것이 선택지의 '평가요소'와 타당하게 연결되었는지, 또는 선택지에서 '지문요소'를 적절하게 설명하고 있는지 판단해야 한다.

✍ '지문요소'와 '평가요소'의 연결이 타당한가?

✍ 선택지에서 '지문요소'를 적절하게 설명하고 있는가?

[예시 문항]

* 다음을 읽고 물음에 답하시오. [2018학년도 9월]

> **선생님** : 여러분, 현대 사회에서 인공위성이 다양하게 활용되고 있다는 것은 잘 알죠? 그런데 '인공위성'
> 은 옛날에는 쓰이지 않았던 말입니다. '인공위성'이라는 말이 어떻게 쓰이게 되었는지 생각해
> 봅시다. 행성의 궤도를 도는 인공적 물체가 처음 만들어졌을 때, 그 물체를 가리키는 말이
> 필요해서 '인공위성'이라는 말이 생긴 거겠죠? 이 말은 어떻게 만들어졌을까요?
>
> **학생 1** : '인공'과 '위성'을 합쳐 만든 것입니다.
>
> **선생님** : 맞아요. 그래서 오늘은 '인공위성'이라는 말을 만든 것처럼 새 단어를 만드는 원리를 알아볼
> 텐데, 그중에서도 실생활에서 자주 사용되는 합성 명사가 어떻게 만들어지는지를 먼저 알아보
> 려고 합니다. 합성 명사는 어떻게 만들어질까요?
>
> **학생 2** : 선생님, 합성 명사는 명사와 명사가 합쳐진 말 아닌가요?
>
> **선생님** : 네, 그런 경우가 많지요. 예를 들어 '논밭, 불고기'처럼 명사에 명사가 결합하는 경우가 있어요.
> 그 밖에 용언의 활용형이 명사와 결합한 '건널목, 노림수, 섞어찌개'와 같은 경우도 있고 '새색
> 시'처럼 명사를 꾸며 주는 관형사가 앞에 오는 경우도 있어요.
>
> **학생 3** : 그런데 선생님, 말씀하신 합성 명사들을 보니 뒤의 말이 모두 명사네요?
>
> **선생님** : 그래요. 우리말에서 합성어의 품사는 뒤에 오는 말의 품사와 같은 것이 원칙이에요. 앞에서
> 말한 예들이 다 그래요. 그런데 이러한 일반적인 경우와는 달리 ㉠ 명사가 아닌 품사들로만
> 이루어진 합성 명사도 있답니다.
>
> **학생 4** : 아, 그렇군요. 그런데 선생님, 생각해 보니 요즘 자주 쓰는 말들은 그런 방식과는 다르게
> 만들어지는 것 같아요.
>
> **선생님** : 맞아요. 여러분들이 자주 쓰는 '인강'이라는 말은 '인터넷'과 '강의'가 합쳐지면서 줄어든 말인
> 데, 앞말과 뒷말의 첫 음절만 따서 만들어진 것이에요. 또한 컴퓨터를 잘 다루지 못하는 사람이
> 라는 뜻의 '컴시인'은 '컴퓨터'와 '원시인'이 합쳐지면서 줄어든 말인데, 앞말의 첫 음절과
> 뒷말의 둘째, 셋째 음절을 따서 만들어진 것이에요.

12. 밑줄 친 단어 중 ㉠의 예로 적절한 것은?

      평가요소   지문요소   판단요소

       → 지문요소는 '㉠의 예'이고, 평가요소는 선택지의 밑줄 친 단어이다.
          지문요소에 근거하여 선택지가 적절한 예인지 판단하는 문제이다.

① 자기 <u>잘못</u>은 자기가 책임져야 한다.

> → 합성명사 '잘못' 분석 : 잘 + 못
>
> → ㉠의 예로 적절한가? [○, ×]

② 언니는 가구를 전부 <u>새것</u>으로 바꿨다.

> → 합성명사 '새것' 분석 : 새 + 것
>
> → ㉠의 예로 적절한가? [○, ×]

③ 아이가 <u>요사이</u>에 몰라보게 훌쩍 컸다.

> → 합성명사 '요사이' 분석 : 요 + 사이
>
> → ㉠의 예로 적절한가? [○, ×]

④ <u>오늘날</u>에는 교육에서 창의성이 중시된다.

> → 합성명사 '오늘날' 분석 : 오늘 + 날
>
> → ㉠의 예로 적절한가? [○, ×]

⑤ 나는 <u>갈림길</u>에서 어디로 가야 할지 몰랐다.

> → 합성명사 '갈림길' 분석 : 갈림 + 길
>
> → ㉠의 예로 적절한가? [○, ×]

문항에 대한 자세한 해설은 '제3장'에서 문항 유형에 따른 정답 해결 방법을 적용해 다루도록 하겠다. 여기서는 **'정답 찾기 비밀 code 3. 지문 근거 법칙'**에 대해서만 확실히 기억하자.

한눈에 정리하는 '정답 찾기의 비밀 code'

정답 찾기 비밀 code는 앞으로 소개될 모든 문항에 적용해야 하는 아주 중요한 내용이다. 꼭!! 충분히 익힌 후 제3장으로 넘어가도록 하자.

---

code1. 발문 의도 법칙 [발문에서 출제자의 의도를 파악하라.]

---

code2. 선택지 나누기 법칙 [선택지를 나누어 정답을 확인하자.]

☞ **지문요소, <보기>요소, 평가요소, 판단요소로 나누기**

☞ **선택지에서 확인해야 할 정보를 기준으로 나누기**

---

code3. 지문 근거 법칙 [지문에서 정답의 근거를 찾아라.]

☞ **'지문요소'와 '평가요소'의 연결이 타당한가?**

☞ **선택지에서 '지문요소'를 적절하게 설명하고 있는가?**

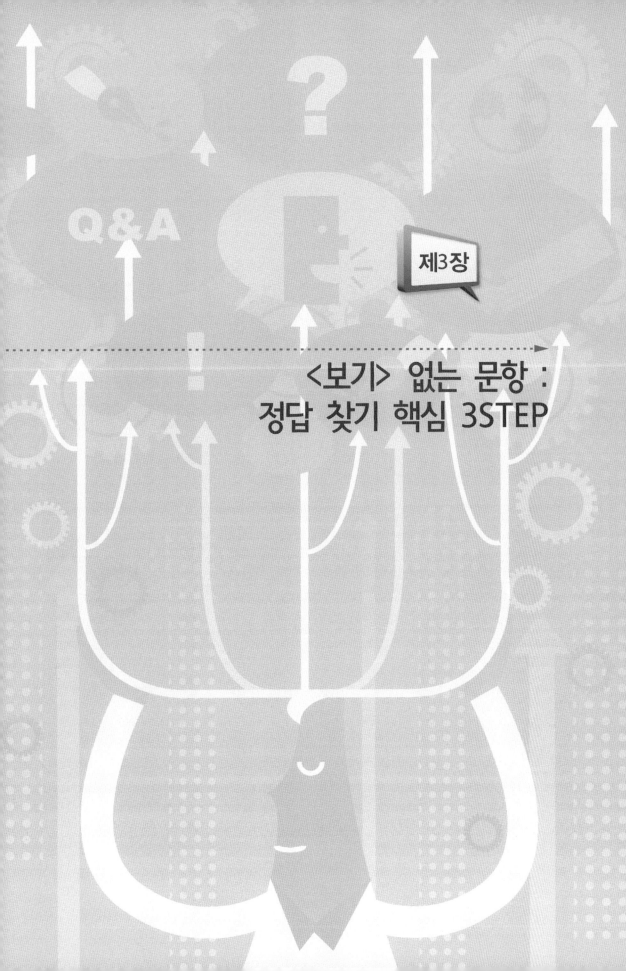

제3장

<보기> 없는 문항 :
정답 찾기 핵심 3STEP

a. 지문 활용 문법

문법 관련 개념과 특징, 이에 대한 구체적인 예를 설명하는 지문이 제시되는 유형이다.

이 경우에는, **지문**에서 설명한 **문법 지식**을 **활용**하는 문항이 주로 출제된다.

지문 활용 문법 유형은 아래의 **'정답 찾기 3step'**을 적용하여 정답을 찾으면 된다.

지문 활용 문법의 [정답 찾기 3step]

step 1. 지문에 나오는 문법 개념을 정확하게 이해한다.
    – 정답 찾기에 필요한 문법 개념을 지문을 바탕으로 이해한다.

step 2. 파악한 문법 개념을 선택지에서 활용하여 1차 정답 확인을 한다.
    +tip✍ 앞서 배운 '정답 찾기의 비밀 code'를 각 문항에 적용한다.

step 3. step 2에서 정답을 찾지 못한 경우, 2차 정답 확인을 한다.

[예시 문항]

* 다음 글을 읽고 물음에 답하시오. [2018학년도 6월]

단어의 의미 관계 중 상하 관계는 의미상 한 단어가 다른 단어를 포함하거나 다른 단어에 포함되는 관계를 말한다. 이때 다른 단어의 의미를 포함하는 단어를 상의어라 하고 다른 단어의 의미에 포함되는 단어를 하의어라 하는데, 상의어일수록 일반적이고 포괄적인 의미를 지니며 하의어일수록 구체적이고 한정적인 의미를 지닌다.

상하 관계에 있는 단어들은 상의어와 하의어가 상대적으로 정해진다. 이를테면 '구기'는 '스포츠'와의 관계 속에서 하의어가 되지만, '축구'와의 관계 속에서는 상의어가 된다. 그런데 '구기'의 하의어에는 '축구' 외에 '야구', '농구' 등이 더 있다. 이때 상의어인 '구기'에 대해 하의어 '축구', '야구', '농구' 등은 같은 계층에 있어 이들을 상의어 '구기'의 공하의어라 하며, 이들 공하의어 사이에는 ⊙ 비양립 관계가 성립한다. 곧 어떤 구기가 '축구'이면서 동시에 '야구'나 '농구'일 수는 없다.

한편 상하 관계에서는 하의어들이 상의어의 의미를 이어받아 상의어를 의미적으로 함의한다. 일례로 어떤 새가 '장끼'이면 그 '장끼'는 상의어 '꿩'의 의미를 이어받으므로 '꿩'을 의미적으로 함의하는 것이다. 그러나 어떤 새가 '꿩'이라 해서 그것이 꼭 '장끼'여야 하는 것은 아니므로, 상의어는 하의어를 의미적 으로 함의하지 못한다. 이를 '[ ]'로 표현하는 의미 자질로 설명하면, 하의어 '장끼'는 상의어 '꿩'의 의미 자질들을 가지면서 [수컷]이라는 의미 자질을 더 가져, 결국 하의어 '장끼'는 상의어 '꿩'보다 의미 자질 개수가 많다. 곧 상의어보다 의미 자질이 많은 하의어는 상의어를 의미적으로 함의하는 것이다.

그런데 앞에서 살폈듯이 '구기'의 공하의어가 여러 개인 것과 달리, '꿩'의 공하의어는 성별로 구분했을 때 '장끼'와 '까투리' 둘뿐이다. '구기'의 공하의어인 '축구', '야구' 등과 마찬가지로 '장끼', '까투리'는 '꿩'의 공하의어로서 비양립 관계에 있다. 그 러나 '장끼'와 '까투리'의 경우, '장끼'가 아닌 것은 곧 '까투리'이고 그 역도 성립한다는 점에서 ⓒ 상보적 반의 관계에 있다. 따라서 한 상의어가 같은 계층의 두 단어만을 공하의어로 포함하면, 그 공하의어들은 상보적 반의 관계에 있다고 할 수 있다.

11. 윗글을 바탕으로 다음 자료를 탐구한 것으로 적절하지 않은 것은?

① '타악기'는 '실로폰'의 상의어로서 '실로폰'보다 포괄적인 의미를 갖겠군.
② '북'은 '타악기'의 하의어이므로 [두드림]을 의미 자질 중 하나로 갖겠군.
③ '기구'는 '악기'를 의미적으로 함의하고 '악기'는 '북'을 의미적으로 함의하겠군.
④ '타악기'와 '심벌즈'는 모두 '기구'의 하의어이지만, '기구'의 공하의어는 아니겠군.
⑤ '현악기'와 '관악기'는 '악기'의 공하의어이므로 모두 '악기'의 상의어 '기구'보다 의미 자질의 개수가 많겠군.

악기(樂器)[-끼] 명

[음악] 음악을 연주하는 데 쓰는 기구를 통틀어 이르는 말. 연주법에 따라 일반적으로 현악기, 관악기, 타악기로 나눈다.

타-악기(打樂器)[타ː-끼] 명

[음악] 두드려서 소리를 내는 악기를 통틀어 이르는 말. 팀파니, 실로폰, 북이나 심벌즈 따위이다.

[정답 찾기 3step]

step 1. 지문에 나오는 문법 개념을 정확하게 이해한다.

　　※ **단어의 상하 관계:** 한 단어가 다른 단어를 포함하거나 다른 단어에 포함되는 관계
　　　　– 상의어: 일반적, 포괄적
　　　　– 하의어: 구체적, 한정적, 상의어를 의미적으로 함의
　　　　– 공하의어 사이는 비양립 관계
　　　　– 상보적 반의 관계: 한 상의어가 같은 계층의 두 단어만을 공하의어로 포함할 때

step 2. 파악한 문법 개념을 선택지에서 활용하여 1차 정답 확인을 한다.

　　　　+tip ✍ 앞서 배운 '정답 찾기의 비밀 code'를 각 문항에 적용한다.

11. 윗글을 바탕으로 다음 자료를 탐구한 것으로 적절하지 않은 것은?

　　　지문요소　　　　　평가요소　　　　　　　판단요소
　　　　　　　　　　　　　　　↳ 평가요소(자료를 탐구한 내용)가 적절한가를 판단해야 한다.

〈1차 정답 확인〉

　① '타악기'는 '실로폰'의 상의어로서 / '실로폰'보다 포괄적인 의미를 갖겠군.
　　　　평가요소 판단 [○]

② '북'은 '타악기'의 하의어이므로 / [두드림]을 의미 자질 중 하나로 갖겠군.

　　　평가요소 판단 [○]

√ ③ '기구'는 '악기'를 의미적으로 함의하고 / '악기'는 '북'을 의미적으로 함의하겠군.

　　　평가요소 판단 [X] → '악기'가 하의어이므로 '악기'는 '기구'를 의미적으로 함의한다.

* 지문 근거 법칙: 3문단 '상하 관계에서는 하의어들이 상의어의 의미를 이어받아 상의어를 의미적으로 함의한다.'

④ '타악기'와 '심벌즈'는 모두 '기구'의 하의어이지만, / '기구'의 공하의어는 아니겠군.

　　　평가요소 판단 [○]

* 지문 근거 법칙: 1문단 '다른 단어의 의미를 포함하는 단어를 상의어라 하고 다른 단어의 의미에 포함되는 단어를 하의어라 하는데'

⑤ '현악기'와 '관악기'는 '악기'의 공하의어이므로 / 모두 '악기'의 상의어 '기구'보다 의미 자질의 개수가 많겠군.　　　평가요소 판단 [○]

* 지문 근거 법칙: '구기'의 하의어에는 '축구' 외에 '야구', '농구' 등이 더 있다. 이때 상의어인 '구기'에 대해 하의어 '축구', '야구', '농구' 등은 같은 계층에 있어 이들을 상의어 '구기'의 공하의어라 하며,

step 3. step 2에서 정답을 찾지 못한 경우, 2차 정답 확인을 한다.

　　　– 이 문항은 1차 정답 확인에서 ③이 정답임을 찾았으므로, step 3을 진행하지 않는다.

[적용 문제 1]

* 다음을 읽고 물음에 답하시오. [2018학년도 9월]

> **선생님** : 여러분, 현대 사회에서 인공위성이 다양하게 활용되고 있다는 것은 잘 알죠? 그런데 '인공위성'은 옛날에는 쓰이지 않았던 말입니다. '인공위성'이라는 말이 어떻게 쓰이게 되었는지 생각해 봅시다. 행성의 궤도를 도는 인공적 물체가 처음 만들어졌을 때, 그 물체를 가리키는 말이 필요해서 '인공위성'이라는 말이 생긴 거겠죠? 이 말은 어떻게 만들어졌을까요?
>
> **학생 1** : '인공'과 '위성'을 합쳐 만든 것입니다.
>
> **선생님** : 맞아요. 그래서 오늘은 '인공위성'이라는 말을 만든 것처럼 새 단어를 만드는 원리를 알아볼 텐데, 그중에서도 실생활에서 자주 사용되는 합성 명사가 어떻게 만들어지는지를 먼저 알아보려고 합니다. 합성 명사는 어떻게 만들어질까요?
>
> **학생 2** : 선생님, 합성 명사는 명사와 명사가 합쳐진 말 아닌가요?
>
> **선생님** : 네, 그런 경우가 많지요. 예를 들어 '논밭, 불고기'처럼 명사에 명사가 결합하는 경우가 있어요. 그 밖에 용언의 활용형이 명사와 결합한 '건널목, 노림수, 섞어찌개'와 같은 경우도 있고 '새색시'처럼 명사를 꾸며 주는 관형사가 앞에 오는 경우도 있어요.
>
> **학생 3** : 그런데 선생님, 말씀하신 합성 명사들을 보니 뒤의 말이 모두 명사네요?
>
> **선생님** : 그래요. 우리말에서 합성어의 품사는 뒤에 오는 말의 품사와 같은 것이 원칙이에요. 앞에서 말한 예들이 다 그래요. 그런데 이러한 일반적인 경우와는 달리 ㉠ 명사가 아닌 품사들로만 이루어진 합성 명사도 있답니다.
>
> **학생 4** : 아, 그렇군요. 그런데 선생님, 생각해 보니 요즘 자주 쓰는 말들은 그런 방식과는 다르게 만들어지는 것 같아요.
>
> **선생님** : 맞아요. 여러분들이 자주 쓰는 '인강'이라는 말은 '인터넷'과 '강의'가 합쳐지면서 줄어든 말인데, 앞말과 뒷말의 첫 음절만 따서 만들어진 것이에요. 또한 컴퓨터를 잘 다루지 못하는 사람이라는 뜻의 '컴시인'은 '컴퓨터'와 '원시인'이 합쳐지면서 줄어든 말인데, 앞말의 첫 음절과 뒷말의 둘째, 셋째 음절을 따서 만들어진 것이에요.

12. 밑줄 친 단어 중 ㉠의 예로 적절한 것은?

① 자기 잘못은 자기가 책임져야 한다.
② 언니는 가구를 전부 새것으로 바꿨다.
③ 아이가 요사이에 몰라보게 훌쩍 컸다.
④ 오늘날에는 교육에서 창의성이 중시된다.
⑤ 나는 갈림길에서 어디로 가야 할지 몰랐다.

[정답 찾기 3step]

step 1. 지문에 나오는 문법 개념을 정확하게 이해한다.

합성 명사 형성의 원리	예시
명사+명사	논밭, 불고기
용언의 활용형+명사	건널목, 노림수, 섞어찌개
관형사+명사	새색시
명사 이외의 품사끼리 결합	㉠
앞말과 뒷말의 한 음절만 따서 줄임	인강, 컴시인

step 2. 파악한 문법 개념을 선택지에서 활용하여 1차 정답 확인을 한다.

12. 밑줄 친 단어 중 ㉠의 예로 적절한 것은?

   평가요소   지문요소   판단요소
    ↳ 평가요소인 '밑줄 친 단어'가 지문요소인 '㉠의 예'로 적절한 것인가 판단해야 함.
    ↳ 따라서 가장 먼저 '밑줄 친 단어'를 분석해야 한다.

〈평가요소 분석〉

① 자기 잘못은 자기가 책임져야 한다.
    ↳ '잘'+'못' → 합성 명사인가? [○]

② 언니는 가구를 전부 새것으로 바꿨다.
      ↳ '새' + '것' → 합성 명사인가? [○]

③ 아이가 요사이에 몰라보게 훌쩍 컸다.
    ↳ '요' + '사이' → 합성 명사인가? [○]

④ 오늘날에는 교육에서 창의성이 중시된다.
    ↳ '오늘' + '날' → 합성 명사인가? [○]

⑤ 나는 갈림길에서 어디로 가야 할지 몰랐다.
    ↳ '갈림' + '길' → 합성 명사인가? [○]

step 3. step 2에서 정답을 찾지 못한 경우, 2차 정답 확인을 한다.

12. 밑줄 친 단어 중 ㉠의 예로 적절한 것은?

    평가요소   지문요소   판단요소
        ↳ 지문요소에 따라 명사가 아닌 품사들로만 이루어진 합성 명사를 찾는다.

√ ① 자기 <u>잘못</u>은 자기가 책임져야 한다.
        ↳ 잘(부사) + 못(부사)
        명사가 아닌 품사들로만 이루어졌는가? [○]

② 언니는 가구를 전부 <u>새것</u>으로 바꿨다.
        ↳ 새(관형사) + 것(명사)
        명사가 아닌 품사들로만 이루어졌는가? [X]

③ 아이가 <u>요사이</u>에 몰라보게 훌쩍 컸다.
        ↳ 요(관형사) + 사이(명사)
        명사가 아닌 품사들로만 이루어졌는가? [X]

④ <u>오늘날</u>에는 교육에서 창의성이 중시된다.
        ↳ 오늘(명사) + 날(명사)
        명사가 아닌 품사들로만 이루어졌는가? [X]

⑤ 나는 <u>갈림길</u>에서 어디로 가야 할지 몰랐다.
        ↳ 갈림(용언의 활용형) + 길(명사)
        명사가 아닌 품사들로만 이루어졌는가? [X]

[적용 문제 2]

* 다음 글을 읽고 물음에 답하시오. [2018학년도 11월]

국어에서 동사나 형용사에 붙어 새로운 단어를 형성하는 접미사는 다양한 문법적 특징을 지니고 있다. 그 특징은 다음과 같다.

첫째로, 접미사는 동사나 형용사에 붙어 새로운 어간을 형성한다. 예를 들면, '녹다'의 어근 '녹-'에 접미사 '-이-'가 붙어 새로운 어간 '녹이-'가 형성된다. 이렇게 만들어진 '녹이다'의 어간 '녹이-'는 '녹다'의 어간 '녹-'과 구별된다. 둘째로, 접미사는 동사나 형용사의 어근에 붙어 품사를 바꾸기도 한다. 예를 들면, 명사 '먹이'나 '넓이'는 각각 동사와 형용사의 어근에 접미사 '-이'가 붙어 형성된 단어이다. 이때 '먹이'와 '넓이'의 '먹-'과 '넓-'은 서술어로 기능하지 못한다. 셋째로, ㉠ <u>접미사는 동사나 형용사에 붙어 사동의 의미를 더하기도 한다.</u> 예를 들면, 동사 '익다'와 '먹다'의 어근에 각각 접미사 '-히-'와 '-이-'가 붙어 형성된 '익히다'와 '먹이다'는 '고기를 익히다.'와 '아이에게 밥을 먹이다.'에서와 같이 사동의 의미를 가진다. 넷째로, ㉡ <u>접미사는 타동사에 붙어 피동의 의미를 더하기도 한다.</u> 예를 들면, '안다'의 어근 '안-'에 접미사 '-기-'가 붙어 형성된 '안기다'는 '아기가 엄마한테 안기다.'와 같이 피동의 의미를 가진다. 이때 피동을 나타내는 접미사는 '눕다', '식다'와 같은 자동사에는 결합하지 않는다.

한편, 하나의 접미사가 모든 동사나 형용사에 자유롭게 결합하는 것은 아니다. 예를 들면, 접미사 '-히-'는 '읽다'의 어근 '읽-'에 붙어 '읽히다'를 만들 수 있지만, '살다'의 어근 '살-'에는 붙지 못한다. 어근 '살-'에는 접미사 '-리-'가 붙어 '살리다'가 형성된다. 또한 어근과 접미사 사이에는 다른 형태소가 끼어들 수 없다. 가령, 어근 '읽-'과 접미사 '-히-' 사이에 '-시-'와 같은 선어말 어미가 끼어든 '읽시히-'와 같은 것은 만들어지지 않는다.

15. 밑줄 친 부분이 ㉠, ㉡에 해당하는 예로 적절한 것은?

① ㉠ : 형이 동생을 울렸다.
　 ㉡ : 그는 지구본을 돌렸다.
② ㉠ : 이제야 마음이 놓인다.
　 ㉡ : 우리는 용돈을 남겼다.
③ ㉠ : 공책이 가방에 눌렸다.
　 ㉡ : 옷이 못에 걸려 찢겼다.
④ ㉠ : 바위 뒤에 동생을 숨겼다.
　 ㉡ : 피곤해서 눈이 자꾸 감겼다.
⑤ ㉠ : 나는 종이비행기를 하늘로 날렸다.
　 ㉡ : 그는 소년에게 중요한 임무를 맡겼다.

[정답 찾기 3step]

step 1. 지문에 나오는 문법 개념을 정확하게 이해한다.

※ **접미사**: 동사나 형용사에 붙어 새로운 단어를 형성하는 말
 – 동사나 형용사에 붙어 새로운 어간 형성
 – 동사나 형용사의 어근에 붙어 품사를 바꾸기도 함
 – 동사나 형용사에 붙어 사동의 의미를 더하기도 함
 – 타동사에 붙어 피동의 의미를 더하기도 함
 – 하나의 접미사가 모든 동사나 형용사에 자유롭게 결합하는 것은 아님

※ **사동사**: 문장의 주체가 자기 스스로 행하지 않고 남에게 그 행동이나 동작을 하게 함을 나타내는 동사
※ **피동사**: 남의 행동을 입어서 행하여지는 동작을 나타내는 동사

step 2. 파악한 문법 개념을 선택지에서 활용하여 1차 정답 확인을 한다.

15. 밑줄 친 부분이 ㉠, ㉡에 해당하는 예로 적절한 것은?

평가요소   지문요소   판단요소
 ↳ 평가요소를 먼저 분석한다.

〈평가요소 1차 분석〉

① ㉠ : 형이 동생을 <u>울렸다</u>.

　　　　　 ↳ '울게 하다' 의미의 사동사 → ㉠에 해당하는가? [○]

② ㉠ : 이제야 마음이 <u>놓인다</u>.

　　　　　 ↳ 피동사 → ㉠에 해당하는가? [X]

③ ㉠ : 공책이 가방에 <u>눌렸다</u>.

　　　　　 ↳ 피동사 → ㉠에 해당하는가? [X]

④ ㉠ : 바위 뒤에 동생을 <u>숨겼다</u>.

　　　　　 ↳ '숨게 하다' 의미의 사동사 → ㉠에 해당하는가? [○]

⑤ ㉠ : 나는 종이비행기를 하늘로 <u>날렸다</u>.

↳ '날게 하다' 의미의 사동사 → ㉠에 해당하는가? [○]

step 3. step 2에서 정답을 찾지 못한 경우, 2차 정답 확인을 한다.

+tip ✍ 1차 정답 확인에서 선택지 ②, ③은 적절하지 않은 것으로 판단했으므로 ②, ③을 제외한 선택지만 2차 확인이 필요하다.

〈평가요소 2차 분석〉

① ㉡ : 그는 지구본을 <u>돌렸다</u>.

↳ '돌게 하다' 의미의 사동사 → ㉡에 해당하는가? [X]

√ ④ ㉡ : 피곤해서 눈이 자꾸 <u>감겼다</u>.

↳ 피동사 → ㉡에 해당하는가? [○]

⑤ ㉡ : 그는 소년에게 중요한 임무를 <u>맡겼다</u>.

↳ '맡게 하다' 의미의 사동사 → ㉡에 해당하는가? [X]

b. 지식 활용 문법

지식 활용 문법은 지문이나 <보기>를 통해 문법 지식을 설명하는 문항과 달리, 자신의 문법 배경 지식을 활용하여 정답을 찾는 형식이다. 이 경우에는, 정답을 찾는데 필요한 **배경 지식**이 있어야 하므로 **문법 필수 개념**을 미리 알고 있어야 한다.

지식활용 문법 유형은 아래의 **'정답 찾기 3step'**을 적용하여 정답을 찾으면 된다.

지식 활용 문법의 [정답 찾기 3step]

step 1. 평가요소에 해당하는 문법 지식을 정확하게 이해한다.

step 2. 문법 지식을 활용하여 선택지를 분석한다.
　　　　+tip ✍ 앞서 배운 '정답 찾기의 비밀 code'를 각 문항에 적용한다.

step 3. step 2에서 정답을 찾지 못한 경우, 2차 정답 확인을 한다.

[예시 문항]

13. 다음은 부사어에 대해 탐구한 것이다. 탐구 내용으로 적절하지 <u>않은</u> 것은? [2018학년도 11월]

①	· 하늘이 눈이 부시게 푸른 날이다.
	➡ 절인 '눈이 부시게'가 부사어로 쓰였군.
②	· 함박눈이 하늘에서 펑펑 내리고 있다.
	➡ 부사격 조사가 결합한 '하늘에서'와 부사 '펑펑'이 부사어로 쓰였군.
③	· 그는 너무 헌 차를 한 대 샀다.
	➡ 부사어 '너무'가 서술어 '샀다'를 수식하는군.
④	⊙ 영이는 엄마와 닮았다. / *영이는 닮았다. ⓒ 영이는 취미로 책을 읽는다. / 영이는 책을 읽는다.
	➡ ⊙의 '엄마와', ⓒ의 '취미로'는 둘 다 부사어인데, ⊙의 '엄마와'는 ⓒ의 '취미로'와 달리 필수 성분이군.
⑤	⊙ 모든 것이 재로 되었다. / *모든 것이 되었다. ⓒ 모든 것이 재가 되었다. / *모든 것이 되었다.
	➡ ⊙의 '재로'는 부사어이고 ⓒ의 '재가'는 보어로서, 문장 성분은 서로 다르지만 서술어가 반드시 필요로 하는 성분이라는 점에서는 같군.

[정답 찾기 3step]

step 1. 평가요소에 해당하는 문법 지식을 정확하게 이해한다.

13. 다음은 <u>부사어에</u> <u>대해 탐구한 것</u>이다. 탐구 내용으로 <u>적절하지 않은 것</u>은?

             평가요소   판단요소

                 ➥ 평가요소인 '부사어'에 대한 지식이 필요하다.

  ※ 부사어의 개념 : 문장의 서술어를 수식하는 기능을 하는 문장성분

  ※ 부사어의 종류
    – 부사 단독 (이 음식은 <u>너무</u> 짜다.)
    – 체언+부사격조사 (그녀는 <u>집에</u> 있다.)
    – 용언의 부사형 (방을 <u>깨끗하게</u> 청소해라.)
    – 부사절 (땀이 <u>비 오듯이</u> 흘렀다.)

※ **부사어의 특징**
　– 관형어, 다른 부사어, 문장 전체를 수식하는 경우도 있음
　– 문장을 구성하는데 필수적인 부사어도 있음
　– 보조사와 결합할 수 있으며 자리 이동이 비교적 자유로움

step 2. 문법 지식을 활용하여 선택지를 분석한다.

　① 절인 '눈이 부시게'가 / 부사어로 쓰였군.

　　　↳ 눈이(주어) + 부시다(서술어) 구성의 부사절 [○]

　② 부사격 조사가 결합한 '하늘에서'와 부사 '펑펑'이 / 부사어로 쓰였군.

　　　↳ 하늘(체언) + 에서(부사격 조사), '펑펑'은 사전에 부사로 등재 [○]

　③ 부사어 '너무'가 / 서술어 '샀다'를 수식하는군.

　　　↳ '너무'는 사전에 부사로 등재 [○]

　④ ㉠의 '엄마와', ㉡의 '취미로'는 둘 다 부사어인데, / ㉠의 '엄마와'는 ㉡의 '취미로'와 달리 필수 성분이군.

　　　↳ '엄마와'는 '닮았다'를, '취미로'는 '읽는다'를 수식하는 부사어 [○]

　⑤ ㉠의 '재로'는 부사어이고 ㉡의 '재가'는 보어로서, / 문장 성분은 서로 다르지만 서술어가 반드시 필요로 하는 성분이라는 점에서는 같군.

　　　↳ '재로'는 부사격 조사가 결합한 부사어, '재가'는 보격 조사가 결합한 보어 [○]

step 3. step 2에서 정답을 찾지 못한 경우, 2차 정답 확인을 한다.

　① 절인 '눈이 부시게'가 / 부사어로 쓰였군.

　　　　↳ 부사절이 '푸른'이라는 용언을 수식 [○]

　② 부사격 조사가 결합한 '하늘에서'와 부사 '펑펑'이 / 부사어로 쓰였군.

　　　　↳ '하늘에서'와 '펑펑'이 '내리고 있다'를 수식 [○]

√ ③ 부사어 '너무'가 / 서술어 '샀다'를 수식하는군.

　　　　　↳ '너무'는 관형어 '헌'을 수식 [X]

④ ㉠의 '엄마와', ㉡의 '취미로'는 둘 다 부사어인데, / ㉠의 '엄마와'는 ㉡의 '취미로'와 달리 필수 성분이군.

　　　↳ '엄마와'를 생략한 문장은 비문이므로 '엄마와'는 필수 성분 [○]

⑤ ㉠의 '재로'는 부사어이고 ㉡의 '재가'는 보어로서, / 문장 성분은 서로 다르지만 서술어가 반드시 필요로 하는 성분이라는 점에서는 같군.

　　　↳ '재로'와 '재가'를 생략한 문장은 비문이므로 필수 성분 [○]

[적용 문제 1]

14. ㉠~㉣의 문장 성분과 문장 구조에 대한 설명으로 적절하지 <u>않은</u> 것은? [2018학년도 3월]

> ㉠ 내가 빌린 자전거는 내 친구의 것이다.
> ㉡ 우리는 공연이 시작되기 전에 극장에 도착했다.
> ㉢ 피아노를 잘 치는 영수는 손가락이 누구보다 길다.
> ㉣ 파수꾼이 마을에 사는 사람들을 속였음이 드러났다.

① ㉠, ㉢에는 모두 서술어의 기능을 하는 안긴문장이 있다.
② ㉠, ㉣에는 모두 체언을 수식하는 안긴문장이 있다.
③ ㉡의 안긴문장에는 부사어가 없지만, ㉢의 안긴문장에는 부사어가 있다.
④ ㉡에는 관형어의 기능을 하는 안긴문장이 있고, ㉣에는 조사와 결합하여 주어의 기능을 하는 안긴문장이 있다.
⑤ ㉢, ㉣에는 모두 주어가 생략된 안긴문장이 있다.

[정답 찾기 3step]

step 1. 평가요소에 해당하는 문법 지식을 정확하게 이해한다.

14. ㉠~㉣의 문장 성분과 문장 구조에 대한 설명으로 적절하지 않은 것은?

평가요소   판단요소

↳ 평가요소인 안긴문장에 대한 지식이 필요하다.

※ **안긴문장의 개념**: '주어+서술어'구성의 절이 다른 문장의 문장 성분으로 쓰이는 것

※ **안긴문장의 종류**
☞ 발칙한 생각으로 외웠던 '부서 명인관'을 떠올린다.
– 부사절로 안긴문장: 문장에서 부사어처럼 쓰인 문장
– 서술절로 안긴문장: 문장에서 서술어처럼 쓰인 문장
– 명사절로 안긴문장: 문장에서 명사처럼 쓰여 주어, 목적어, 보어 등의 기능을 하는 문장
– 인용절로 안긴문장: 다른 사람의 말을 직접 또는 간접으로 인용한 문장
– 관형절로 안긴문장: 문장에서 관형어처럼 쓰인 문장

step 2. 문법 지식을 활용하여 선택지를 분석한다.

㉠ 내가 빌린 자전거는 내 친구의 것이다.
　　└──┘ '내가 (자전거를) 빌리다'는 절이 체언 '자전거'를 수식
　　　　→ 관형절로 안긴문장

㉡ 우리는 공연이 시작되기 전에 극장에 도착했다.
　　　　　└──┘ '공연이 시작되다'는 절이 체언 '전'을 수식
　　　　　　→ 관형절로 안긴문장

㉢ 피아노를 잘 치는 영수는 손가락이 누구보다 길다.
　　└──┘　└──────┘

'(영수가) 피아노를 잘 친다'는 절이 체언 '영수'를 수식 → 관형절로 안긴문장
'손가락이 누구보다 길다'는 절이 큰 문장의 서술어로 쓰임 → 서술절로 안긴문장

㉣ 파수꾼이 마을에 사는 사람들을 속였음이 드러났다.
　　　　└──┘

'마을에 (사람들이) 산다'는 절이 체언 '사람들'을 수식 → 관형절로 안긴문장
'마을에 사는 사람들을 속였다'는 절이 큰 문장의 주어로 쓰임 → 명사절로 안긴문장

step 3. step 2에서 정답을 찾지 못한 경우, 2차 정답 확인을 한다.

√ ① ㉠, ㉢에는 모두 서술어의 기능을 하는 안긴문장이 있다. [X]
　→ ㉢에는 서술절로 안긴문장이 있지만, ㉠에는 없다.

② ㉠, ㉣에는 모두 체언을 수식하는 안긴문장이 있다. [○]
　→ ㉠에는 '자전거'를 수식하는 안긴문장이, ㉣에는 '사람들'을 수식하는 안긴문장이 있다. 이 둘은 체언을 수식하고 있기 때문에 모두 관형절로 안긴문장이다.

③ ㉡의 안긴문장에는 부사어가 없지만, ㉢의 안긴문장에는 부사어가 있다. [○]
　→ ㉡의 안긴문장은 '공연이 시작되다'이므로 주어, 서술어만 있지만, ㉢의 안긴문장은 '피아노를 잘 친다'이므로 부사어 '잘'이 있다.

④ ⓒ에는 관형어의 기능을 하는 안긴문장이 있고, ⓔ에는 조사와 결합하여 주어의 기능을 하는 안긴문장이 있다. [○]

→ ⓒ의 안긴문장은 체언 '전'을 수식하므로 큰 문장 안에서 관형어의 기능을 하고 있고, ⓔ의 안긴문장인 '마을에 사는 사람들을 속였음'은 주격조사 '이'와 결합하여 큰 문장의 주어로 쓰이고 있다.

⑤ ⓒ, ⓔ에는 모두 주어가 생략된 안긴문장이 있다. [○]

→ ⓒ에는 '(영수가) 피아노를 잘 친다', ⓔ에는 '마을에 (사람들이) 산다'는 안긴문장이 주어가 생략되어 있다.

[적용 문제 2]

11. 다음 ㉠~㉤에서 일어나는 음운 변동에 대한 설명으로 적절한 것은? [2016학년도 수능 A형]

> ㉠ 옳지 → [올치], 좁히다 → [조피다]
> ㉡ 끊어 → [끄너], 쌓이다 → [싸이다]
> ㉢ 숯도 → [숟또], 옷고름 → [옫꼬름]
> ㉣ 닦는 → [당는], 부엌문 → [부엉문]
> ㉤ 읽지 → [익찌], 훑거나 → [훌꺼나]

① ㉠, ㉡ : 'ㅎ'과 다른 음운이 결합하여 한 음운으로 축약되는 현상이 일어난다.

② ㉠, ㉢, ㉤: 앞 음절의 종성에 따라 뒤 음절의 초성이 된소리로 되는 현상이 일어난다.

③ ㉢, ㉣: '깊다 → [깁따]'에서처럼 음절 끝에서 발음되는 자음이 7개로 제한되는 현상이 일어난다.

④ ㉣: '겉모양 → [건모양]'에서처럼 앞 음절의 종성이 뒤 음절의 초성과 조음 위치가 같아지는 현상이 일어난다.

⑤ ㉣, ㉤: '앉고 → [안꼬]'에서처럼 받침 자음의 일부가 탈락하는 현상이 일어난다.

[정답 찾기 3step]

step 1. 평가요소에 해당하는 문법 지식을 정확하게 이해한다.

11. 다음 ㉠~㉤에서 일어나는 음운 변동에 대한 설명으로 적절한 것은?

　　　　　　　　평가요소　　　　　　　　　　　　　　　판단요소
　　　　　↳ 평가요소인 음운 변동에 대한 지식이 필요하다.

※ **음운 변동의 개념:** 어떤 형태소가 특정한 위치에 놓이거나 다른 형태소와 결합할 때 소리가 달라지는 현상

※ **음운 변동의 종류**
- 교체: 한 음운이 다른 음운으로 바뀌는 현상(음절의 끝소리 규칙, 비음화, 유음화, 구개음화)
- 탈락: 일정한 환경에 의해 음운이 사라지는 현상(자음군 단순화, 자음 탈락, 모음 탈락)
- 축약: 두 개의 음운이 하나로 줄어드는 현상(자음 축약, 모음 축약)
- 첨가: 일정한 환경에서 새로운 한 음운이 추가되는 현상('ㄴ'첨가, 사잇소리 현상)

step 2. 문법 지식을 활용하여 선택지를 분석한다.

☞ +tip 에서 제시했던 '음운의 변동 쉽게 구분하는 방법'에 따라 음운의 변동 전, 후에 달라진 음운을 확인하여 어떤 음운의 변동이 일어났는지 찾는다.

ㄱ 옳지 → [올치], 좁히다 → [조피다]

ㄹ+ㅎ=ㅊ   ㅂ+ㅎ=ㅍ   → 자음 축약

ㄴ 끊어 → [끄너], 쌓이다 → [싸이다]

ㄴㅎ→ㄴ   ㅎ→∅   → 자음 탈락

ㄷ 숯도 → [숟또], 옷고름 → [옫꼬름]

ㅊ→ㄷ, ㄷ→ㄸ   ㅅ→ㄷ, ㄱ→ㄲ   → 음절의 끝소리 규칙, 된소리되기

ㄹ 닦는 → [당는], 부엌문 → [부엉문]

[닥는]→[당는]   [부억문]→[부엉문]

ㄲ→ㄱ, ㄱ→ㅇ   ㅋ→ㄱ, ㄱ→ㅇ   → 음절의 끝소리 규칙, 비음화

ㅁ 읽지 → [익찌], 훑거나 → [훌꺼나]

ㄺ→ㄱ, ㅈ→ㅉ   ㄾ→ㄹ, ㄱ→ㄲ   → 자음군 단순화, 된소리되기

step 3. step 2에서 정답을 찾지 못한 경우, 2차 정답 확인을 한다.

① ㄱ, ㄴ : 'ㅎ'과 다른 음운이 결합하여 한 음운으로 축약되는 현상이 일어난다.

→ ㄱ에만 자음 축약이 일어난다. [X]

② ㄱ, ㄷ, ㅁ: 앞 음절의 종성에 따라 뒤 음절의 초성이 된소리로 되는 현상이 일어난다.

→ ㄷ, ㅁ에만 된소리되기가 일어난다. [X]

√ ③ ㄷ, ㄹ: '깊다→[깁따]'에서처럼 음절 끝에서 발음되는 자음이 7개로 제한되는 현상이 일어난다.

→ ㄷ, ㄹ 모두에서 음절의 끝소리 규칙이 일어난다. [○]

④ ㉣: '겉모양 → [건모양]'에서처럼 앞 음절의 종성이 뒤 음절의 초성과 조음 위치가 같아지는 현상이 일어난다.

→ 비음화는 파열음이 비음의 영향으로 비음으로 발음되는 현상이므로 조음 위치가 아닌, 조음 방법이 같아지는 현상이다. [X]

⑤ ㉣, ㉤: '앉고 → [안꼬]'에서처럼 받침 자음의 일부가 탈락하는 현상이 일어난다.

→ ㉣의 '부엌문 → [부엉문]'에서는 일어나지 않는다. [X]

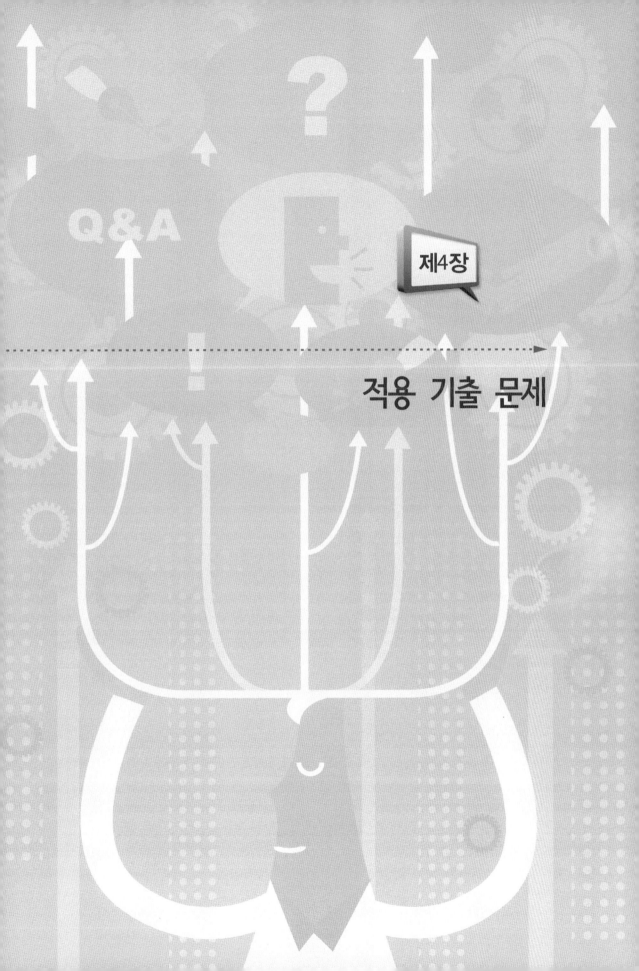

제4장

적용 기출 문제

지금까지 <보기> 없는 문항에 대한 정답 찾기 3step을 익혔다. 이제는 수능 기출 문제 풀이에 '정답 찾기 3step'을 직접 적용해 보자. 이를 통해 수능의 실전 감각을 익힐 수 있을 것이다.

수능시험에는 다양한 유형의 문법 문제가 출제되지만, 앞에서 배운 '정답 찾기 핵심 3step'을 벗어나는 문제는 없다.

기출	문제	풀이
2020학년도	6월 모의 평가	
	9월 모의 평가	
	11월 수능	
2019학년도	6월 모의 평가	
	9월 모의 평가	
	11월 수능	
2018학년도	6월 모의 평가	'정답 찾기 3step'을 적용한 풀이 및 해설
	9월 모의 평가	
	11월 수능	
2017학년도	6월 모의 평가	* 앞서 예시 문항, 적용 문제에 수록된 문항은 제외함.
	9월 모의 평가	
	11월 수능	
2016학년도	6월 모의 평가 A형, B형	
	9월 모의 평가 A형, B형	
	11월 수능 A형, B형	
2015학년도	6월 모의 평가 A형, B형	
	9월 모의 평가 A형, B형	
	11월 수능 A형, B형	

2020학년도 9월 모의 평가

* 다음 글을 읽고 물음에 답하시오.

(1) 영수는 서울에서/서울에 산다.

(2) 민수는 방에서/ *방에 공부하고 있다.

(3) 학교에서 체육 대회를 열었다.

(1)에서는 '에'와 '에서'를 다 쓸 수 있는데, 왜 (2)에서는 '에서'를 쓰고 '에'는 쓸 수 없을까? 또 왜 (3)에서는 '에서'를 주격 조사로 쓸 수 있을까? '에'와 '에서'는 모두 '장소'를 의미하는 말에 붙지만, (1)에서 '서울'은 '에'가 붙어 위치를 나타내는 [지점]의 의미가 되고, '에서'가 붙어 행위를 하거나 일이 발생하는 [공간]의 의미가 된다. 즉, 똑같은 장소라도 지점으로 인식되면 '에'를 쓰고, 공간으로 인식되면 '에서'를 쓴다. (2)에서 '방에'를 쓸 수 없는 이유는 '공부'라는 행위를 하는 장소인 '방'은 지점이 아니라 공간의 의미를 가져야 하기 때문이다. 이렇듯 '에'와 '에서'의 쓰임이 구분되는 것은 '에서'의 중세 국어 형태인 '에셔'의 형성 과정에 기인한다. 중세 국어에서는 부사격 조사 '애/에/예, 이/의'와 '이시다(현대 국어 '있다')'의 활용형인 '이셔'가 결합된 말들이 줄어서 '애셔/ 에셔/예셔, 이셔/의셔'가 되었다. 그런데 이들은 본래 '이시다'를 포함하므로, 그 의미상 어떤 공간 속에 있음을 전제한다. 따라서 '애셔/에셔/예셔, 이셔/의셔' 앞의 명사는 공간으로 인식되었다. 그런데 이렇게 새로운 형태가 만들어졌지만 중세 국어에서는 현대 국어와 달리 이 새로운 형태가 쓰일자리에 '애/에/예, 이/의' 가 쓰이는 경우가 많았다. 이는 '애/에/예, 이/의'가 현대 국어의 '에'와 '에서'의 쓰임을 모두 지니고 있었음을 의미한다.

한편, '애셔/에셔/예셔, 이셔/의셔' 앞의 명사가 어떤 구성원으로 이루어진 공간이나 집단을 나타내면, 그 공간이나 집단 속에 있는 구성원의 행위를 그 공간이나 집단의 행위로 표현하는 것이 가능해진다. 그에 따라 중세 국어에서 '애셔/에셔/예셔, 이셔/ 의셔'가 주격 조사로도 쓰인 경우가 있다. 이들은 현대 국어의 '에서'로 이어지는데 (3)과 같은 예에서 그러한 쓰임을 확인할 수 있다.

현대 국어의 '에서'가 주격 조사로 쓰일 때에는 '에서' 앞에 공간이나 집단을 나타내는 명사가 오고 유정 명사는 올 수 없다. 부사격 조사 '에'에 '서'가 붙은 '에서'가 주격 조사로 쓰인 것처럼 부사격 조사 '께'에 '서'가 붙은 '께서'도 주격 조사로 쓰인다. '께서'의 중세 국어 형태인 부사격 조사 '끠셔' 역시 '끠'와 '셔'가 결합하여 형성되었는데, 근대 국어를 거치면서 주격 조사로 변화하여 현대 국어의 '께서'로 이어졌다. 중세 국어의 '에셔', 현대 국어의 '에서'와 달리 중세 국어의 '끠셔', 현대 국어의 '께서'는 높임의 유정 명사 뒤에 나타난다.

11. 윗글의 내용과 일치하는 것은?

① 중세 국어에서 '에' 앞의 명사는 공간의 의미를 나타낼 수 있었다.

② 현대 국어에서 '에' 앞에 붙을 수 있는 명사는 '에서' 앞에 붙을 수 없다.

③ 중세 국어의 '애/에/예'는 '이/의'와 달리 주격 조사로 쓰일 수 있었다.

④ 현대 국어 '에서'의 중세 국어 형태인 '에셔'에서 '셔'는 지점의 의미를 나타냈다.

⑤ 중세 국어 '에셔'가 주격 조사로 쓰일 수 있었던 이유는 '에서' 앞에 유정 명사가 오기 때문이다.

2020학년도 11월 수능

* 다음 글을 읽고 물음에 답하시오.

다의어란 두 가지 이상의 의미를 가진 단어를 말한다. 다의어에서 기본이 되는 핵심 의미를 중심 의미라고 하고, 중심 의미에서 확장된 의미를 주변 의미라고 한다. 중심 의미는 일반적으로 주변 의미보다 언어 습득의 시기가 빠르며 사용 빈도가 높다. 그러면 다의어의 특징에 대해 좀 더 알아보자.

첫째, 주변 의미로 사용되었을 때는 문법적 제약이 나타나기도 한다. 예를 들면 '한 살을 먹다'는 가능하지만 '한 살이 먹히다'나 '한 살을 먹이다'는 어법에 맞지 않는다. 또한 '손'이 '노동력'의 의미로 쓰일 때는 '부족하다, 남다' 등 몇 개의 용언과만 함께 쓰여 중심 의미로 쓰일 때보다 결합하는 용언의 수가 적다.

둘째, 주변 의미는 기존의 의미가 확장되어 생긴 것으로서, 새로 생긴 의미는 기존의 의미보다 추상성이 강화되는 경향이 있다. '손'의 중심 의미가 확장되어 '손이 부족하다', '손에 넣다'처럼 각각 '노동력', '권한이나 범위'로 쓰이는 것이 그 예이다.

셋째, 다의어의 의미들은 서로 관련성을 갖는다.

줄 명

① 새끼 따위와 같이 무엇을 묶거나 동이는 데에 쓸 수 있는 가늘고 긴 물건.
   예) 줄로 묶었다.
② 길이로 죽 벌이거나 늘어 있는 것. 예) 아이들이 줄을 섰다.
③ 사회생활에서의 관계나 인연. 예) 내 친구는 그쪽 사람들과 줄이 닿는다.

예를 들어 '줄'의 중심 의미는 위의 ①인데 길게 연결되어 있는 모양이 유사하여 ②의 의미를 갖게 되었다. 또한 연결이라는 속성이나 기능이 유사하여 ③의 뜻도 지니게 되었다. 이때 ②와 ③은 '줄'의 주변 의미이다.

그런데 ⊙ 다의어의 의미들이 서로 대립적 관계를 맺는 경우가 있다. 예를 들어 '앞'은 '향하고 있는 쪽이나 곳'이 중심 의미인데 '앞 세대의 입장', '앞으로 다가올 일'에서는 각각 '이미 지나간 시간'과 '장차 올 시간'을 가리킨다. 이것은 시간의 축에서 과거나 미래 중 어느 방향을 바라보는지에 따른 차이로서 이들 사이의 의미적 관련성은 유지된다.

11. 윗글을 참고하여 추론한 내용으로 적절하지 <u>않은</u> 것은?

① 대부분의 아이들이 '별'의 의미 중 '군인의 계급장'이라는 의미보다 '천체의 일부'라는 의미를 먼저 배우겠군.

② '앉다'의 의미 중 '착석하다'의 의미로 쓰이는 빈도가 '요직에 앉다'처럼 '직위나 자리를 차지하다'의 의미로 쓰이는 빈도보다 더 높겠군.

③ '결론에 이르다'와 '포기하기에는 아직 이르다'에서 '이르다'의 의미들은 서로 관련성이 없으니, 이 두 의미는 중심 의미와 주변 의미의 관계로 볼 수 없겠군.

④ '팽이를 돌리다'는 어법에 맞는데 '침이 생기다'라는 의미의 '돌다'는 '군침을 돌리다'로 쓰이지 않으니, '군침이 돌다'의 '돌다'는 주변 의미로 사용된 것이겠군.

⑤ 사람의 감각 기관을 뜻하는 '눈'의 의미가 '눈이 나빠져서 안경의 도수를 올렸다'에서의 '눈'의 의미로 확장되었으니, '눈'의 확장된 의미는 기존 의미보다 더 구체적이겠군.

* 다음 글을 읽고 물음에 답하시오.

현대 국어에서 '-(으)ㅁ'이나 '-이'가 결합된 단어들 중에 형태는 같으나 품사가 다른 경우가 있다. 예를 들어 명사 '걸음'과 동사의 명사형 '걸음', 명사 '높이'와 부사 '높이'가 그러하다. 이는 용언에 결합하는 명사 파생 접미사 '-(으)ㅁ'과 명사형 전성 어미 '-(으)ㅁ'의 형태가 같고, '높다' 등의 일부 형용사에 결합하는 명사 파생 접미사 '-이'와 부사 파생 접미사 '-이'의 형태가 같기 때문이다.

[A] 이들의 품사를 구별하기 위해서는 각 단어의 다음과 같은 문법적 특징을 고려해야 한다. 명사는 서술격 조사가 결합하는 경우를 제외하고는 서술어로 쓰일 수 없고, 관형어의 수식을 받는다. 반면 ㉠ 동사나 형용사는 명사형이라 하더라도 문장이나 절에서 서술어로 쓰이고, 부사어의 수식을 받는다. 그리고 부사는 격조사와 결합할 수 없고 다른 부사어나 서술어 등을 수식한다.

한편 이들 '-(으)ㅁ'과 '-이'가 중세 국어에서는 그 쓰임에 따라 형태가 다르기 때문에 일반적으로 그 형태만으로 품사를 구별할 수 있다. 현대 국어의 두 가지 '-(으)ㅁ'은 중세 국어의 명사 파생 접미사 '-(ᄋ/으)ㅁ'과 명사형 전성 어미 '-옴/움'에 각각 대응한다. 이러한 구별은 'ᄒᆞᆫ 거름 나ᅀᅡ 거룸(한 걸음 나아가도록 걸음)'에서 확인된다. '걷-'과 달리, 마지막 음절의 모음이 양성 모음인 어근이나 용언 어간에는 모음조화에 따라 '-(ᄋ)ㅁ'과 '-옴'이 각각 결합한다.

앞서 말한 현대 국어의 두 가지 '-이' 역시 중세 국어의 명사 파생 접미사 '-이/의'와 부사 파생 접미사 '-이'에 각각 대응한다. 이러한 구별은 '나못 노픠(나무의 높이)'와 '노피 ᄂᆞᄂᆞᆫ 져비(높이 나는 제비)'에서 확인된다. '높-'과 달리, 마지막 음절의 모음이 음성 모음인 어근에는 모음조화에 따라 명사 파생 접미사 '-의'가 결합한다. 그런데 부사 파생 접미사는 '-이' 하나여서 모음조화에 상관없이 '-이'가 결합한다.

11. 윗글을 바탕으로 추론한 내용 중 적절하지 않은 것은?

① '됴ᄒᆞᆫ 여름 여루미(좋은 열매 열림이)'에서 '여름'과 '여룸'의 형태를 보니, 이 둘의 품사가 다르겠군.
② '거름'과 '거룸'의 형태를 보니, '거름'은 파생 명사이고 '거룸'은 동사의 명사형이겠군.
③ '거룸'과 '노픠'의 모음조화 양상을 보니, 중세 국어 '높-'에는 '-움'이 아니고 '-옴'이 결합하겠군.
④ '노픠'와 '노피'의 형태를 보니, '노픠'는 파생 부사이고 '노피'는 파생 명사이겠군.
⑤ 중세 국어의 형용사 '곧다', '굳다'가 부사 파생 접미사 '-이'와 결합할 때, 그 형태가 모음조화에 따라 달라지지 않겠군.

12. [A]를 참고할 때, 밑줄 친 부분이 ㉠에 해당하는 예로만 묶인 것은?

① ┌많이 앎이 항상 미덕인 것은 아니다.
　└그의 목소리는 격한 슬픔으로 떨렸다.

② ┌멸치 볶음은 맛도 좋고 건강에도 좋다.
　└오빠는 몹시 기쁨에도 내색을 안 했다.

③ ┌요즘은 상품을 큰 묶음으로 파는 가게가 많다.
　└무용수들이 군무를 춤과 동시에 조명이 켜졌다.

④ ┌어려운 이웃을 도움으로써 보람을 찾는 이도 있다.
　└나는 그를 온전히 믿음에도 그 일은 맡기고 싶지 않다.

⑤ ┌아이가 울음 섞인 목소리로 빨리 오라고 소리쳤다.
　└수술 뒤 친구가 밝게 웃음을 보니 나도 마음이 놓였다.

2019학년도 9월 모의 평가

* 다음 글을 읽고 물음에 답하시오.

단어를 공통된 성질에 따라 분류한 것을 '품사'라 한다. 품사 분류의 기준으로는 일반적으로 '형태, 기능, 의미'가 있다. '형태'는 단어가 활용하느냐 활용하지 않느냐에 관한 것이고 '기능'은 단어가 문장에서 하는 역할과 관련된다. '의미'는 단어의 구체적인 의미가 아니라 단어 부류가 가지는 추상적인 의미를 말한다.

이러한 기준의 전체 혹은 일부를 적용하여 ㉠ 활용하지 않으며 사물의 이름을 나타내는 말, ㉡ 활용하고 사물의 동작이나 작용을 나타내는 말, ㉢ 활용하지 않으며 수량이나 순서를 나타내는 말, ㉣ 활용하지 않으며 앞말에 붙어 앞말과 다른 말의 문법적 관계를 나타내거나 특수한 의미를 덧붙이는 말, ㉤ 활용하지 않으며 뒤에 오는 체언을 수식하는 말 등으로 개별 품사를 분류할 수 있다.

[A] 그런데 실제로 단어의 품사를 분류할 때에는 분류가 쉽지 않은 것들도 있다. 동사와 형용사의 구별이 대표적인데 사물의 속성이나 상태를 나타내는 형용사와 사물의 작용의 일종인 상태 변화를 나타내는 일부 동사는 의미상 매우 밀접하여 좀 더 세밀하게 구분하여야 한다. 가령 '햇살이 밝다'에서의 '밝다'는 상태를 나타내는 형용사이고, '날이 밝는다'에서의 '밝다'는 상태의 변화를 나타내는 동사이다. 동사와 형용사를 구별하는 또 다른 기준으로 활용 양상을 내세우기도 한다. 동사와 달리 형용사는 원칙적으로 선어말 어미 '-ㄴ/는-', 관형사형 어미 '-는', 명령형, 청유형 종결 어미, 의도나 목적을 나타내는 연결 어미 등과 결합하여 쓰이지 않는다.

다만, '있다'의 경우는 품사를 분류할 때 더욱 주의해야 한다. '존재', '소유'와 같이 상태의 의미를 나타내는 '있다'는 형용사로, '한 장소에 머묾'의 의미인 '있다'는 동사로 분류되는데, 동사 '있다'뿐만 아니라 형용사의 '있다'가 관형사형 어미 '-는'과 결합하기 때문이다. 형용사 '없다' 경우도 반의어인 형용사 '있다'와 동일한 활용 양상을 보여 준다.

11. 다음 문장에서 ㉠~㉤에 해당하는 예를 찾아 이를 설명한 내용으로 적절하지 않은 것은?

옛날 사진을 보니 즐거운 기억 하나가 떠올랐다.

① '옛날, 사진, 기억'은 ㉠에 해당하고 명사이다.
② '보니, 떠올랐다'는 ㉡에 해당하고 동사이다.
③ '하나'는 ㉢에 해당하고 수사이다.
④ '을, 가'는 ㉣에 해당하고 조사이다.
⑤ '즐거운'은 ㉤에 해당하고 관형사이다.

14. ⑤~②의 문장 성분과 문장 구조에 대한 설명으로 적절하지 <u>않은</u> 것은?

> ⑤ 그녀는 따뜻한 봄이 빨리 오기를 기다린다.
> ⓒ 내가 만난 친구는 마음이 정말 착하다.
> ⓒ 피곤해하던 동생이 엄마가 모르게 잔다.
> ② 그가 시장에서 산 배추는 값이 비싸다.

① ⑤과 ⓒ은 체언을 수식하는 안긴문장이 있다.

② ⓒ과 ②은 서술어의 기능을 하는 안긴문장이 있다.

③ ⑤은 명사절 속에 부사어가 있고, ⓒ은 서술절 속에 부사어가 있다.

④ ⑤은 주어가 생략된 안긴문장이 있고, ②은 목적어가 생략된 안긴문장이 있다.

⑤ ⓒ은 부사어의 기능을 하는 안긴문장이 있고, ②은 관형어의 기능을 하는 안긴문장이 있다.

2018학년도 11월 수능

* 다음을 읽고 물음에 답하시오.

국어의 단어들은 ㉠ 어근과 어근이 결합해 만들어지기도 하고 어근과 파생 접사가 결합해 만들어지기도 한다. 어근과 파생접사가 결합한 단어는 ㉡ 파생 접사가 어근의 앞에 결합한 것도 있고, ㉢ 파생 접사가 어근의 뒤에 결합한 것도 있다. 어근이 용언 어간이나 체언일 때, 그 뒤에 결합한 파생 접사는 어미나 조사와 혼동될 수도 있다. 그러나 파생 접사는 주로 새로운 단어를 만든다는 점에서 차이가 있다. 이에 비해 ㉣ 어미는 용언 어간과 결합해 용언이 문장 성분이 될 수 있도록 해 주고, ㉤ 조사는 체언과 결합해 체언이 문장 성분임을 나타내 줄 뿐 새로운 단어를 만들지는 않는다. 이 점에서 어미와 조사는 파생 접사와 분명하게 구별된다.

이러한 일반적인 상황과는 달리, 용언 어간에 어미가 결합한 형태나, 체언에 조사가 결합한 형태가 시간이 지나면서 새로운 단어가 된 경우도 있다. 먼저 용언의 활용형이 역사적으로 굳어져 새로운 단어가 된 예가 있다. 부사 '하지만'은 '하다'의 어간에 어미 '−지만'이 결합했던 것이었는데, 시간이 지나면서 굳어져 새로운 단어가 되었다. 다음으로 체언에 조사가 결합한 형태가 역사적으로 굳어져 새로운 단어가 된 예도 있다. 명사 '아기'에 호격 조사 '아'가 결합했던 형태인 '아가'가 시간이 지나면서 새로운 단어가 되었다.

또 다른 예로 미지칭의 인칭 대명사에, 의문문을 만드는 보조사 '고/구'가 결합한 형태가 굳어져 새로운 인칭 대명사가 된 경우를 들 수 있다. '이는 엇던 사름고 (이는 어떤 사람인가?)'에서 볼 수 있듯이 중세 국어에서 보조사 '고/구'는 문장에 '엇던', '므슴', '어느' 등과 같은 의문사가 있을 때, 체언 또는 의문사 그 자체에 결합해 의문문을 만들었다. 이와 같은 방식의 의문문 구성은 근대 국어를 거쳐 현대 국어의 일부 방언에까지 지속되고 있다.

11. 다음 문장에서 ㉠~㉤에 해당하는 예를 찾아 이를 설명한 내용으로 적절하지 않은 것은?

아기장수가 맨손으로 산 위에 쌓인 바위를 깨뜨리는 모습이 멋졌다.

① '아기장수가'의 '아기장수'는 ㉠에 해당하는 예로, 어근 '아기'와 어근 '장수'가 결합했다.
② '맨손으로'의 '맨손'은 ㉡에 해당하는 예로, 파생 접사 '맨−'이 어근 '손' 앞에 결합했다.
③ '쌓인'의 어간은 ㉢에 해당하는 예로, 파생 접사 '−이−'가 어근 '쌓−' 뒤에 결합했다.
④ '깨뜨리는'은 ㉣에 해당하는 예로, 어미 '−리는'이 용언 어간 '깨뜨−'와 결합했다.
⑤ '모습이'는 ㉤에 해당하는 예로, 조사 '이'가 체언 '모습'과 결합했다.

2017학년도 6월 모의 평가

[11~12] 다음은 용언의 활용에 관한 탐구 활동과 자료이다. 〈대화 1〉과 〈대화 2〉는 학생의 탐구 활동이고, 〈자료〉는 학생들이 수집한 학술 자료이다. 물음에 답하시오.

〈대화 1〉

A : '(길이) 좁다'와 '(이웃을) 돕다'는 어간의 끝이 'ㅂ'으로 같잖아? 그런데 '좁다'는 '좁고', '좁아'로 활용하고 '돕다'는 '돕고', '도와'로 활용하여, 모음으로 시작하는 어미 앞에서의 활용형이 달라.

B : 그러고 보니 '(신을) 벗다'와 '(노를) 젓다'도 어간의 끝이 'ㅅ'으로 같은데, '벗다'는 '벗어'로 활용하고 '젓다'는 '저어'로 활용해서, 모음으로 시작하는 어미 앞에서의 활용형이 달라.

A : 그렇구나. 어간의 끝이 같은데도 왜 이렇게 다르게 활용하는 걸까? 우리 한번 같이 자료를 찾아보고 답을 알아볼래?

〈자료〉

현대 국어 '좁다'와 '돕다'의 15세기 중엽의 국어에서의 활용형을 보면, '좁다'는 '좁고', '조바'처럼 자음과 모음으로 시작하는 어미 앞 모두에서 어간이 '좁-'으로 나타난다. 그러나 '돕다'는 자음으로 시작하는 어미 앞에서는 '돕고'처럼 어간이 '돕-'으로, 모음으로 시작하는 어미 앞에서는 '도ᄫᅡ'처럼 어간이 '도ᇦ-'으로 나타난다. 다음으로 현대 국어 '벗다'와 '젓다'의 15세기 중엽의 국어에서의 활용형을 보면, '벗다'는 '벗고', '버서'처럼 자음과 모음으로 시작하는 어미 앞 모두에서 어간이 '벗-'으로 나타난다. 그러나 '젓다'는 자음으로 시작하는 어미 앞에서는 '젓고'처럼 어간이 '젓-'으로, 모음으로 시작하는 어미 앞에서는 '저서'처럼 어간이 '젓-'으로 나타난다. 당시 국어의 음절 끝에는 'ㄱ, ㄴ, ㄷ, ㄹ, ㅁ, ㅂ, ㅅ, ㆁ'의 8개의 소리가 올 수 있었기에 '돕고'의 'ㅂ'과 '젓고'의 'ㅅ'은 각각 'ㅸ'이 'ㅂ'으로 교체되고 'ㅿ'이 'ㅅ'으로 교체된 것을 표기한 것이다. 그리고 '도ᄫᅡ'와 '저서'는 'ㅸ'과 'ㅿ'이 뒤 음절의 첫소리로 연음된 것을 표기한 것이다.

그런데 'ㅸ', 'ㅿ'은 15세기와 16세기를 지나면서 소실되었다. 먼저 'ㅸ'은 15세기 중엽을 넘어서면서 '도ᄫᅡ〉도와', '더ᄫᅥ〉더워'에서와 같이 'ㅏ' 또는 'ㅓ' 앞에서는 반모음 'ㅗ̆/ㅜ̆ [w]'로 바뀌었고, '도ᄫᆞ시니〉도오시니', '셔ᄫᆞᆯ〉셔울'에서와 같이 'ㆍ' 또는 'ㅡ'가 이어진 경우에는 모음과 결합하여 'ㅗ' 또는 'ㅜ'로 바뀌었으나, 음절 끝에서는 이전과 다름없이 'ㅂ'으로 나타났다. 다음으로 'ㅿ'은 16세기 중엽에 '아ᅀᆞ〉아ᅌᅮ', '저서〉저어'에서와 같이 사라졌으며, 음절 끝에서는 이전과 다름없이 'ㅅ'으로 나타났다. 이런 변화를 겪은 말 중에 '셔울', '도오시니', '아ᅌᅮ'는 18~19세기를 거쳐 '서울', '도우시니', '아우'로 바뀌어 오늘날에 이르렀다.

<대화 2>

A : 자료를 보니 'ㅸ', 'ㅿ'이 사라지면서 '도ᄫᅡ'가 '도와'로, '저ᅀᅥ'가 '저어'로 활용형이 바뀌었네.

B : 그럼 '(고기를) 굽다'가 '구워'로 활용하고, '(밥을) 짓다'가 '지어'로 활용하는 것도 같은 거겠네!

A : 맞아. 그래서 현대 국어에서는 '굽다'하고 '짓다'가 불규칙 활용을 하게 된 거야.

11. 위 탐구 활동과 자료에 대한 이해로 적절하지 <u>않은</u> 것은?

① 현대 국어의 '도와', '저어'와 같은 활용형은 어간의 형태가 달라지는 불규칙 활용에 해당하는군.

② 15세기 국어의 '도ᄫᅡ'가 현대 국어에서 '도와'로 나타나는 것은 'ㅸ'이 어간 끝에서 'ㅂ'으로 바뀐 결과이군.

③ 15세기 국어의 '저ᅀᅥ'가 현대 국어에서 '저어'로 나타나는 것은 'ㅿ'의 소실로 어간의 끝 'ㅿ'이 없어진 결과이군.

④ 15세기 국어의 '돕고'와 현대 국어의 '돕고'는, 자음으로 시작 하는 어미 앞에서 어간의 모양이 달라지지 않았군.

⑤ 15세기 국어의 '젓고'와 현대 국어의 '젓고'는, 자음으로 시작 하는 어미 앞에서 어간의 모양이 달라지지 않았군.

12. 위 탐구 활동과 자료에 따라, 현대 국어 용언들의 15세기 중엽 이전과 17세기 초엽에서의 활용형을 바르게 추정한 것은?

		15세기 중엽 이전			17세기 초엽		
		-게	-아/-어	-ᄋᆞᆫ/-은	-게	-아/-어	-ᄋᆞᆫ/-은
①	(마음이) 곱다	곱게	고ᄫᅡ	고ᄫᆞᆫ	곱게	고와	고온
②	(선을) 긋다	긋게	그ᅀᅥ	그ᅀᆞᆫ	긋게	그서	그슨
③	(자리에) 눕다	눕게	누ᄫᅥ	누ᄫᆞᆫ	눕게	누워	누은
④	(머리를) 빗다	빗게	비ᅀᅥ	비ᅀᆞᆫ	빗게	비서	비슨
⑤	(손을) 잡다	잡게	자ᄫᅡ	자ᄫᆞᆫ	잡게	자바	자븐

12. 다음의 (가)에 들어갈 말로 가장 적절한 것은?

> 선생님 : 지금까지 형태소의 개념 및 유형 그리고 특성에 대해 공부했지요? 그럼, 다음 자료에서 밑줄 친 말들이 가진 공통점이 무엇인지 한번 찾아보세요.
>
> > ・하늘은 맑고 바다는 푸르다.
> > ・그의 말은 듣지 말고 내 말을 들어라.
> > ・나는 물고기를 잡았지만 놓아주었다.
>
> 학 생 : 밑줄 친 말들은 모두 [____(가)____]

① 단어의 자격을 가지고 반드시 다른 말과 결합하여 쓰이는군요.
② 단어의 자격을 가지고 실질적 의미가 아닌 문법적 의미를 나타내는군요.
③ 반드시 다른 말과 결합하여 쓰이고 음운 환경에 따라 그 형태가 바뀌는군요.
④ 음운 환경에 따라 형태가 바뀌고 실질적 의미가 아닌 문법적 의미를 나타내는군요.
⑤ 실질적 의미가 아닌 문법적 의미를 나타내고 반드시 다른 말과 결합하여 쓰이는군요.

15. 다음 중 문법적으로 가장 정확한 문장은?

① 그는 자기가 창안한 사회 이론을 더욱 발전해 사회 문제의 해결에 기여하고자 하였다.
② 참관인 자격으로 회의에 참석한 두 사람은 눈짓을 주고받은 후 조용히 회의장을 빠져나갔다.
③ 유럽은 18세기 후반부터 약 100년 동안 생산 기술의 발달과 그에 따라 사회 조직의 큰 변화를 겪었다.
④ 이 책의 저자가 독자에게 말하려는 요점은 모름지기 사람은 남을 위하여 자기를 희생할 줄도 알아야 한다.
⑤ 그의 작품들은 엇비슷해서 학생들이 작품 이름의 혼동이나 각 작품의 이야기 줄거리를 잘 기억하지 못했다.

2015학년도 9월 모의평가 B형

15. ㉠~㉤의 잘못된 문장을 수정할 때 고려한 문법적 기준으로 적절하지 <u>않은</u> 것은?

	잘못된 문장 → 수정한 문장
㉠	그는 양말을 벗고 바위에 앉아서 발을 넣었다. → 그는 양말을 벗고 바위에 앉아서 물에 발을 넣었다.
㉡	내가 주장하는 바는 문화 회관 건설로 주민 생활이 개선된다. → 내가 주장하는 바는 문화 회관 건설로 주민 생활이 개선된다는 것이다.
㉢	이번 일로 우리는 불편과 피해를 입었다. → 이번 일로 우리는 불편을 겪고 피해를 입었다.
㉣	우리 모두 쓰레기 줄이기 운동을 동참합시다. → 우리 모두 쓰레기 줄이기 운동에 동참합시다.
㉤	이 사람에게 그 일은 여간 기쁜 일이다. → 이 사람에게 그 일은 여간 기쁜 일이 아니다.

① ㉠: 목적어인 '발을'을 수식하는 관형어가 있어야 한다.
② ㉡: '내가 주장하는 바는'과 호응하는 서술어가 있어야 한다.
③ ㉢: 목적어의 하나인 '불편'과 호응하는 서술어가 있어야 한다.
④ ㉣: 서술어인 '동참합시다'가 요구하는 부사어에 정확한 조사를 사용해야 한다.
⑤ ㉤: 부사 '여간'은 부정의 의미를 나타내는 말과 호응해야 한다.

13. 다음 ㉠, ㉡의 문장 성분과 문장 구조에 대한 설명이 옳은 것은?

> ㉠ 친구들은 내가 노래 부르기를 원한다.
> ㉡ 우리는 이 지역 토양이 벼농사에 적합함을 몰랐다.

① ㉠에는 부사어가 있지만 ㉡에는 부사어가 없다.
② ㉠에는 명사절이 안겨 있지만 ㉡에는 부사절이 안겨 있다.
③ ㉠에는 서술절이 안겨 있지만 ㉡에는 관형절이 안겨 있다.
④ ㉠의 안긴문장 속에는 관형어가 있지만 ㉡의 안긴문장 속에는 관형어가 없다.
⑤ ㉠의 안긴문장 속에는 목적어가 있지만 ㉡의 안긴문장 속에는 목적어가 없다.

13. 밑줄 친 부분이 한글 맞춤법에 맞게 쓰인 것은?

① <u>엇저녁</u>에는 고향 친구들과 만나서 식사를 했다.
② 그가 발의한 안건은 다음 회의에 <u>부치기로</u> 했다.
③ <u>적쟎은</u> 사람들이 그 의견에 찬성의 뜻을 보였다.
④ 동생은 누나가 직접 만든 <u>깍뚜기</u>를 먹어 보았다.
⑤ 저기 <u>넙적하게</u> 생긴 바위가 우리들의 놀이터였다.

[적용 기출 문제 - 정답 풀이]

2020학년도 9월 모의 평가

11. 윗글의 내용과 일치하는 것은?

√ ① 중세 국어에서 '에' 앞의 명사는 공간의 의미를 나타낼 수 있었다.

② 현대 국어에서 '에' 앞에 붙을 수 있는 명사는 '에서' 앞에 붙을 수 없다.

③ 중세 국어의 '애/에/예'는 '익/의'와 달리 주격 조사로 쓰일 수 있었다.

④ 현대 국어 '에서'의 중세 국어 형태인 '에셔'에서 '셔'는 지점의 의미를 나타냈다.

⑤ 중세 국어 '에셔'가 주격 조사로 쓰일 수 있었던 이유는 '에셔' 앞에 유정 명사가 오기 때문이다.

[정답 찾기 3step]을 적용한 풀이

유형 a. 지문 활용 문법

step 1. 지문에 나오는 문법 개념을 정확하게 이해한다.

    ※ **부사격조사 '에'와 '에서'**

     – 지점으로 인식되면 '에', 공간으로 인식되면 '에서'

     → 중세 국어 '에셔'의 형성 과정에 의해 구분되는 것

     – '에서'가 주격 조사로 쓰일 때: 공간이나 집단을 나타내는 명사와 결합할 때('께서'도 주격 조사로 쓰일 수 있음)

    ※ **중세 국어 '애셔/ 에셔/예셔, 이셔/의셔'**

     – 형성 과정: 부사격조사('애/에/예, 이/의') + '이시다'

                        ↳ '있다'가 포함되므로 어떤 공간 속에 있음을 전제

     – 주격 조사로 쓰이는 경우도 있음: 구성원이 있는 공간이나 집단을 나타내는 명사와 결합 할 때('끠셔'도 주격 조사로 쓰일 수 있음)

step 2. 파악한 문법 개념을 선택지에서 활용하여 1차 정답 확인을 한다.

11. 윗글의 내용과 일치하는 것은?

지문요소　　　　판단요소

√ ① 중세 국어에서 '에' 앞의 명사는 / 공간의 의미를 나타낼 수 있었다. [○]

　* 지문 근거 법칙: '애셔/에셔/예셔, 이셔/의셔' 앞의 명사는 공간으로 인식되었다. 중세 국어에서는 현대 국어와 달리
　　이 새로운 형태가 쓰일 자리에 '애/에/예, 이/의' 가 쓰이는 경우가 많았다.

② 현대 국어에서 '에' 앞에 붙을 수 있는 명사는 / '에서' 앞에 붙을 수 없다. [X]

　→ (1)의 예문을 보면 '서울에', '서울에서'가 가능하므로 '에서'앞에 붙을 수 있다.

③ 중세 국어의 '애/에/예'는 / '이/의'와 달리 주격 조사로 쓰일 수 있었다. [X]

　* 지문 근거 법칙: 그에 따라 중세 국어에서 '애셔/에셔/예셔, 이셔/ 의셔'가 주격 조사로도 쓰인 경우가 있다.

④ 현대 국어 '에서'의 중세 국어 형태인 '에셔'에서 '셔'는 / 지점의 의미를 나타냈다. [X]

　→ '셔'는 '이시다'의 활용형이므로 의미상 어떤 공간 속에 있음을 전제하는 것이지 지점을 나타내는 것은 아니다.

⑤ 중세 국어 '에셔'가 주격 조사로 쓰일 수 있었던 이유는 / '에셔' 앞에 유정 명사가 오기 때문이
다. [X]

　* 지문 근거 법칙: 중세 국어의 '에셔', 현대 국어의 '에서'와 달리 중세 국어의 '끠셔', 현대 국어의 '께서'는 높임의
　　유정 명사 뒤에 나타난다.

2020학년도 11월 수능

11. 윗글을 참고하여 추론한 내용으로 적절하지 <u>않은</u> 것은?

① 대부분의 아이들이 '별'의 의미 중 '군인의 계급장'이라는 의미보다 '천체의 일부'라는 의미를 먼저 배우겠군.

② '앉다'의 의미 중 '착석하다'의 의미로 쓰이는 빈도가 '요직에 앉다'처럼 '직위나 자리를 차지하다'의 의미로 쓰이는 빈도보다 더 높겠군.

③ '결론에 이르다'와 '포기하기에는 아직 이르다'에서 '이르다'의 의미들은 서로 관련성이 없으니, 이 두 의미는 중심 의미와 주변 의미의 관계로 볼 수 없겠군.

④ '팽이를 돌리다'는 어법에 맞는데 '침이 생기다'라는 의미의 '돌다'는 '군침을 돌리다'로 쓰이지 않으니, '군침이 돌다'의 '돌다'는 주변 의미로 사용된 것이겠군.

√ ⑤ 사람의 감각 기관을 뜻하는 '눈'의 의미가 '눈이 나빠져서 안경의 도수를 올렸다'에서의 '눈'의 의미로 확장되었으니, '눈'의 확장된 의미는 기존 의미보다 더 구체적이겠군.

[정답 찾기 3step]을 적용한 풀이

유형 a. 지문 활용 문법

step 1. 지문에 나오는 문법 개념을 정확하게 이해한다.

※ **다의어의 개념**: 두 가지 이상의 의미를 가진 단어
 – 중심 의미: 기본이 되는 핵심 의미
 – 주변 의미: 중심 의미에서 확장된 의미

※ **다의어의 특징**
 – 주변 의미로 사용되었을 때 문법적 제약이 있음
 – 주변 의미는 기존 의미보다 추상성이 강화됨
 – 다의어의 의미들은 서로 관련이 있음 → 서로 대립적 관계를 맺는 경우도 있음

step 2. 파악한 문법 개념을 선택지에서 활용하여 1차 정답 확인을 한다.

11. 윗글을 참고하여 <u>추론한 내용</u>으로 <u>적절하지 않은 것</u>은?

     지문요소   평가요소   판단요소

① 대부분의 아이들이 '별'의 의미 중 '군인의 계급장'이라는 의미보다 '천체의 일부'라는 의미를
　　먼저 배우겠군. [○] 주변 의미　중심 의미

　　* 지문 근거 법칙: 1문단 '중심 의미는 일반적으로 주변 의미보다 언어 습득의 시기가 빠르며 사용 빈도가 높다.'

② '앉다'의 의미 중 '착석하다'의 의미로 쓰이는 빈도가 '요직에 앉다'처럼 '직위나 자리를
　　　　　　　　　　　　중심 의미　　　　　　　　　　　　　　　　　　　　　　　주변 의미

　　차지하다'의 의미로 쓰이는 빈도보다 더 높겠군. [○]

　　* 지문 근거 법칙: 1문단 '중심 의미는 일반적으로 주변 의미보다 언어 습득의 시기가 빠르며 사용 빈도가 높다.'

③ '결론에 이르다'와 '포기하기에는 아직 이르다'에서 '이르다'의 의미들은 서로 관련성이
　　어떤 정도나 범위에 미치다.　　　　　　　대중이나 기준을 잡은 때보다 앞서거나 빠르다.

　　없으니, 이 두 의미는 중심 의미와 주변 의미의 관계로 볼 수 없겠군. [○]

　→ 의미가 서로 다르므로 다의어가 아니라 동음이의어

④ '팽이를 돌리다'는 어법에 맞는데 '침이 생기다'라는 의미의 '돌다'는 '군침을 돌리다'로
　　쓰이지 않으니, '군침이 돌다'의 '돌다'는 주변 의미로 사용된 것이겠군. [○]

　　* 지문 근거 법칙: 2문단 첫째, 주변 의미로 사용되었을 때는 문법적 제약이 나타나기도 한다. 예를 들면 '한 살을
　　　　　　　　　　먹다'는 가능하지만 '한 살이 먹히다'나 '한 살을 먹이다'는 어법에 맞지 않는다.

√ ⑤ 사람의 감각 기관을 뜻하는 '눈'의 의미가 '눈이 나빠져서 안경의 도수를 올렸다'에서의
　　　　　　　　　　　　　　　　　　　　　　'시력'을 뜻하므로 주변 의미로 쓰임

　　'눈'의 의미로 확장되었으니, '눈'의 확장된 의미는 기존 의미보다 더 구체적이겠군. [X]

　　* 지문 근거 법칙: 3문단 주변 의미는 기존의 의미가 확장되어 생긴 것으로서, 새로 생긴 의미는 기존의 의미보다
　　　　　　　　　　추상성이 강화되는 경향이 있다.

2019학년도 6월 모의 평가 – 풀이

11. 윗글을 바탕으로 추론한 내용 중 적절하지 <u>않은</u> 것은?

① '됴흔 여름 여루미(좋은 열매 열림이)'에서 '여름'과 '여룸'의 형태를 보니, 이 둘의 품사가 다르겠군.

② '거름'과 '거룸'의 형태를 보니, '거름'은 파생 명사이고 '거룸'은 동사의 명사형이겠군.

③ '거룸'과 '노픠'의 모음조화 양상을 보니, 중세 국어 '높-'에는 '-움'이 아니고 '-옴'이 결합하겠군.

√ ④ '노픠'와 '노피'의 형태를 보니, '노픠'는 파생 부사이고 '노피'는 파생 명사이겠군.

⑤ 중세 국어의 형용사 '곧다', '굳다'가 부사 파생 접미사 '-이'와 결합할 때, 그 형태가 모음조화에 따라 달라지지 않겠군.

[정답 찾기 3step]을 적용한 풀이

유형 a. 지문 활용 문법

step 1. 지문에 나오는 문법 개념을 정확하게 이해한다.

※ '-(으)ㅁ'이나 '-이'가 결합된 단어 중 형태는 같으나 품사가 다른 단어가 있음
  – 명사 파생 접미사 '-(으)ㅁ'이 결합하면: 명사 / 명사형 전성 어미 '-(으)ㅁ'이 결합하면: 용언
  – 명사 파생 접미사 '-이'가 결합하면: 명사 / 부사 파생 접미사 '-이'가 결합하면: 부사
    * 어떻게 구별?: 명사는 서술어로 쓰일 수 없음('이다'결합 제외)
                  용언은 명사형이라 하더라도 서술어로 쓰임
                  부사는 격조사와 결합할 수 없음

※ 중세 국어에서의 '-(으)ㅁ', '-이' 구별: 다른 형태이므로 구별 쉬움
  – 현대 국어의 '-(으)ㅁ': 명사 파생 접미사 '-(으/으)ㅁ', 명사형 전성 어미 '-옴/움'
  – 현대 국어의 '-이': 명사 파생 접미사 '-이/의', 부사 파생 접미사 '-이'

step 2. 파악한 문법 개념을 선택지에서 활용하여 1차 정답 확인을 한다.

11. 윗글을 바탕으로 추론한 내용 중 적절하지 <u>않은</u> 것은?

     지문요소   평가요소   판단요소

① '됴흔 여름 여루미(좋은 열매 열림이)'에서 '<u>여름</u>'과 / '여룸'의 형태를 보니, 이 둘의 품사가 다르겠군.

　　→ 열(어간) + 음(명사 파생 접미사)이므로 '여름'은 파생 명사이다.

② '거름'과 '거룸'의 형태를 보니, '<u>거름</u>'은 파생 명사이고 / '거룸'은 동사의 명사형이겠군. [○]

　　→ 걷(어간) + 음(명사 파생 접미사)이므로 '거름'은 파생 명사이다.

③ '거룸'과 '노픠'의 모음조화 양상을 보니, / <u>중세 국어 '높-'에는 '-움'이 아니고 '-옴'이 결합</u> <u>하겠군.</u> [○]

　　* 지문 근거 법칙: 마지막 음절의 모음이 양성 모음인 어근이나 용언 어간에는 모음조화에 따라 '-(♀)ㅁ'과 '-옴'이 각각 결합한다.

　　따라서 '높'의 양성모음 'ㅗ'로 인해 '-옴'이 결합할 것이다.

√ ④ '노픠'와 '노피'의 형태를 보니, '<u>노픠</u>'는 파생 부사이고 / '노피'는 파생 명사이겠군. [X]

　　→ 높(어간) + -이(명사 파생 접미사)이므로 '노피'는 파생 명사이다.

⑤ 중세 국어의 형용사 '곧다', '굳다'가 부사 파생 접미사 '-이'와 결합할 때, / 그 <u>형태가 모음</u> <u>조화에 따라 달라지지 않겠군.</u> [○]

　　* 지문 근거 법칙: 그런데 부사 파생 접미사는 '-이' 하나여서 모음조화에 상관없이 '-이'가 결합한다.

step 3. step 2에서 정답을 찾지 못한 경우, 2차 정답 확인을 한다.

　　1차 정답 확인에서 정답을 찾았으므로 2차 정답 확인은 생략한다.

12. [A]를 참고할 때, 밑줄 친 부분이 ㉠에 해당하는 예로만 묶인 것은?

① ┌많이 <u>앎</u>이 항상 미덕인 것은 아니다.
　└그의 목소리는 격한 <u>슬픔</u>으로 떨렸다.

② ┌멸치 <u>볶음</u>은 맛도 좋고 건강에도 좋다.
　└오빠는 몹시 <u>기쁨</u>에도 내색을 안 했다.

③ ┌요즘은 상품을 큰 <u>묶음</u>으로 파는 가게가 많다.
　└무용수들이 군무를 <u>춤</u>과 동시에 조명이 켜졌다.

√ ④ ┌어려운 이웃을 <u>도움</u>으로써 보람을 찾는 이도 있다.
　└나는 그를 온전히 <u>믿음</u>에도 그 일은 맡기고 싶지 않다.

⑤ ┌아이가 <u>울음</u> 섞인 목소리로 빨리 오라고 소리쳤다.
　└수술 뒤 친구가 밝게 <u>웃음</u>을 보니 나도 마음이 놓였다.

[정답 찾기 3step]을 적용한 풀이

유형 a. 지문 활용 문법

step 1. 지문에 나오는 문법 개념을 정확하게 이해한다.

　　　　(앞서 11번 문항에서 지문의 문법 개념을 정리했으므로 생략)

step 2. 파악한 문법 개념을 선택지에서 활용하여 1차 정답 확인을 한다.

12. <u>[A]를 참고할 때</u>, <u>밑줄 친 부분이</u> <u>㉠에 해당하는 예로만 묶인 것은?</u>

　　　　　지문요소　　　　　　평가요소　　　　　　　판단요소

① 많이 <u>앎</u>이 항상 미덕인 것은 아니다. [○]

　→ '많이 알다'는 절에서 서술어로 쓰이고 있으므로 ㉠에 해당한다.

② 멸치 <u>볶음</u>은 맛도 좋고 건강에도 좋다. [X]

　→ 서술어로 쓰이지 않았고 관형어 '멸치'의 수식을 받고 있으므로 '볶음'은 파생 명사이다.

③ 요즘은 상품을 큰 <u>묶음</u>으로 파는 가게가 많다. [X]

　→ 서술어로 쓰이지 않았고 관형어 '큰'의 수식을 받고 있으므로 '묶음'은 파생 명사이다.

④ 어려운 이웃을 <u>도움</u>으로써 보람을 찾는 이도 있다. [○]

　→ '어려운 이웃을 돕다'는 절에서 서술어로 쓰이고 있으므로 ㉠에 해당한다.

⑤ 아이가 <u>울음</u> 섞인 목소리로 빨리 오라고 소리쳤다. [X]

　→ 서술어로 쓰이지 않았으므로 파생 명사이다.

step 3. step 2에서 정답을 찾지 못한 경우, 2차 정답 확인을 한다.

1차 정답 확인 결과 선택지 ①, ④만 2차 정답 확인이 필요하다.

① 그의 목소리는 격한 <u>슬픔</u>으로 떨렸다. [X]

→ 서술어로 쓰이지 않았고 관형어 '격한'의 수식을 받고 있으므로 '슬픔'은 파생 명사이다.

√ ④ 나는 그를 온전히 <u>믿음</u>에도 그 일은 맡기고 싶지 않다. [○]

→ '나는 그를 온전히 믿다'는 절에서 서술어로 쓰이고 있으므로 ㉠에 해당한다.

2019학년도 9월 모의 평가

[정답 찾기 3step]을 적용한 풀이

유형 a. 지문 활용 문법

step 1. 지문에 나오는 문법 개념을 정확하게 이해한다.

> ※ **품사의 분류**
> ㉠ 활용× 사물의 이름을 나타내는 말: 명사
> ㉡ 활용○ 사물의 동작이나 작용을 나타내는 말: 동사
> ㉢ 활용× 수량이나 순서를 나타내는 말: 수사
> ㉣ 활용× 앞말에 붙어 다른 말과의 문법적 관계를 나타내거나 특수한 의미를 덧붙이는 말: 조사
> ㉤ 활용× 뒤에 오는 체언을 수식하는 말: 관형사

step 2. 파악한 문법 개념을 선택지에서 활용하여 1차 정답 확인을 한다.

11. 다음 문장에서 ㉠~㉤에 해당하는 예를 찾아 <u>이를 설명한 내용</u>으로 <u>적절하지 않은</u> 것은?

지문요소	평가요소	판단요소

> 옛날 사진을 보니 즐거운 기억 하나가 떠올랐다.

① '옛날, 사진, 기억'은 ㉠에 해당하고 / 명사이다. [○]

② '보니, 떠올랐다'는 ㉡에 해당하고 / 동사이다. [○]

③ '하나'는 ㉢에 해당하고 / 수사이다. [○]

√ ④ '을, 가'는 ㉣에 해당하고 / 조사이다. [○]

⑤ '즐거운'은 ㉤에 해당하고 / 관형사이다. [×]

→ '즐겁다'의 활용형인 '즐거운'은 형용사이다. 문장 안에서 체언인 기억을 꾸며 주므로 문장 성분이 관형어이다.

step 3. step 2에서 정답을 찾지 못한 경우, 2차 정답 확인을 한다.

1차 정답 확인에서 정답을 찾았으므로 2차 정답 확인은 생략한다.

2018학년도 6월 모의 평가

14. ㉠~㉢의 문장 성분과 문장 구조에 대한 설명으로 적절하지 <u>않은</u> 것은?

[정답 찾기 3step]을 적용한 풀이

유형 b. 지식 활용 문법

step 1. 평가요소에 해당하는 문법 지식을 정확하게 이해한다.

14. <u>㉠~㉢의 문장 성분과 문장 구조</u>에 대한 설명으로 <u>적절하지 않은 것은?</u>

평가요소   판단요소

↳ 평가요소인 안긴문장에 대한 지식이 필요하다.

> ㉠ 그녀는 따뜻한 봄이 빨리 오기를 기다린다.
> ㉡ 내가 만난 친구는 마음이 정말 착하다.
> ㉢ 피곤해하던 동생이 엄마가 모르게 잔다.
> ㉣ 그가 시장에서 산 배추는 값이 비싸다.

※ 안긴문장의 개념: '주어+서술어'구성의 절이 다른 문장의 문장 성분으로 쓰이는 것

※ 안긴문장의 종류

☞ 발칙한 생각으로 외웠던 '부서 명인관'을 떠올린다.

- 부사절로 안긴문장: 문장에서 부사어처럼 쓰인 문장
- 서술절로 안긴문장: 문장에서 서술어처럼 쓰인 문장
- 명사절로 안긴문장: 문장에서 명사처럼 쓰여 주어, 목적어, 보어 등의 기능을 하는 문장
- 인용절로 안긴문장: 다른 사람의 말을 직접 또는 간접으로 인용한 문장
- 관형절로 안긴문장: 문장에서 관형어처럼 쓰인 문장

step 2. 문법 지식을 활용하여 선택지를 분석한다.

㉠ 그녀는 **따뜻한** 봄이 빨리 오기를 기다린다.

└──┘ '(봄이) 따뜻하다'는 절이 체언 '봄'을 수식

→ 관형절로 안긴문장

ⓛ <u>내가 만난</u> 친구는 마음이 정말 착하다.

    └──────┘ '내가 (친구를) 만나다'는 절이 체언 '친구'를 수식

                → 관형절로 안긴문장

ⓒ 피곤해하던 동생이 <u>엄마가 모르게</u> 잔다.

               └──────┘ '엄마가 모르다'라는 절이 서술어 '잔다'를 수식

                    → 부사절로 안긴문장

ⓔ <u>그가 시장에서 산</u> 배추는 <u>값이 비싸다</u>.

     └─────────┘ └────┘

    '그가 시장에서 (배추를 사다)'는 절이 주어 '배추'를 수식 → 명사절로 안긴문장

    '값이 비싸다'는 절이 큰 문장의 서술어로 쓰임 → 서술절로 안긴문장

step 3. step 2에서 정답을 찾지 못한 경우, 2차 정답 확인을 한다.

① ㉠과 ⓛ은 체언을 수식하는 안긴문장이 있다.

  → ㉠과 ⓛ에 관형절로 안긴문장이 있다. [○]

√② ⓒ과 ⓔ은 서술어의 기능을 하는 안긴문장이 있다.

  → ⓔ에만 서술절로 안긴문장이 있다. [X]

③ ㉠은 명사절 속에 부사어가 있고, ⓛ은 서술절 속에 부사어가 있다.

  → ㉠에는 '봄이 빨리 오기'라는 명사절 속에 '빨리'라는 부사어가 있고,
    ⓛ에는 '마음이 정말 착하다'라는 서술절 속에 '정말'이라는 부사어가 있다. [○]

④ ㉠은 주어가 생략된 안긴문장이 있고, ⓔ은 목적어가 생략된 안긴문장이 있다.

  → ㉠에는 '(봄이) 따뜻하다'는 안긴문장이 있고,
    ⓔ에는 '그가 시장에서 (배추를) 샀다'는 안긴문장이 있다. [○]

⑤ ⓒ은 부사어의 기능을 하는 안긴문장이 있고, ⓔ은 관형어의 기능을 하는 안긴문장이 있다.

  → ⓒ에는 부사절로 안긴문장, ⓔ에는 명사절로 안긴문장이 있다. [○]

2018학년도 11월 수능

11. 다음 문장에서 ㉠~㉤에 해당하는 예를 찾아 이를 설명한 내용으로 적절하지 <u>않은</u> 것은?

> 아기장수가 맨손으로 산 위에 쌓인 바위를 깨뜨리는 모습이 멋졌다.

① '아기장수가'의 '아기장수'는 ㉠에 해당하는 예로, 어근 '아기'와 어근 '장수'가 결합했다.
② '맨손으로'의 '맨손'은 ㉡에 해당하는 예로, 파생 접사 '맨-'이 어근 '손' 앞에 결합했다.
③ '쌓인'의 어간은 ㉢에 해당하는 예로, 파생 접사 '-이-'가 어근 '쌓-' 뒤에 결합했다.
√ ④ '깨뜨리는'은 ㉣에 해당하는 예로, 어미 '-리는'이 용언 어간 '깨뜨-'와 결합했다.
⑤ '모습이'는 ㉤에 해당하는 예로, 조사 '이'가 체언 '모습'과 결합했다.

[정답 찾기 3step]을 적용한 풀이

유형 a. 지문 활용 문법

step 1. 지문에 나오는 문법 개념을 정확하게 이해한다.

  ※ **국어의 단어 형성**
  ㉠ 어근 + 어근
  ㉡ 어근 + 파생 접사
      ↳ '용언 어간+접사'의 경우 어미, 조사의 결합과 혼동됨
      (새로운 단어를 만들어내느냐의 여부로 구별 가능)
  ㉢ 파생 접사 + 어근

step 2. 파악한 문법 개념을 선택지에서 활용하여 1차 정답 확인을 한다.

11. <u>다음 문장에서 ㉠~㉤에 해당하는 예를 찾아</u> <u>이를 설명한 내용으로</u> <u>적절하지 않은 것은?</u>
　　　　　　　지문요소　　　　　　　　　　　평가요소　　　　　　　　판단요소

  ① <u>'아기장수가'의 '아기장수'는 ㉠에 해당하는 예로,</u> / 어근 '아기'와 어근 '장수'가 결합했다. [○]

    → 아기(어근) + 장수(어근)

② '맨손으로'의 '맨손'은 ⓒ에 해당하는 예로, / 파생 접사 '맨–'이 어근 '손' 앞에 결합했다. [○]

→ 맨–(접사) + 손(어근)

③ '쌓인'의 어간은 ⓒ에 해당하는 예로, / 파생 접사 '–이–'가 어근 '쌓–' 뒤에 결합했다. [○]

→ 쌓–(어근) + –이–(접사) + –ㄴ(어미)

④ '깨뜨리는'은 ⓔ에 해당하는 예로, / 어미 '–리는'이 용언 어간 '깨뜨–'와 결합했다. [○]

→ 깨뜨리–(어간) + –는(어미)

⑤ '모습이'는 ⓜ에 해당하는 예로, / 조사 '이'가 체언 '모습'과 결합했다. [○]

→ 모습(체언) + 이(조사)

step 3. step 2에서 정답을 찾지 못한 경우, 2차 정답 확인을 한다.

① '아기장수가'의 '아기장수'는 ㉠에 해당하는 예로, / 어근 '아기'와 어근 '장수'가 결합했다. [○]

② '맨손으로'의 '맨손'은 ⓒ에 해당하는 예로, / 파생 접사 '맨–'이 어근 '손' 앞에 결합했다. [○]

③ '쌓인'의 어간은 ⓒ에 해당하는 예로, / 파생 접사 '–이–'가 어근 '쌓–' 뒤에 결합했다. [○]

√ ④ '깨뜨리는'은 ⓔ에 해당하는 예로, / 어미 '–리는'이 용언 어간 '깨뜨–'와 결합했다. [X]

→ 어미 '–는'이 어간 '깨뜨리–'와 결합했다.

⑤ '모습이'는 ⓜ에 해당하는 예로, / 조사 '이'가 체언 '모습'과 결합했다. [○]

2017학년도 6월 모의 평가

11. 위 탐구 활동과 자료에 대한 이해로 적절하지 <u>않은</u> 것은?

① 현대 국어의 '도와', '저어'와 같은 활용형은 어간의 형태가 달라지는 불규칙 활용에 해당하는군.

√ ② 15세기 국어의 '도ᄫᅡ'가 현대 국어에서 '도와'로 나타나는 것은 'ᄫ'이 어간 끝에서 'ㅂ'으로 바뀐 결과이군.

③ 15세기 국어의 '저ᅀᅥ'가 현대 국어에서 '저어'로 나타나는 것은 'ᅀ'의 소실로 어간의 끝 'ᅀ'이 없어진 결과이군.

④ 15세기 국어의 '돕고'와 현대 국어의 '돕고'는, 자음으로 시작 하는 어미 앞에서 어간의 모양이 달라지지 않았군.

⑤ 15세기 국어의 '젓고'와 현대 국어의 '젓고'는, 자음으로 시작 하는 어미 앞에서 어간의 모양이 달라지지 않았군.

[정답 찾기 3step]을 적용한 풀이

유형 a. 지문 활용 문법

step 1. 지문에 나오는 문법 개념을 정확하게 이해한다.

※ **ㅂ불규칙활용**
- 15세기 중엽: 특정 용언이 모음으로 시작하는 어미 앞에서 'ᄫ'으로 나타남(돕고, 도ᄫᅡ)
- 15세기 중엽 이후 'ᄫ'이 소실되면서 형태 변화
  - → 'ㅏ' 또는 'ㅓ' 앞에서: 반모음 'ㅗ/ㅜ[w]'로 (도ᄫᅡ〉도와)
  - → 'ᆞ' 또는 'ㅡ'가 이어진 경우: 모음과 결합하여 'ㅗ' 또는 'ㅜ'로 (도ᄫᆞ시니〉도오시니)

※ **ㅅ불규칙활용**
- 15세기 중엽: 특정 용언이 모음으로 시작하는 어미 앞에서 'ᅀ'로 나타남(젓다, 저ᅀᅥ)
- 16세기 중엽 'ᅀ'가 소실되면서 형태 변화: 저ᅀᅥ〉저어

step 2. 파악한 문법 개념을 선택지에서 활용하여 1차 정답 확인을 한다.

11. <u>위 탐구 활동과 자료에 대한 이해로 적절하지 않은 것은?</u>

　　　　　지문요소　　　　　평가요소　　　　　판단요소

① <u>현대 국어의 '도와',</u> / <u>'저어'와 같은 활용형은</u> / <u>어간의 형태가 달라지는 불규칙 활용에 해당</u><u>하는군.</u> [○]

　→ '돕다, 도와'로 볼 때, 모음으로 시작하는 어미 앞에서의 활용형이 다르므로 불규칙 활용이다.

√ ② <u>15세기 국어의 '도ᄫᅡ'가 현대 국어에서 '도와'로 나타나는 것은</u> / <u>'ᄫ'이 어간 끝에서 'ㅂ'</u>으로 바뀐 결과이군. [X]

→ 'ᄫ'이 어간이 아닌 'ㅏ' 앞에서 반모음 'ㅗ[w]'로 바뀐 결과이다.

③ <u>15세기 국어의 '저ᅀᅥ'가 현대 국어에서 '저어'로 나타나는 것은</u> / <u>'ㅿ'의 소실로 어간의 끝 'ㅿ'이 없어진 결과이군. [○]</u>

→ 16세기 중엽 'ㅿ'가 소실되었기 때문이다.

④ <u>15세기 국어의 '돕고'와</u> / <u>현대 국어의 '돕고'는,</u> / <u>자음으로 시작하는 어미 앞에서 어간의 모양이 달라지지 않았군. [○]</u>

→ 불규칙 활용은 모음으로 시작하는 어미 앞에서만 일어난다.

⑤ <u>15세기 국어의 '젓고'와</u> / <u>현대 국어의 '젓고'는,</u> / <u>자음으로 시작하는 어미 앞에서 어간의 모양이 달라지지 않았군. [○]</u>

→ 불규칙 활용은 모음으로 시작하는 어미 앞에서만 일어난다.

step 3. step 2에서 정답을 찾지 못한 경우, 2차 정답 확인을 한다.

　step 2에서 정답을 확인했으므로 step 3를 진행할 필요가 없다.

12. 위 탐구 활동과 자료에 따라, 현대 국어 용언들의 15세기 중엽 이전과 17세기 초엽에서의 활용형을 바르게 추정한 것은?

		15세기 중엽 이전			17세기 초엽		
		-게	-아/-어	-은/-은	-게	-아/-어	-은/-은
√ ①	(마음이) 곱다	곱게	고ᄫᅡ	고ᄫᆫ	곱게	고와	고온
②	(선을) 긋다	긋게	그ᅀᅥ	그ᅀᆫ	긋게	그서	그슨
③	(자리에) 눕다	눕게	누ᄫᅥ	누ᄫᆫ	눕게	누워	누은
④	(머리를) 빗다	빗게	비ᅀᅥ	비ᅀᆫ	빗게	비서	비슨
⑤	(손을) 잡다	잡게	자바	자ᄇᆫ	잡게	자바	자븐

[정답 찾기 3step]을 적용한 풀이

유형 a. 지문 활용 문법

step 1. 지문에 나오는 문법 개념을 정확하게 이해한다.

(앞서 11번 문항에서 지문의 문법 개념을 정리했으므로 생략)

step 2. 파악한 문법 개념을 선택지에서 활용하여 1차 정답 확인을 한다.

12. <u>위 탐구 활동과 자료에 따라, 현대 국어 용언들의</u> <u>15세기 중엽 이전과 17세기 초엽에서의</u>

　　　　　　지문요소 　　　　　　　　　　　　　平가요소

<u>활용형을 바르게 추정한 것은?</u>

　　　　　判단요소

↳ 평가요소가 2개이므로, 15세기 중엽 이전 활용형의 적절성을 먼저 판단한다.

〈1차 평가요소 분석〉

①	(마음이) 곱다	곱게　곱바　곱본 [○] → '곱다'는 ㅂ불규칙활용이므로, 모음으로 시작하는 어미 앞에서 'ㅸ'으로 나타난다.
②	(선을) 긋다	긋게　그서　그슨 [○] → '긋다'는 ㅅ불규칙활용이므로, 모음으로 시작하는 어미 앞에서 'ㅿ'으로 나타난다.
③	(자리에) 눕다	눕게　누버　누분 [○] → '눕다'는 ㅂ불규칙활용이므로, 모음으로 시작하는 어미 앞에서 'ㅸ'으로 나타난다.
④	(머리를) 빗다	빗게　비서　비슨 [X] → '빗다'는 규칙활용 용언이므로 활용형은 '빗게'가 되어야 한다.
⑤	(손을) 잡다	잡게　자바　자본 [X] → '잡다'는 규칙활용 용언이므로 활용형은 '자바, 자본'이 되어야 한다.

step 3. step 2에서 정답을 찾지 못한 경우, 2차 정답 확인을 한다.

1차 정답 확인 결과 선택지 ①, ②, ③만 2차 정답 확인이 필요하다.

√ ①	(마음이) 곱다	곱게 고와 고온 [○] → 'ㅸ'이 'ㅏ'앞에서 반모음 'ㅗ[w]'로 바뀌었다.
②	(선을) 긋다	긋게 그서 그슨 [X] → 'ㅿ'은 16세기 중엽에 소실되었으므로, 활용형은 '그어, 그은'이 되어야 한다.
③	(자리에) 눕다	눕게 누워 누은 [X] → 'ㅸ'이 반모음으로 바뀌었으므로, 활용형은 '누운'이 되어야 한다.

12. 다음의 (가)에 들어갈 말로 가장 적절한 것은?

   ① 단어의 자격을 가지고 반드시 다른 말과 결합하여 쓰이는군요.

   ② 단어의 자격을 가지고 실질적 의미가 아닌 문법적 의미를 나타내는군요.

√ ③ 반드시 다른 말과 결합하여 쓰이고 음운 환경에 따라 그 형태가 바뀌는군요.

   ④ 음운 환경에 따라 형태가 바뀌고 실질적 의미가 아닌 문법적 의미를 나타내는군요.

   ⑤ 실질적 의미가 아닌 문법적 의미를 나타내고 반드시 다른 말과 결합하여 쓰이는군요.

[정답 찾기 3step]을 적용한 풀이

유형 b. 지식 활용 문법

step 1. 평가요소에 해당하는 문법 지식을 정확하게 이해한다.

12. 다음의 (가)에 들어갈 말로 가장 적절한 것은?

      평가요소   판단요소

        ↳ 평가요소인 형태소에 대한 지식이 필요하다.

  ※ **형태소의 개념**: 뜻을 가진 가장 작은 말의 단위

  ※ **형태소의 종류**

   – 자립성 유무에 따라: 자립형태소, 의존형태소

   – 의미에 따라: 실질형태소, 형식형태소

  ※ **형태소의 특징**

   – 이형태: 한 형태소가 결합하는 환경에 따라 형태를 달리하는 경우

               (주격 조사 '가/이', 목적격 조사 '을/를' 등)

step 2. 문법 지식을 활용하여 선택지를 분석한다.

· 하늘은 맑고 바다는 푸르다.

> → '은, 는'은 보조사이므로 의존형태소, 형식형태소.
> 앞에 오는 체언의 받침 유무에 따라 형태가 바뀌므로 '은, 는'은 이형태 관계

· 그의 말은 듣지 말고 내 말을 들어라.

> → '듣-'과 '들-'은 어간이므로 의존형태소, 실질형태소
> 어간 '듣-'이 모음으로 시작하는 어미 앞에서 '들-'로 형태가 바뀌므로 이형태 관계

· 나는 물고기를 잡았지만 놓아주었다.

> → '-았-, -었-'은 과거시제 선어말 어미이므로 의존형태소, 형식형태소
> 앞에 오는 어간의 끝 모음에 따라 형태가 바뀌므로 이형태 관계

① 단어의 자격을 가지고 / 반드시 다른 말과 결합하여 쓰이는군요.

> [X] → 모두 자립할 수 없으므로 단어가 아님

② 단어의 자격을 가지고 / 실질적 의미가 아닌 문법적 의미를 나타내는군요.

> [X] → 모두 자립할 수 없으므로 단어가 아님

③ 반드시 다른 말과 결합하여 쓰이고 / 음운 환경에 따라 그 형태가 바뀌는군요.

> [○] → 의존형태소

④ 음운 환경에 따라 형태가 바뀌고 / 실질적 의미가 아닌 문법적 의미를 나타내는군요.

> [○] → 앞말에 따라 형태가 바뀌는 이형태

⑤ 실질적 의미가 아닌 문법적 의미를 나타내고 / 반드시 다른 말과 결합하여 쓰이는군요.

> [X] → 어간 '듣-'은 실질형태소

step 3. step 2에서 정답을 찾지 못한 경우, 2차 정답 확인을 한다.

1차 정답 확인에서 적절한 것으로 확인된 선택지 ③, ④만 2차 정답 확인이 필요하다.

√ ③ 반드시 다른 말과 결합하여 쓰이고 / <u>음운 환경에 따라 그 형태가 바뀌는군요.</u>

[○] → 이형태 관계에 있음

④ 음운 환경에 따라 형태가 바뀌고 / <u>실질적 의미가 아닌 문법적 의미를 나타내는군요.</u>

[X] → 어간 '듣–/들–'은 실질형태소

15. 다음 중 문법적으로 가장 정확한 문장은?

① 그는 자기가 창안한 사회 이론을 더욱 발전해 사회 문제의 해결에 기여하고자 하였다.
√ ② 참관인 자격으로 회의에 참석한 두 사람은 눈짓을 주고받은 후 조용히 회의장을 빠져나갔다.
③ 유럽은 18세기 후반부터 약 100년 동안 생산 기술의 발달과 그에 따라 사회 조직의 큰 변화를 겪었다.
④ 이 책의 저자가 독자에게 말하려는 요점은 모름지기 사람은 남을 위하여 자기를 희생할 줄도 알아야 한다.
⑤ 그의 작품들은 엇비슷해서 학생들이 작품 이름의 혼동이나 각 작품의 이야기 줄거리를 잘 기억하지 못했다.

[정답 찾기 3step]을 적용한 풀이

유형 b. 지식 활용 문법

step 1. 평가요소에 해당하는 문법 지식을 정확하게 이해한다.

15. 다음 중 <u>문법적으로</u> <u>가장 정확한 문장은?</u>

평가요소   판단요소
  ↳ 평가요소인 정확한 문장에 대한 지식이 필요하다.

※ **정확한 문장 표현을 위한 유의점**
 – 문장 성분간의 호응은 이루어졌는가?
 – 문장 구성에 필요한 문장 성분은 빠짐없이 있는가?
 – 중의적 문장, 모호한 표현은 없는가?
 – 시제표현, 높임 표현, 피동표현, 사동표현은 적절한가?
 – 맞춤법, 띄어쓰기는 적절한가?

step 2. 문법 지식을 활용하여 선택지를 분석한다.

① <u>그는</u> 자기가 창안한 사회 <u>이론을 더욱 발전해</u> 사회 문제의 해결에 기여하고자 하였다. [X]

→ '그는 이론을 더욱 발전했다'가 되므로 문장 성분간의 호응이 제대로 이루어지지 않았다. '이론을 더욱 발전시켜' 로 수정해야 한다.

√ ② 참관인 자격으로 회의에 참석한 두 사람은 눈짓을 주고받은 후 조용히 회의장을 빠져나 갔다. [○]

③ 유럽은 18세기 후반부터 약 100년 동안 <u>생산 기술의 발달과 그에 따라 사회 조직의 큰 변화를 겪었다</u>. [X]

→ '생산 기술의 발달'과 '큰 변화를 겪은 것' 사이의 의미가 상응하지 않으므로 '생산 기술이 발달했고, 그에 따라 사회 조직의 큰 변화를 겪었다'로 수정해야 한다.

④ 이 책의 저자가 독자에게 말하려는 <u>요점은</u> 모름지기 사람은 남을 위하여 자기를 희생할 줄도 <u>알아야 한다</u>. [X]

→ 주어 '요점은'과 서술어 '알아야 한다' 사이의 호응이 이루어지지 않으므로 '알아야 한다는 것이다'로 수정해야 한다.

⑤ 그의 작품들은 엇비슷해서 학생들이 <u>작품 이름의 혼동이나 각 작품의 이야기 줄거리를 잘 기억하지 못했다</u>. [X]

→ '혼동이나'와 서술어 '기억하지 못했다'의 결합이 어색하므로 '작품 이름을 혼동하거나'로 수정해야 한다.

step 3. step 2에서 정답을 찾지 못한 경우, 2차 정답 확인을 한다.

step 2에서 정답을 확인했으므로 step 3를 진행할 필요가 없다.

2015학년도 9월 모의평가 B형

15. ⑦~⑩의 잘못된 문장을 수정할 때 고려한 문법적 기준으로 적절하지 <u>않은</u> 것은?

√ ① ⑦: 목적어인 '밭을'을 수식하는 관형어가 있어야 한다.

② ⓒ: '내가 주장하는 바는'과 호응하는 서술어가 있어야 한다.

③ ⓒ: 목적어의 하나인 '불편'과 호응하는 서술어가 있어야 한다.

④ ⓔ: 서술어인 '동참합시다'가 요구하는 부사어에 정확한 조사를 사용해야 한다.

⑤ ⓜ: 부사 '여간'은 부정의 의미를 나타내는 말과 호응해야 한다.

[정답 찾기 3step]을 적용한 풀이

유형 b. 지식 활용 문법

step 1. 평가요소에 해당하는 문법 지식을 정확하게 이해한다.

15. <u>⑦~⑩의 잘못된 문장을 수정할 때 고려한 문법적 기준으로</u> <u>적절하지 않은 것은?</u>

　　　　　　　　　　평가요소　　　　　　　　　　　　　　판단요소

　　　　　　↳ 평가요소인 문장을 수정할 때 고려할 문법적 기준에 대한 지식이 필요하다.

※ 문장을 수정할 때 고려해야 할 문법적 기준

- 문장 성분간의 호응
- 필요한 문장 성분의 갯수
- 중의적 문장, 모호한 표현
- 시제표현, 높임 표현, 피동표현, 사동표현의 적절성
- 맞춤법, 띄어쓰기

step 2. 문법 지식을 활용하여 선택지를 분석한다.

+tip ✍ 수정 전, 후를 비교하며 선택지를 분석해야 한다.

〈수정 전, 후 비교〉		〈선택지 분석〉
㉠ 발을 넣었다. → <u>물에</u> 발을 넣었다.	⇒	√ ① 목적어인 '발을'을 수식하는 관형어가 있어야 한다. [X] → '물에'는 관형어가 아니라 서술어 '넣었다'를 수식하는 부사어이다.
㉡ 생활이 개선된다. → 생활이 개선된<u>다는 것이다.</u>	⇒	② '내가 주장하는 바는'과 호응하는 서술어가 있어야 한다. [○]
㉢ 불편과 피해를 입었다. → <u>불편을 겪고</u> 피해를 입었다.	⇒	③ 목적어의 하나인 '불편'과 호응하는 서술어가 있어야 한다. [○]
㉣ 운동을 동참합시다. → 운동<u>에</u> 동참합시다.	⇒	④ 서술어인 '동참합시다'가 요구하는 부사어에 정확한 조사를 사용해야 한다. [○]
㉤ 여간 기쁜 일이다. → 여간 기쁜 일이 <u>아니다.</u>	⇒	⑤ 부사 '여간'은 부정의 의미를 나타내는 말과 호응해야 한다. [○]

step 3. step 2에서 정답을 찾지 못한 경우, 2차 정답 확인을 한다.

step 2에서 정답을 확인했으므로 step 3를 진행할 필요가 없다.

2015학년도 11월 수능 A형

13. 다음 ㉠, ㉡의 문장 성분과 문장 구조에 대한 설명이 옳은 것은?

> ㉠ 친구들은 내가 노래 부르기를 원한다.
> ㉡ 우리는 이 지역 토양이 벼농사에 적합함을 몰랐다.

① ㉠에는 부사어가 있지만 ㉡에는 부사어가 없다.
② ㉠에는 명사절이 안겨 있지만 ㉡에는 부사절이 안겨 있다.
③ ㉠에는 서술절이 안겨 있지만 ㉡에는 관형절이 안겨 있다.
④ ㉠의 안긴문장 속에는 관형어가 있지만 ㉡의 안긴문장 속에는 관형어가 없다.
√ ⑤ ㉠의 안긴문장 속에는 목적어가 있지만 ㉡의 안긴문장 속에는 목적어가 없다.

[정답 찾기 3step]을 적용한 풀이

유형 b. 지식 활용 문법

step 1. 평가요소에 해당하는 문법 지식을 정확하게 이해한다.

13. 다음 ㉠, ㉡의 문장 성분과 문장 구조에 대한 설명이 옳은 것은?

평가요소   판단요소

    ↳ 평가요소인 문장 성분과 문장 구조에 대한 지식이 필요하다.

※ **문장 성분의 종류**

```
┌ 주성분 ┌ 주어: 동작, 상태, 성질의 주체
│        ├ 목적어: 서술어의 대상
│        ├ 서술어: 주어의 동작, 상태 성질 설명
│        └ 보어: 문장의 의미를 보충, '되다, 아니다' 앞의 말
│
├ 부속 성분 ┌ 관형어: 체언 수식
│          └ 부사어: 용언 수식
│
└ 독립 성분 - 독립어: 다른 문장 성분과 직접적 관련 없이 독립적
```

※ **겹문장의 종류**

```
┌ 이어진 문장 ┌ 대등하게 이어진 문장
│           └ 종속적으로 이어진 문장
│
└ 안은 문장 ┌ 명사절을 안은 문장
          ├ 관형절을 안은 문장
          ├ 부사절을 안은 문장
          ├ 인용절을 안은 문장
          └ 서술절을 안은 문장
```

step 2. 문법 지식을 활용하여 선택지를 분석한다.

〈1차 정답 확인〉

㉠ <u>친구들은</u> <u>내가 노래 부르기를</u> <u>원한다</u>.

    주어   목적어   서술어 → 명사절을 안은 문장

              주어+목적어+서술어

① <u>㉠에는 부사어가 있지만</u> / <u>㉡에는 부사어가 없다.</u>

    [X] → ㉠에 부사어는 없다.

② <u>㉠에는 명사절이 안겨 있지만</u> / <u>㉡에는 부사절이 안겨 있다.</u>

    [○] → 목적어 역할을 하는 명사절이 안겨 있다.

③ <u>㉠에는 서술절이 안겨 있지만</u> / <u>㉡에는 관형절이 안겨 있다.</u>

    [X] → 명사절이 안겨 있다.

④ <u>㉠의 안긴문장 속에는 관형어가 있지만</u> / <u>㉡의 안긴문장 속에는 관형어가 없다.</u>

    [X] → 관형어가 없다.

⑤ <u>㉠의 안긴문장 속에는 목적어가 있지만</u> / <u>㉡의 안긴문장 속에는 목적어가 없다.</u>

    [○] → 목적격 조사가 생략된 '노래'가 목적어이다.

step 3. step 2에서 정답을 찾지 못한 경우, 2차 정답 확인을 한다.

1차 정답 확인을 통해 선택지 ②, ⑤만 2차 정답 확인이 필요하다.

ⓒ <u>우리는</u> <u>이 지역 토양이 벼농사에 적합함을</u> <u>몰랐다.</u>
　→ 주어　　　　　　　목적어　　　　　　서술어 → 명사절을 안은 문장
　　　　관형어+주어+부사어+서술어

② ㉠에는 명사절이 안겨 있지만 / <u>ⓒ에는 부사절이 안겨 있다.</u>

　　　　　　　　　　[X] → 목적어 역할을 하는 명사절이 안겨 있다.

√ ⑤ ㉠의 안긴문장 속에는 목적어가 있지만 / <u>ⓒ의 안긴문장 속에는 목적어가 없다.</u>

　　　　　　　　　　[○] → ⓒ에는 목적어가 없다.

2015학년도 11월 수능 B형

13. 밑줄 친 부분이 한글 맞춤법에 맞게 쓰인 것은?

① 엇저녁에는 고향 친구들과 만나서 식사를 했다.
√ ② 그가 발의한 안건은 다음 회의에 부치기로 했다.
③ 적쟎은 사람들이 그 의견에 찬성의 뜻을 보였다.
④ 동생은 누나가 직접 만든 깍뚜기를 먹어 보았다.
⑤ 저기 넙적하게 생긴 바위가 우리들의 놀이터였다.

[정답 찾기 3step]을 적용한 풀이

유형 b. 지식 활용 문법

step 1. 평가요소에 해당하는 문법 지식을 정확하게 이해한다.

13. 밑줄 친 <u>부분이 한글 맞춤법에 맞게 쓰인 것은?</u>

　　　　　평가요소　　　　　판단요소
　　　　↳ 평가요소인 한글 맞춤법에 대한 지식이 필요하다.

+tip ✎ 한글 맞춤법은 따로 시간을 내어 공부하는 것이 아니다. 글을 읽는 틈틈이, 문법 공부를 하는 틈틈이 알아 두어야 하는 지식이다.

step 2. 문법 지식을 활용하여 선택지를 분석한다.

① <u>엇저녁</u>에는 고향 친구들과 만나서 식사를 했다.

　　[X]
　→ '어제저녁'의 줄임말이므로 '엊저녁'으로 써야 한다.

√ ② 그가 발의한 안건은 다음 회의에 <u>부치기로</u> 했다.

　　　　　　　[○]
　→ '어떤 문제를 다른 곳이나 다른 기회로 넘기어 맡기다'는 뜻의 '부치다'는 한글 맞춤법에 맞는 표현이다.

③ 적잖은 사람들이 그 의견에 찬성의 뜻을 보였다.

    [X]

→ '적지 않은'의 줄임말이므로 '적잖은'으로 써야 한다.

④ 동생은 누나가 직접 만든 깍뚜기를 먹어 보았다.

            [X]

→ 한글 맞춤법 3장에 따르면 'ㄱ, ㅂ' 받침 뒤에서 나는 된소리는, 같은 음절이나 비슷한 음절이 겹쳐 나는 경우가 아니면 된소리로 적지 않는다. 따라서 '깍뚜기'는 같거나 비슷한 음절이 겹쳐 나는 경우가 아니므로 '깍두기'써야 한다.

⑤ 저기 넙적하게 생긴 바위가 우리들의 놀이터였다.

    [X]

→ '편편하고 얇으면서 꽤 넓다'는 뜻이므로 '넓적하게'로 써야 한다.

step 3. step 2에서 정답을 찾지 못한 경우, 2차 정답 확인을 한다.

step 2에서 정답을 확인했으므로 step 3를 진행할 필요가 없다.

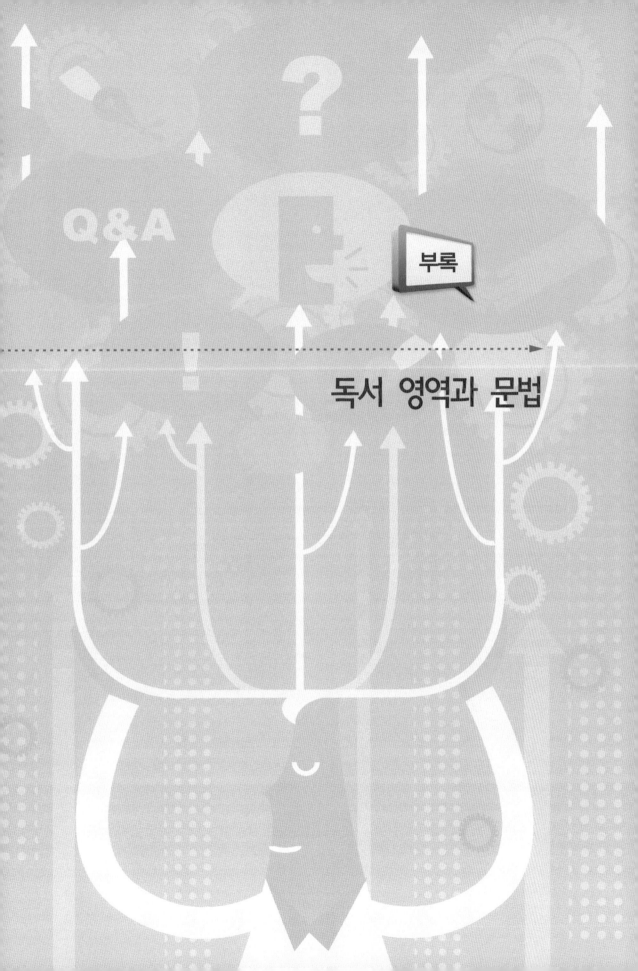

부록

Q&A

독서 영역과 문법

수능 독서 영역에도 문법 관련 문항이 매년 출제된다. 특히 단어의 의미를 묻는 문항이 주를 이룬다. 이러한 문항을 분석해보면, 앞의 문법 문항과 마찬가지로 몇 개의 요소로 구성되어 있다는 것을 알 수 있다. 이를 바탕으로 수능 독서 영역의 어휘·어법 문항 역시 세 가지 출제의 법칙으로 나눠 살펴보도록 하자.

a. 문맥적 의미 적용하기

지문에 제시된 단어의 문맥적 의미를 묻는 유형이 최근 가장 빈번하게 출제되고 있다. 이 경우에는 단순히 문맥적 의미를 묻는 문항도 있지만, 동일한 문맥적 의미가 적용된 선택지를 고르는 문항도 있다.

다음의 '정답 찾기 3step'을 적용한 예시문항을 통해 문맥적 의미 적용 문항의 답을 알아보자.

[정답 찾기 3 step]

step 1. 지문에 제시된 단어의 문맥적 의미를 정확하게 파악한다.

　*tip✍ 문맥적 의미를 묻는 문항은 주로 서술어에서 출제된다. 따라서 해당 서술어와 함께 쓰인 주어, 목적어, 필수부사어가 어떤 의미와 특징을 가지고 있는지를 파악하면 좀 더 쉽게 문맥적 의미를 파악할 수 있다.

step 2. 선택지에 제시된 단어의 문맥적 의미를 정확하게 파악한다.

step 3. 지문과 선택지에서 파악한 의미를 바탕으로 정답을 찾는다.

[예시 문항]

* 다음을 읽고 물음에 답하시오. [2018학년도 9월]

미술관에서 오랫동안 움직이지 않고 서 있는 관광객 차림의 부부를 본다면 사람들은 다시 한 번 바라볼 것이다. 그리고 그것이 미술 작품이라는 것을 알면 놀랄 것이다. 이처럼 현실에 존재하는 것을 실재라고 믿을 수 있도록 재현하는 유파를 하이퍼리얼리즘이라고 한다.

관광객처럼 우리 주변에서 흔히 볼 수 있는 것을 대상으로 고르면 ㉠현실성이 높다고 하고, 그 대상을 시각적 재현에 ⓐ 기대어 실재와 똑같이 표현하면 ㉡ 사실성이 높다고 한다. 대상의 현실성과 표현의 사실성을 모두 추구한 하이퍼리얼리즘은 같은 리얼리즘 경향에 ⓑ 드는 팝아트와 비교하면 그 특성이 잘 드러난다. 이들은 1960년대 미국에서 발달하여 현재까지 유행하고 있는 유파로, 당시 자본주의 사회의 일상의 모습을 대상으로 삼은 점에서는 공통적이다. 팝아트는 대상을 함축적으로 변형했지만 하이퍼리얼리즘은 대상을 정확하게 재현하려고 하였다. 그래서 팝아트는 주로 대상의 현실성을 추구하지만, 하이퍼리얼리즘은 대상의 현실성뿐만 아니라 트롱프뢰유*의 흐름을 ㉢ 이어 표현의 사실성도 추구한다. 팝아트는 대상의 정확한 재현보다는 대중과 쉽게 소통할 수 있는 인쇄 매체를 주로 활용한 반면에, 하이퍼리얼리즘은 새로운 재료나 기계적인 방식을 적극 사용하여 대상을 정확히 재현하는 방법을 추구하였다.

자본주의 일상을 사실적으로 표현한 하이퍼리얼리즘의 대표적인 작가에는 핸슨이 있다. 그의 작품 ㉣ 「쇼핑 카트를 밀고 가는 여자」(1969)는 물질적 풍요함 속에 매몰되어 살아가는 당시 현대인을 비판적 시각에서 표현한 작품으로 해석할 수 있다. 이 작품의 대상은 상품이 가득한 쇼핑 카트와 여자이다. 그녀는 욕망의 주체이며 물질에 대한 탐욕을 상징하고 있고, 상품이 가득한 쇼핑 카트는 욕망의 객체이며 물질을 상징하고 있다. 그래서 여자가 상품이 넘칠 듯이 가득한 쇼핑 카트를 밀고 있는 구도는 물질적 풍요 속에서의 과잉 소비 성향을 보여 준다.

이 작품의 기법을 ⓓ 보면, 생활공간에 전시해도 자연스럽도록 작품을 전시 받침대 없이 제작하였다. 사람을 보고 찰흙으로 형태를 만드는 방법 대신 사람에게 직접 석고를 덧발라 형태를 뜨는 실물 주형 기법을 사용하여 사람의 형태와 크기를 똑같이 재현하였다. 또한 기존 입체 작품의 재료인 청동의 금속재 대신에 합성수지, 폴리에스터, 유리 섬유 등을 사용하고 에어브러시로 채색하여 사람 피부의 질감과 색채를 똑같이 재현하였다. 여기에 오브제*인 가발, 목걸이, 의상 등을 덧붙이고 쇼핑 카트, 식료품 등을 그대로 사용하여 사실성을 ⓔ 높였다.

리얼리즘 미술의 가장 큰 목적은 현실을 포착하고 그것을 효과적으로 전달하는 것이다. 작가가 포착한 현실을 전달하는 표현 방법은 다양하다. 하이퍼리얼리즘과 팝아트 등의 리얼리즘 작가들은 대상들을 그대로 재현하거나 함축적으로 변형하는 등 자신만의 방법으로 현실을 전달하여 감상자와 소통하고 있다.

* 트롱프뢰유(trompe-l'oeil) : '속임수 그림'이란 말로 감상자가 실물처럼 착각할 정도로 정밀하게 재현하는 것.
* 오브제(objet) : 일상 용품이나 물건을 본래의 용도로 쓰지 않고 예술 작품에 사용하는 기법 또는 그 물체.

19. 문맥상 ⓐ~ⓔ와 가장 가까운 의미로 쓰인 것은?

① ⓐ : 누나가 그린 그림을 벽면 한쪽에 <u>기대어</u> 놓았다.

② ⓑ : 그때는 언니도 노래를 잘 부르는 축에 <u>들었다.</u>

③ ⓒ : 1학년이 출발한 데 <u>이어</u> 2학년도 바로 출발했다.

④ ⓓ : 사무실에는 회계를 <u>보는</u> 직원만 혼자 들어갔다.

⑤ ⓔ : 그는 이번 조치에 대해 비판의 목소리를 <u>높였다.</u>

[정답 찾기 3step]

step 1. 지문에 제시된 단어의 문맥적 의미를 정확하게 파악한다.

ⓐ 기대어

　→ '시각적 재현에 기대어'로 보아 '~에 의지하다'의 의미임을 알 수 있다.

ⓑ 드는

　→ '리얼리즘 경향에 드는 팝아트'로 보아 '~에 속하거나 포함되다'의 의미임을 알 수 있다.

ⓒ 이어

　→ '트롱프뢰유의 흐름을 이어'로 보아 '끊어지지 않게 계속하다'의 의미임을 알 수 있다.

ⓓ 보면

　→ '기법을 보면'으로 보아 '살피다'의 의미임을 알 수 있다.

ⓔ 높였다.

　→ '사실성을 높였다'로 보아 '어떠한 정도를 높게 하다'의 의미임을 알 수 있다.

step 2. 선택지에 제시된 단어의 문맥적 의미를 정확하게 파악한다.

① ⓐ : 누나가 그린 그림을 벽면 한쪽에 기대어 놓았다.

　→ '그림을 기대어 놓았다'로 보아 '무엇에 의지하면서 비스듬히 대다.'의 의미이다.

√ ② ⓑ : 그때는 언니도 노래를 잘 부르는 축에 들었다.

　　→ '잘 부르는 축에 들었다'로 보아 '~에 속하거나 포함되다'의 의미이다.

③ ⓒ : 1학년이 출발한 데 이어 2학년도 바로 출발했다.

　　→ '1학년이 출발한 데 이어'로 보아 '많은 사람이나 물체가 줄을 이루어 서다.'의 의미이다.

　* 서술어와 결합한 단어의 의미와 특성을 살펴보면, '흐름을 잇다'는 어떤 추상적 개념이 끊어지지 않고 계속되게 한다는 의미이며, '1학년이 출발한 데 이어'는 구체적 사람이나 물체가 줄을 이루어 계속 이어진다는 의미이므로 두 단어 간의 의미 차이가 있음을 쉽게 알 수 있다.

④ ⓓ : 사무실에는 회계를 보는 직원만 혼자 들어갔다.

　　→ '회계를 보다'로 보아 '어떤 업무를 맡아 하다'의 의미이다.

⑤ ⓔ : 그는 이번 조치에 대해 비판의 목소리를 높였다.

　　→ '목소리를 높이다'로 보아 '소리를 크게 하다'의 의미이다.

　* 서술어와 결합한 단어의 의미와 특성을 살펴보면, '사실성을 높이다'는 '수준, 가치 등이 보통보다 위에 있다'는 의미이며, '목소리를 높이다'는 '소리를 크게 하다'의 의미이므로 두 단어 간의 의미 차이가 있음을 쉽게 알 수 있다.

step 3. 지문과 선택지에서 파악한 의미를 바탕으로 정답을 찾는다.

　문맥상 지문에 제시된 단어와 가장 가까운 의미로 쓰인 것은 '② ⓑ 들다'이다.

[적용 문제 1]

* 다음 글을 읽고 물음에 답하시오. [2017학년도 9월 모의평가]

18세기에는 열의 실체가 칼로릭(caloric)이며 칼로릭은 온도가 높은 쪽에서 낮은 쪽으로 흐르는 성질을 갖고 있는, 질량이 없는 입자들의 모임이라는 생각이 받아들여지고 있었다. 이를 칼로릭 이론이라 ⊙ 부르는데, 이에 따르면 찬 물체와 뜨거운 물체를 접촉시켜 놓았을 때 두 물체의 온도가 같아지는 것은 칼로릭이 뜨거운 물체에서 차가운 물체로 이동하기 때문이라는 것이다. 이러한 상황에서 과학자들의 큰 관심사 중의 하나는 증기 기관과 같은 열기관의 열효율 문제였다.

열기관은 높은 온도의 열원에서 열을 흡수하고 낮은 온도의 대기와 같은 열기관 외부에 열을 방출하며 일을 하는 기관을 말하는데, 열효율은 열기관이 흡수한 열의 양 대비 한 일의 양으로 정의된다. 19세기 초에 카르노는 열기관의 열효율 문제를 칼로릭 이론에 기반을 두고 ⓒ 다루었다. 카르노는 물레방아와 같은 수력 기관에서 물이 높은 곳에서 낮은 곳으로 ⓒ 흐르면서 일을 할 때 물의 양과 한 일의 양의 비가 높이 차이에만 좌우되는 것에 주목하였다. 물이 높이 차에 의해 이동하는 것과 흡사하게 칼로릭도 고온에서 저온으로 이동하면서 일을 하게 되는데, 열기관의 열효율 역시 이러한 두 온도에만 의존한다는 것이었다.

한편 1840년대에 줄(Joule)은 일정량의 열을 얻기 위해 필요한 각종 에너지의 양을 측정하는 실험을 행하였다. 대표적인 것이 열의 일당량 실험이었다. 이 실험은 열기관을 대상으로 한 것이 아니라, 추를 낙하시켜 물속의 날개바퀴를 회전시키는 실험이었다. 열의 양은 칼로리(calorie)로 표시되는데, 그는 역학적 에너지인 일이 열로 바뀌는 과정의 정밀한 실험을 통해 1 kcal의 열을 얻기 위해서 필요한 일의 양인 열의 일당량을 측정하였다. 줄은 이렇게 일과 열은 형태만 다를 뿐 서로 전환이 가능한 물리량이므로 등가성을 갖는다는 것을 입증하였으며, 열과 일이 상호 전환될 때 열과 일의 에너지를 합한 양은 일정하게 보존된다는 사실을 알아내었다. 이후 열과 일뿐만 아니라 화학 에너지, 전기 에너지 등이 등가성을 가지며 상호 전환될 때에 에너지의 총량은 변하지 않는다는 에너지 보존 법칙이 입증되었다.

열과 일에 대한 이러한 이해는 카르노의 이론에 대한 과학자들의 재검토로 이어졌다. 특히 톰슨은 칼로릭 이론에 입각한 카르노의 열기관에 대한 설명이 줄의 에너지 보존 법칙에 위배된다고 지적하였다. 카르노의 이론에 의하면, 열기관은 높은 온도에서 흡수한 열 전부를 낮은 온도로 방출하면서 일을 한다. 이것은 줄이 입증한 열과 일의 등가성과 에너지 보존 법칙에 ② 어긋나는 것이어서 열의 실체가 칼로릭이라는 생각은 더 이상 유지될 수 없게 되었다. 하지만 열효율에 관한 카르노의 이론은 클라우지우스의 증명으로 유지될 수 있었다. 그는 카르노의 이론이 유지되지 않는다면 열은 저온에서 고온으로 흐르는 현상이 ⑩ 생길 수도 있을 것이라는 가정에서 출발하여, 열기관의 열효율은 열기관이 고온에서 열을 흡수하고 저온에 방출할 때의 두 작동 온도에만 관계된다는 카르노의 이론을 증명하였다.

클라우지우스는 자연계에서는 열이 고온에서 저온으로만 흐르고 그와 반대되는 현상은 일어나지 않는 것과 같이 경험적으로 알 수 있는 방향성이 있다는 점에 주목하였다. 또한 일이 열로 전환될 때와는 달리, 열기관에서 열 전부를 일로 전환할 수 없다는, 즉 열효율이 100%가 될 수 없다는 상호 전환

방향에 관한 비대칭성이 있다는 사실에 주목하였다. 이러한 방향성과 비대칭성에 대한 논의는 이를 설명할 수 있는 새로운 물리량인 엔트로피의 개념을 낳았다.

34. 윗글의 ⊙~⑩과 같은 의미로 사용된 것은?

① ⊙ : 웃음은 또 다른 웃음을 <u>부르는</u> 법이다.

② ⓒ : 그는 익숙한 솜씨로 기계를 <u>다루고</u> 있었다.

③ ⓒ : 이야기가 엉뚱한 방향으로 <u>흐르고</u> 있다.

④ ⓔ : 그는 상식에 <u>어긋나는</u> 일을 한 적이 없다.

⑤ ⑩ : 하늘을 보니 당장이라도 비가 오게 <u>생겼다</u>.

[적용 문제 2]

* 다음 글을 읽고 물음에 답하시오. [2016학년도 수능 A형]

귀납은 현대 논리학에서 연역이 아닌 모든 추론, 즉 전제가 결론을 개연적으로 뒷받침하는 모든 추론을 가리킨다. 귀납은 기존의 정보나 관찰 증거 등을 근거로 새로운 사실을 추가하는 지식 확장적 특성을 지닌다. 이 특성으로 인해 귀납은 근대 과학 발전의 방법적 토대가 되었지만, 한편으로 귀납 자체의 논리적 한계를 지적하는 문제들에 부딪히기도 한다.

먼저 흄은 과거의 경험을 근거로 미래를 예측하는 귀납이 정당한 추론이 되려면 미래의 세계가 과거에 우리가 경험해온 세계와 동일하다는 자연의 일양성, 곧 한결같음이 가정되어야 한다고 보았다. 그런데 자연의 일양성은 선험적으로 알 수 있는 것이 아니라 경험에 기대어야 알 수 있는 것이다. 즉 "귀납이 정당한 추론이다."라는 주장은 "자연은 일양적이다."라는 다른 지식을 전제로 하는데 그 지식은 다시 귀납에 의해 정당화되어야 하는 경험적 지식이므로 귀납의 정당화는 순환 논리에 ⓐ 빠져 버린다는 것이다. 이것이 귀납의 정당화 문제이다. 귀납의 정당화 문제로부터 과학의 방법인 귀납을 옹호하기 위해 라이헨바흐는 이 문제에 대해 현실적 구제책을 제시한다. 라이헨바흐는 자연이 일양적일 수도 있고 그렇지 않을 수도 있음을 전제한다. 먼저 자연이 일양적일 경우, 그는 지금까지의 우리의 경험에 따라 귀납이 점성술이나 예언 등의 다른 방법보다 성공적인 방법이라고 판단한다. 자연이 일양적이지 않다면, 어떤 방법도 체계적으로 미래 예측에 계속해서 성공할 수 없다는 논리적 판단을 통해 귀납은 최소한 다른 방법보다 나쁘지 않은 추론이라고 확언한다. 결국 자연이 일양적인지 그렇지 않은지 알 수 없는 상황에서는 귀납을 사용하는 것이 옳은 선택이라는 라이헨바흐의 논증은 귀납의 정당화 문제를 현실적 차원에서 해소하려는 시도로 볼 수 있다.

귀납의 또 다른 논리적 한계로 어떤 현대 철학자는 미결정성의 문제를 지적한다. 이 문제는 관찰 증거만으로는 여러 가설 중에 어느 하나를 더 나은 것으로 결정할 수 없다는 것이다. 가령 몇 개의 점들이 발견되었을 때 그 점들을 모두 지나는 곡선은 여러 개이기 때문에 어느 하나로 결정되지 않는다. 예측의 경우도 마찬가지이다. 다음에 발견될 점을 예측할 때, 기존에 발견된 점들만으로는 다음에 찍힐 점이 어디에 나타날지 확정할 수 없다. 아무리 많은 점들을 관찰 증거로 추가하더라도 하나의 예측이 다른 예측보다 더 낫다고 결정하는 것은 여전히 불가능하다는 것이다.

그러나 미결정성의 문제가 있다고 하더라도 대부분의 현대 철학자들은 귀납을 과학의 방법으로 인정하고 있다. 이들은 귀납의 문제를 직접 해결하려 하기보다 확률을 도입하여 개연성이라는 귀납의 특징을 강조하려 한다. 이에 따르면 관찰 증거가 가설을 지지하는 정도 즉 전제와 결론 사이의 개연성은 확률로 표현될 수 있다. 또한 하나의 가설이 다른 가설보다, 하나의 예측이 다른 예측보다 더 낫다고 확률적 근거에 의해 판단할 수 있다는 것이다. 이처럼 확률 논리로 설명되는 개연성은 일상적인 직관에도 잘 들어맞는다. 이러한 시도는 귀납의 문제를 근본적으로 해결하는 것은 아니지만, 귀납은 여전히 과학의 방법으로서 그 지위를 지킬 만하다는 사실을 보여 준다.

26. ⓐ의 문맥적 의미와 가장 가까운 것은?

① 혼란에 빠진 적군은 지휘 계통이 무너졌다.

② 그의 말을 듣자 모든 사람들이 기운이 빠졌다.

③ 그는 무릎 위까지 푹푹 빠지는 눈길을 헤쳐 왔다.

④ 그의 강연에 자신의 주장이 빠져 모두 아쉬워했다.

⑤ 우리 제품은 타사 제품에 빠지지 않는 우수한 것이다.

b. 바꿔 쓰기

     지문에 제시된 단어와 바꿔 쓸 수 있는 단어를 찾는 유형이다. 이 경우에는 단순히 한자어를 한자어로, 고유어를 한자어로 바꿔 쓰는 문항이 주로 출제되고 있다. 다음의 '정답 찾기 3step'을 적용한 예시문항을 통해 바꿔 쓰기 문항의 답을 알아보자.

[정답 찾기 3 step]

step 1. 지문에 제시된 단어의 의미를 정확하게 파악한다.

  * [tip] ✍ 문장의 앞뒤 문맥을 살펴 단어의 의미를 파악할 수 있다. 또한 한자가 제시되는 경우가 있으므로, 한자를 통해 구체적 의미를 추론할 수도 있다.

step 2. 선택지의 단어들을 지문에 직접 대입하여 문장의 의미가 그대로 유지되는지, 문장이 어색하지 않은지 판단한다.

  * [tip] ✍ 서술어의 자릿수, 앞뒤에 결합한 문장성분을 고려하면 쉽게 판단이 가능하다.

step 3. step 2에서 정답을 찾지 못했다면, 선택지 단어의 뜻을 파악하여 지문에 제시된 단어의 유의어인지 판단한다.

[예시 문항]

* 다음 글을 읽고 물음에 답하시오. [2018학년도 11월 수능]

정부는 국민 생활에 영향을 미치는 활동의 총체인 정책의 목표를 효과적으로 달성하기 위해 정책 수단의 특성을 고려하여 정책을 수행한다. 정책 수단은 강제성, 직접성, 자동성, 가시성의 ㉮ 네 가지 측면에서 다양한 특성을 갖는다. 강제성은 정부가 개인이나 집단의 행위를 제한하는 정도로서, 유해 식품 판매 규제는 강제성이 높다. 직접성은 정부가 공공 활동의 수행과 재원 조달에 직접 관여하는 정도를 의미한다. 정부가 정책을 직접 수행하지 않고 민간에 위탁하여 수행하게 하는 것은 직접성이 낮다. 자동성은 정책을 수행하기 위해 별도의 행정 기구를 설립하지 않고 기존의 조직을 활용하는 정도를 말한다. 전기 자동차 보조금 제도를 기존의 시청 환경과에서 시행하는 것은 자동성이 높다. 가시성은 예산 수립 과정에서 정책을 수행하기 위한 재원이 명시적으로 드러나는 정도이다. 일반적으로 사회 규제의 정도를 조절하는 것은 예산 지출을 수반하지 않으므로 가시성이 낮다.

정책 수단 선택의 사례로 환율과 관련된 경제 현상을 살펴보자. 외국 통화에 대한 자국 통화의 교환 비율을 의미하는 환율은 장기적으로 한 국가의 생산성과 물가 등 기초 경제 여건을 반영하는 수준으로 수렴된다. 그러나 단기적으로 환율은 이와 ⓐ 괴리되어 움직이는 경우가 있다. 만약 환율이 예상과는 다른 방향으로 움직이거나 또는 비록 예상과 같은 방향으로 움직이더라도 변동 폭이 예상보다 크게 나타날 경우 경제 주체들은 과도한 위험에 ⓑ 노출될 수 있다. 환율이나 주가 등 경제 변수가 단기에 지나치게 상승 또는 하락하는 현상을 오버슈팅(overshooting)이라고 한다. 이러한 오버슈팅은 물가 경직성 또는 금융 시장 변동에 따른 불안 심리 등에 의해 촉발되는 것으로 알려져 있다. 여기서 물가 경직성은 시장에서 가격이 조정되기 어려운 정도를 의미한다.

물가 경직성에 따른 환율의 오버슈팅을 이해하기 위해 통화를 금융 자산의 일종으로 보고 경제 충격에 대해 장기와 단기에 환율이 어떻게 조정되는지 알아보자. 경제에 충격이 발생할 때 물가나 환율은 충격을 흡수하는 조정 과정을 거치게 된다. 물가는 단기에는 장기 계약 및 공공요금 규제 등으로 인해 경직적이지만 장기에는 신축적으로 조정된다. 반면 환율은 단기에서도 신축적인 조정이 가능하다. 이러한 물가와 환율의 조정 속도 차이가 오버슈팅을 초래한다. 물가와 환율이 모두 신축적으로 조정되는 장기에서의 환율은 구매력 평가설에 의해 설명되는데, 이에 의하면 장기의 환율은 자국 물가 수준을 외국 물가 수준으로 나눈 비율로 나타나며, 이를 균형 환율로 본다. 가령 국내 통화량이 증가하여 유지될 경우 장기에서는 자국 물가도 높아져 장기의 환율은 상승한다. 이때 통화량을 물가로 나눈 실질 통화량은 변하지 않는다.

[개]
그런데 단기에는 물가의 경직성으로 인해 구매력 평가설에 기초한 환율과는 다른 움직임이 나타나면서 오버슈팅이 발생할 수 있다. 가령 국내 통화량이 증가 하여 유지될 경우, 물가가 경직적이어서 ㉠ 실질 통화량은 증가하고 이에 따라 시장 금리는 하락한다. 국가 간 자본 이동이 자유로운 상황에서, ㉡ 시장 금리 하락은 투자의 기대 수익률 하락으로 이어져, 단기성 외국인 투자 자금이 해외로 빠져나가거나 신규 해외 투자 자금 유입을 위축시키는 결과를 ⓒ 초래한다. 이 과정에서 자국 통화의 가치는 하락하고 ㉢ 환율은 상승한다. 통화량의 증가로 인한 효과는 물가가 신축적인 경우에 예상되는 환율 상승에, 금리 하락에 따른 자금의 해외 유출이 유발하는 추가적인

환율 상승이 더해진 것으로 나타난다. 이러한 추가적인 상승 현상이 환율의 오버슈팅인데, 오버슈팅의 정도 및 지속성은 물가 경직성이 클수록 더 크게 나타난다. 시간이 경과함에 따라 물가가 상승하여 실질 통화량이 원래 수준으로 돌아오고 해외로 유출되었던 자금이 시장 금리의 반등으로 국내로 ⓓ복귀하면서, 단기에 과도하게 상승했던 환율은 장기에는 구매력 평가설에 기초한 환율로 수렴된다.

　단기의 환율이 기초 경제 여건과 괴리되어 과도하게 급등락하거나 균형 환율 수준으로부터 장기간 이탈하는 등의 문제가 심화되는 경우를 예방하고 이에 대처하기 위해 정부는 다양한 정책 수단을 동원한다. 오버슈팅의 원인인 물가 경직성을 완화하기 위한 정책 수단 중 강제성이 낮은 사례로는 외환의 수급 불균형 해소를 위해 관련 정보를 신속하고 정확하게 공개하거나, 불필요한 가격 규제를 축소하는 것을 들 수 있다. 한편 오버슈팅에 따른 부정적 파급 효과를 완화하기 위해 정부는 환율 변동으로 가격이 급등한 수입 필수 품목에 대한 세금을 조절함으로써 내수가 급격히 위축되는 것을 방지하려고 하기도 한다. 또한 환율 급등락으로 인한 피해에 대비하여 수출입 기업에 환율 변동 보험을 제공하거나, 외화 차입 시 지급 보증을 제공하기도 한다. 이러한 정책 수단은 직접성이 높은 특성을 가진다. 이와 같이 정부는 기초 경제 여건을 반영한 환율의 추세는 용인하되, 사전적 또는 사후적인 미세 조정 정책 수단 을 활용하여 환율의 단기 급등락에 따른 위험으로부터 실물 경제와 금융 시장의 안정을 ⓔ도모하는 정책을 수행한다.

32. 문맥상 ⓐ~ⓔ와 바꿔 쓰기에 적절하지 <u>않은</u> 것은?

① ⓐ : 동떨어져　　　　② ⓑ : 드러낼

③ ⓒ : 불러온다　　　　④ ⓓ : 되돌아오면서

⑤ ⓔ : 꾀하는

[정답 찾기 3step]

step 1. 지문에 제시된 단어의 의미를 정확하게 파악한다.

ⓐ 괴리되어

　→ '이와 괴리되어 움직인다'로 보아 '서로 어그러져 동떨어지다.'의 의미이다.

ⓑ 노출될

　→ '위험에 노출되다'로 보아 '겉으로 드러나다'의 의미이다.

ⓒ 초래한다.

→ '결과를 초래하다'로 보아 '어떤 결과를 가져오게 하다.'의 의미이다.

ⓓ 복귀하면서

→ '자금이 국내로 복귀하다'로 보아 '본디의 자리나 상태로 되돌아가다.'의 의미이다.

ⓔ 도모하는

→ '안정을 도모하는 정책'으로 보아 '어떤 일을 이루기 위하여 대책과 방법을 세우다.'의 의미이다.

step 2. 선택지의 단어들을 지문에 직접 대입하여 문장의 의미가 그대로 유지되는지, 문장이
어색하지 않은지 판단한다.

① ⓐ : 동떨어져 [○]

→ '이와 동떨어져 움직인다.'가 되므로 문장의 의미가 그대로 유지되며 어색하지 않다.

√ ② ⓑ : 드러낼 [X]

→ '위험에 드러내다'가 되므로 어색하다. '노출되다'는 '~에'라는 부사어와 결합하지만, '드러내다'는
'~을'이라는 목적어와 결합하므로 바꿔 쓰기에 적절하지 않다.

③ ⓒ : 불러온다 [○]

→ '결과를 불러온다'가 되므로 문장의 의미가 그대로 유지되며 어색하지 않다.

④ ⓓ : 되돌아오면서 [○]

→ '자금이 국내로 되돌아오면서'가 되므로 문장의 의미가 그대로 유지되며 어색하지 않다.

⑤ ⓔ : 꾀하는 [○]

→ '안정을 꾀하는 정책'가 되므로 문장의 의미가 그대로 유지되며 어색하지 않다.

* 다음 글을 읽고 물음에 답하시오. [2018학년도 6월 모의평가]

DNS(도메인 네임 시스템) 스푸핑은 인터넷 사용자가 어떤 사이트에 접속하려 할 때 사용자를 위조 사이트로 접속시키는 행위를 말한다. 이는 도메인 네임을 IP 주소로 변환해 주는 과정에서 이루어진다.

인터넷에 연결된 컴퓨터들이 서로를 식별하고 통신하기 위해서 각 컴퓨터들은 IP(인터넷 프로토콜)에 따라 ㉠ 만들어지는 고유 IP 주소를 가져야 한다. 프로토콜은 컴퓨터들이 연결되어 서로 데이터를 주고받기 위해 사용하는 통신 규약으로 소프트 웨어나 하드웨어로 구현된다. 현재 주로 사용하는 IP 주소는 '***.126.63.1'처럼 점으로 구분된 4개의 필드에 숫자를 사용하여 ㉡ 나타낸다. 이 주소를 중복 지정하거나 임의로 지정해서는 안 되고 공인 IP 주소를 부여받아야 한다.

공인 IP 주소에는 동일한 번호를 지속적으로 사용하는 고정 IP 주소와 번호가 변경되기도 하는 유동 IP 주소가 있다. 유동 IP 주소는 DHCP라는 프로토콜에 의해 부여된다. DHCP는 IP 주소가 필요한 컴퓨터의 요청을 받아 주소를 할당해 주고, 컴퓨터가 IP 주소를 사용하지 않으면 주소를 반환받아 다른 컴퓨터가 그 주소를 사용할 수 있도록 해 준다. 한편, 인터넷에 직접 접속은 안 되고 내부 네트워크에서만 서로를 식별할 수 있는 사설 IP 주소도 있다.

인터넷은 공인 IP 주소를 기반으로 동작하지만 우리가 인터넷을 사용할 때는 IP 주소 대신 사용하기 쉽게 'www.***.***' 등과 같이 문자로 ㉢ 이루어진 도메인 네임을 이용한다. 따라서 도메인 네임을 IP 주소로 변환해 주는 DNS가 필요하며 DNS를 운영하는 장치를 네임서버라고 한다. 컴퓨터에는 네임서버의 IP 주소가 기록되어 있어야 하는데, 유동 IP 주소를 할당받는 컴퓨터에는 IP 주소를 받을 때 네임서버의 IP 주소가 자동으로 기록되지만, 고정 IP 주소를 사용하는 컴퓨터에는 사용자가 네임서버의 IP 주소를 직접 기록해 놓아야 한다. 인터넷 통신사는 가입자들이 공동으로 사용할 수 있는 네임서버를 운영하고 있다.

사용자가 어떤 사이트에 정상적으로 접속하는 과정을 살펴보자. 웹 사이트에 접속하려고 하는 컴퓨터를 클라이언트라 한다. 사용자가 방문하고자 하는 사이트의 도메인 네임을 주소창에 직접 입력하거나 포털 사이트에서 그 사이트를 검색해 클릭하면 클라이언트는 기록되어 있는 네임서버에 도메인 네임에 해당하는 IP 주소를 물어보는 질의 패킷을 보낸다. 네임 서버는 해당 IP 주소가 자신의 목록에 있으면 클라이언트에 이 IP 주소를 알려 주는 응답 패킷을 보낸다. 응답 패킷에는 어느 질의 패킷에 대한 응답인지가 적혀 있다. 만일 해당 IP 주소가 목록에 없으면 네임서버는 다른 네임서버의 IP 주소를 알려 주는 응답 패킷을 보내고, 클라이언트는 다시 그 네임서버에 질의 패킷을 보내는 단계로 돌아가 같은 과정을 반복한다. 클라이언트는 이렇게 ㉣ 알아낸 IP 주소로 사이트를 찾아간다. 네임서버와 클라이언트는 UDP라는 프로토콜에 ㉤ 맞추어 패킷을 주고받는다. UDP는 패킷의 빠른 전송 속도를 확보하기 위해 상대에게 패킷을 보내기만 할 뿐 도착 여부는 확인하지 않으며, 특정 질의 패킷에 대해 처음 도착한 응답 패킷을 신뢰하고 다음에 도착한 패킷은 확인하지 않고 버린다. DNS 스푸핑은 UDP의 이런 허점들을 이용한다.

　DNS 스푸핑이 이루어지는 과정을 알아보자. 악성 코드에 감염되어 DNS 스푸핑을 행하는 컴퓨터를 공격자라 한다. 클라이언트가 네임서버에 특정 IP 주소를 묻는 질의 패킷을 보낼 때, 공격자에도 패킷이 전달되고 공격자는 위조 사이트의 IP 주소가 적힌 응답 패킷을 클라이언트에 보낸다. 공격자가 보낸 응답 패킷이 네임서버가 보낸 응답 패킷보다 클라이언트에 먼저 도착하고 클라이언트는 공격자가 보낸 응답 패킷을 옳은 패킷으로 인식하여 위조 사이트로 연결된다.

34. 문맥상 ㉠~㉤과 바꿔 쓰기에 가장 적절한 것은?

① ㉠ : 제조(製造)되는

② ㉡ : 표시(標示)한다

③ ㉢ : 발생(發生)된

④ ㉣ : 인정(認定)한

⑤ ㉤ : 비교(比較)해

[적용 문제 2]

* 다음을 읽고 물음에 답하시오. [2018학년도 9월 모의평가]

　고전 역학에 ⓐ 따르면, 물체의 크기에 관계없이 초기 운동 상태를 정확히 알 수 있다면 일정한 시간 후의 물체의 상태는 정확히 측정될 수 있으며, 배타적인 두 개의 상태가 공존할 수 없다. 하지만 20세기에 등장한 양자 역학에 의해 미시 세계에서는 상호 배타적인 상태들이 공존할 수 있음이 알려졌다.

　미시 세계에서의 상호 배타적인 상태의 공존을 이해하기 위해, 거시 세계에서 회전하고 있는 반지름 5 ㎝의 팽이를 생각해 보자. 그 팽이는 시계 방향 또는 반시계 방향 중 한쪽으로 회전하고 있을 것이다. 팽이의 회전 방향은 관찰하기 이전에 이미 정해져 있으며, 다만 관찰을 통해 ⓑ 알게 되는 것뿐이다. 이와 달리 미시 세계에서 전자만큼 작은 팽이 하나가 회전하고 있다고 상상해 보자. 이 팽이의 회전 방향은 시계 방향과 반시계 방향의 두 상태가 공존하고 있다. 하나의 팽이에 공존하고 있는 두 상태는 관찰을 통해서 한 가지 회전 방향으로 결정된다. 두 개의 방향 중 어떤 쪽이 결정될지는 관찰하기 이전에는 알 수 없다. 거시 세계와 달리 양자 역학이 지배하는 미시 세계에서는, 우리가 관찰하기 이전에는 상호 배타적인 상태가 공존하는 것이다. 배타적인 상태의 공존과 관찰 자체가 물체의 상태를 결정한다는 개념을 받아들이기 힘들었기 때문에, 아인슈타인은 "당신이 달을 보기 전에는 달이 존재하지 않는 것인가?"라는 말로 양자 역학의 해석에 회의적인 태도를 취하였다.

　최근에는 상호 배타적인 상태의 공존을 적용함으로써 초고속 연산을 수행하는 양자 컴퓨터에 대한 연구가 진행되고 있다. 이는 양자 역학에서 말하는 상호 배타적인 상태의 공존이 현실에서 실제로 구현될 수 있음을 잘 보여 주는 예라 할 수 있다. 미시 세계에 대한 이러한 연구 성과는 거시 세계에 대해 우리가 자연스럽게 ⓒ 지니게 된 상식적인 생각들에 근본적인 의문을 ⓓ 던진다. 이와 비슷한 의문은 논리학에서도 볼 수 있다.

　고전 논리는 '참'과 '거짓'이라는 두 개의 진리치만 있는 이치 논리이다. 그리고 고전 논리에서는 어떠한 진술이든 '참' 또는 '거짓'이다. 이는 우리의 상식적인 생각과 잘 ⓔ 들어맞는다. 그러나 프리스트에 따르면, '참'인 진술과 '거짓'인 진술 이외에 '참인 동시에 거짓'인 진술이 있다. 이를 설명하기 위해 그는 '거짓말쟁이 문장'을 제시한다. 거짓말쟁이 문장을 이해하기 위해 자기 지시적 문장과 자기 지시적이지 않은 문장을 구분해 보자. 자기 지시적 문장 은 말 그대로 자기 자신을 가리키는 문장을 말한다. 예를 들어 "이 문장은 모두 열여덟 음절로 이루어져 있다."라는 '참'인 문장은 자기 자신을 가리키며 그것이 몇 음절로 이루어져 있는지 말하고 있다. 반면 "페루의 수도는 리마이다."라는 '참'인 문장은 페루의 수도가 어디인지 말할 뿐 자기 자신을 가리키는 문장은 아니다.

　"이 문장은 거짓이다."는 거짓말쟁이 문장이다. 이는 '이 문장'이라는 표현이 문장 자체를 가리키며 그것이 '거짓'이라고 말하는 자기 지시적 문장이다. 그렇다면 프리스트는 왜 거짓말쟁이 문장에 '참인 동시에 거짓'을 부여해야 한다고 생각할까? 이에 답하기 위해 우선 거짓말쟁이 문장이 '참'이라고 가정해 보자. 그렇다면 거짓말쟁이 문장은 '거짓'이다. 왜냐하면 거짓말쟁이 문장은 자기 자신을 가리키며 그것이 '거짓'이라고 말하는 문장이기 때문이다. 반면 거짓말쟁이 문장이 '거짓'이라고 가정해 보자. 그렇다면 거짓말쟁이 문장은 '참'이다. 왜냐하면 그것이 바로 그 문장이 말하는 바이기 때문이다. 프리스트에 따르면 어떤 경우에도 거짓말쟁이 문장은 '참인 동시에 거짓'인 문장이다. 따라서 그는 거짓말쟁이 문장에 '참인 동시에 거짓'을 부여해야 한다고 본다. 그는 거짓말쟁이 문장 이외에 '참인 동시에 거짓'인 진리치가 존재함을 뒷받침하는 다양한 사례를 제시한다. 특히 그는 양자 역학에서 상호 배타적인 상태의 공존은 이 점을 시사하고 있다고 본다.

고전 논리에서는 '참인 동시에 거짓'인 진리치를 지닌 문장을 다룰 수 없기 때문에 프리스트는 그것도 다룰 수 있는 비고전 논리 중 하나인 LP*를 제시하였다. 그런데 LP에서는 직관적으로 호소력 있는 몇몇 추론 규칙이 성립하지 않는다. 전건 긍정 규칙을 예로 들어 생각해 보자. 고전 논리에서는 전건 긍정 규칙이 성립한다. 이는 "P이면 Q이다."라는 조건문과 그것의 전건인 P가 '참'이라면 그것의 후건인 Q도 반드시 '참'이 된다는 것이다. 이와 비슷한 방식으로 LP에서 전건 긍정 규칙이 성립하려면, 조건문과 그것의 전건인 P가 모두 '참' 또는 '참인 동시에 거짓'이라면 그것의 후건인 Q도 반드시 '참' 또는 '참인 동시에 거짓'이어야 한다. 그러나 LP에서 조건문의 전건은 '참인 동시에 거짓'이고 후건은 '거짓'인 경우, 조건문과 전건은 모두 '참인 동시에 거짓'이지만 후건은 '거짓'이 된다. 비록 전건 긍정 규칙이 성립하지는 않지만, LP는 고전 논리에 대한 근본적인 의문들에 답하기 위한 하나의 시도로서 의의가 있다.

* LP : '역설의 논리(Logic of Paradox)'의 약자.

32. 문맥상 ⓐ~ⓔ와 바꾸어 쓸 수 있는 말로 적절하지 <u>않은</u> 것은?

① ⓐ : 의거(依據)하면   ② ⓑ : 인지(認知)하게

③ ⓒ : 소지(所持)하게   ④ ⓓ : 제기(提起)한다

⑤ ⓔ : 부합(符合)한다

c. 사전적 의미 파악하기

독서 영역 어휘·어법 문항의 가장 기본적 형태로, 지문에 제시된 단어의 사전적 의미를 묻는 유형이다. 사전적 의미는 가장 기본적이고 객관적 의미를 말한다. 다음의 '정답 찾기 3step'을 적용한 예시문항을 통해 바꿔 쓰기 문항의 답을 알아보자.

[정답 찾기 3 step]

step 1. 지문에 제시된 단어의 사전적 의미를 파악한다.

* **tip** ✍ 이때, 해당 단어의 유의어를 활용하면 쉽게 사전적 의미를 파악할 수 있다. 또한 동음이의어가 출제된 경우, 앞뒤 문맥을 살펴 정확한 뜻을 파악해야 한다.

step 2. step 1에서 파악한 의미를 선택지와 비교하여 정답을 찾는다.

step 3. step 2에서 정답을 찾지 못했다면, 앞뒤 문맥을 살펴 해당 단어가 선택지에 제시된 사전적 의미가 맞는지를 살핀다.

[예시 문항]

* 다음 글을 읽고 물음에 답하시오. [2016학년도 수능 B형]

우리 삶에서 운이 작용해서 결과가 달라지는 일은 흔하다. 그러나 외적으로 드러나는 행위에 초점을 맞추는 '의무 윤리'든 행위의 @ 기반이 되는 성품에 초점을 맞추는 '덕의 윤리'든, 도덕의 문제를 다루는 철학자들은 도덕적 평가가 운에 따라 달라져서는 안 된다고 생각한다. 이들의 생각처럼 도덕적 평가는 스스로가 통제할 수 있는 것에 대해서만 이루어져야 한다. 운은 자신의 의지에 따라 통제할 수 없어서, 운에 따라 누구는 도덕적이게 되고 누구는 아니게 되는 일은 공평하지 않기 때문이다.

그런데 어떤 철학자들은 운에 따라 도덕적 평가가 달라지는 일이 실제로 일어난다고 주장하고, 그런 운을 '도덕적 운'이라고 부른다. 그들에 따르면 세 가지 종류의 도덕적 운이 ⓑ 거론된다. 첫째는 태생적 운이다. 우리의 행위는 성품에 의해 결정되며 이런 성품은 태어날 때 이미 결정되므로, 성품처럼 우리가 통제할 수 없는 요인이 도덕적 평가에 ⓒ 개입되는 불공평한 일이 일어난다는 것이다.

둘째는 상황적 운이다. 똑같은 성품이더라도 어떤 상황에 처하느냐에 따라 그 성품이 발현되기도 하고 안 되기도 한다는 것이다. 가령 남의 것을 탐내는 성품을 똑같이 가졌는데 결핍된 상황에 처한 사람은 그 성품이 발현되는 반면에 풍족한 상황에 처한 사람은 그렇지 않다면, 전자만 비난하는 것은 공평하지 못하다는 것이다. 어떤 상황에 처하느냐는 통제할 수 없는 요인이기 때문이다.

셋째는 우리가 통제할 수 없는 결과에 의해 도덕적 평가가 좌우되는 결과적 운이다. 어떤 화가가 자신의 예술적 이상을 달성하기 위해 가족을 버리고 멀리 떠났다고 해 보자. 이 경우 그가 화가로서 성공했을 때보다 실패했을 때 그의 무책임함을 더 비난하는 것을 '상식'으로 받아들이는 경우가 많다. 그러나 도덕적 운을 인정하는 철학자들은 그가 가족을 버릴 당시에는 예측할 수 없었던 결과에 의해 그의 행위를 달리 평가하는 것 역시 불공평하다고 생각한다.

그들의 주장에 따라 도덕적 운의 존재를 인정하면 불공평한 평가만 할 수 있을 뿐인데, 이는 결국 도덕적 평가 자체가 불가능해짐을 의미한다. 도덕적 평가가 불가능한 대상은 강제나 무지와 같이 스스로가 통제할 수 없는 요인에 의해 결정되는 것에만 국한되어야 한다. 그런데 도덕적 운의 존재를 인정하면 그동안 도덕적 평가의 대상이었던 성품이나 행위에 대해 도덕적 평가를 내릴 수 없는 난점에 직면하게 되는 것이다.

하지만 관점을 바꾸어 도덕적 운의 존재를 부정하고 도덕적 평가가 불가능한 경우를 강제나 무지에 의한 행위에 ⓓ 국한한다면 이와 같은 난점에서 벗어날 수 있다. 도덕적 운의 존재를 부정하기 위해서는 도덕적 운이라고 생각되는 예들이 실제로는 도덕적 운이 아님을 보여 주면 된다. 우선 행위는 성품과는 별개의 것이므로 태생적 운의 존재가 부정된다. 또한 나쁜 상황에서 나쁜 행위를 할 것이라는 추측만으로 어떤 사람을 ⓔ 폄하하는 일은 정당하지 못하므로 상황적 운의 존재도 부정된다. 끝으로 어떤 화가가 결과적으로 성공을 했든 안 했든 무책임함에 대해 서는 똑같이 비난받아야 하므로 결과적 운의 존재도 부정된다. 실패한 화가를 더 비난하는 '상식'이 통용되는 것은 화가의 무책임한 행위가 그가 실패했을 때보다 성공했을 때 덜 부각되기 때문이다.

20. ⓐ~ⓔ의 사전적 의미로 적절하지 <u>않은</u> 것은? [2016학년도 수능 B형]

① ⓐ : 기초가 되는 바탕. 또는 사물의 토대.

② ⓑ : 어떤 사항을 논제로 삼아 제기하거나 논의함.

③ ⓒ : 자신과 직접적 관계가 없는 일에 끼어듦.

④ ⓓ : 알맞게 이용하거나 어떤 상황에 맞추어 씀.

⑤ ⓔ : 어떤 대상이 지닌 가치를 깎아내림.

[정답 찾기 3step]

step 1. 지문에 제시된 단어의 사전적 의미를 파악한다.

ⓐ 기반 → 기초가 되는 바탕.

ⓑ 거론 → 어떤 사항을 논제로 삼아 제기하거나 논의함.

ⓒ 개입 → 자신과 직접적 관계가 없는 일에 끼어듦.

ⓓ 국한 → 범위를 일정한 부분에 한정함.

ⓔ 폄하 → 어떤 대상이 지닌 가치를 깎아내림.

step 2. step 1에서 파악한 의미를 선택지와 비교하여 정답을 찾는다.

정답은 ④ ⓓ이다. '알맞게 이용하거나 어떤 상황에 맞추어 씀.'은 '적용'의 사전적 의미이다.

[적용 문제 1]

* 다음 글을 읽고 물음에 답하시오. [2016학년도 6월 모의평가 A형]

(가) 우리는 일상에서 '약자를 돕는 것은 옳다'와 같은 도덕적 판단을 한다. 이렇게 구체적 행위에 대한 도덕적 판단 문제를 다루는 것이 규범 윤리학이라면, 옳음의 의미 문제, 도덕적 진리의 존재 문제 등과 같이 규범 윤리학에서 사용하는 개념과 원칙에 대해 다루는 것은 메타 윤리학이다. 메타 윤리학에서 도덕 실재론과 정서주의는 '옳음'과 '옳지 않음'의 의미를 이해하는 방식과 도덕적 진리의 존재 여부에 대해 상반된 주장을 펼친다.

(나) 도덕 실재론에서는 도덕적 판단과 도덕적 진리를 과학적 판단 및 과학적 진리와 마찬가지라고 본다. 즉 과학적 판단이 '참' 또는 '거짓'을 ⓐ <u>판정</u>할 수 있는 명제를 나타내고 이때 참으로 판정된 명제를 과학적 진리라고 부르는 것처럼, 도덕적 판단도 참 또는 거짓으로 판정할 수 있는 명제를 나타내고 참으로 판정된 명제가 곧 도덕적 진리라고 ⓑ <u>규정</u>하는 것이다. 그런데 도덕 실재론에서 주장하듯, '도둑질은 옳지 않다'가 도덕적 진리라면, 그것이 참임을 판정하기 위해서는 도덕적으로 옳지 않음이라는 객관적으로 실재하는 성질을 도둑질에서 찾아낼 수 있어야 한다.

(다) 한편 정서주의에서는 어떤 도덕적 행위에 대해 도덕적으로 옳음이나 도덕적으로 옳지 않음이라는 성질은 객관적으로 존재하지 않는 것이고 도덕적 판단도 참 또는 거짓으로 판정되는 명제를 나타내지 않는다. 따라서 정서주의에서는 '옳다' 혹은 '옳지 않다'는 도덕적 판단을 내리지만 도덕 실재론과 달리 과학적 진리와 같은 도덕적 진리는 없다는 입장을 보인다. 그렇다면 정서주의에서는 옳음이나 옳지 않음의 의미를 무엇으로 볼까? 도둑질과 같은 구체적인 행위에 대한 감정과 태도가 곧 옳음과 옳지 않음이라고 한다. 즉 '도둑질은 옳다'는 판단은 도둑질에 대한 승인 감정을 표현한 것이고, '도둑질은 옳지 않다'는 판단은 도둑질에 대한 부인 감정을 표현한 것으로 이해한다.

(라) 이런 정서주의에서는 도덕적 판단이 윤리적 행위를 하도록 동기를 부여하는 것에 대해 도덕 실재론보다 단순하게 설명할 수 있다. 윤리적 행위의 동기 부여를 설명할 때 도덕적 판단이 나타내는 승인 감정 또는 부인 감정 이외에 다른 것이 필요하지 않기 때문이다. 승인 감정은 어떤 행위를 좋다고 여기는 것이고 그것이 일어나길 욕망하는 것이기에 결국 그것을 해야 한다는 동기 부여까지 직접 연결된다는 것이다. 부인 감정도 마찬가지로 작동한다. 이에 비해 도덕 실재론에서는 도덕적 판단 이외에도 인간의 욕망과 감정에 관한 이해가 반드시 필요하다. 예컨대 '약자를 돕는 것은 옳다'에 덧붙여 '사람들은 약자가 어려운 처지에 빠지지 않기를 바란다'와 같이 인간의 욕망과 감정에 대한 법칙을 추가해야 한다. 그래야만 도덕 실재론에서는 약자를 돕는 윤리적 행위를 해야겠다는 동기 부여에 대해 설명할 수 있다. 인간의 욕망과 감정에 대한 법칙을 쉽게 확보할 수 있는 것은 아니기에 그것 없이도 윤리적 행위의 동기 부여를 설명할 수 있는 정서주의는 도덕 실재론에 비해 높이 평가된다. 또한 옳음과 옳지 않음의 의미를 승인 감정과 부인 감정의 표현으로 이해하는 정서주의에 따르면 사람들 간의 도덕적 판단의 차이도 간단하게 설명할 수 있다. 윤리적인 문제에 대해 서로 ⓒ <u>합의</u>하지 못하는 의견 차이에

대해서도 굳이 어느 한 쪽 의견이 틀렸기 때문이라고 말할 필요가 없이 서로 감정과 태도가 다를 뿐이라고 설명할 수 있다. 이런 설명은 도덕적 판단의 차이로 인한 극단적인 대립을 피할 수 있게 해 준다는 점에서 의의가 있다.

(마) 하지만 옳음과 옳지 않음을 감정과 동일시하는 정서주의에도 몇 가지 문제점이 ⓓ 제기될 수 있다. 첫째, 감정이 변할 때마다 도덕적 판단도 변한다고 해야 하지만, 도덕적 판단은 수시로 바뀌지 않는다. 둘째, ㉠ 감정은 아무 이유 없이 변할 수 있지만 도덕적 판단은 뚜렷한 근거 없이 바뀔 수 없다. 셋째, 감정이 없다면 '도덕적으로 옳음'과 '도덕적으로 옳지 않음'도 없다고 해야 하지만, '도덕적으로 옳음'과 '도덕적으로 옳지 않음'이 없다는 것은 보편적 인식과 ⓔ 배치된다.

26. ⓐ~ⓔ의 사전적 뜻풀이로 옳지 <u>않은</u> 것은?

① ⓐ : 판별하여 결정함.
② ⓑ : 규칙에 의해 일정한 한도를 정함.
③ ⓒ : 서로 의견이 일치함.
④ ⓓ : 의견이나 문제를 내어 놓음.
⑤ ⓔ : 서로 반대되어 어긋남.

[적용 문제 2]

* 다음 글을 읽고 물음에 답하시오. [2016학년도 9월 모의평가 B형]

　기술이 급속하게 발달함에 따라 인간의 삶은 더욱 여유롭고 의미 있는 것으로 될 것인가, 아니면 더욱 바쁘고 의미 없는 것으로 전락할 것인가? '사색적 삶'과 '활동적 삶'을 대비하여 사회 변화를 이해하는 방식은 이런 물음의 답을 구하는 데 도움이 된다.

　최초로 인간의 삶을 사색적 삶과 활동적 삶으로 구분한 사람은 아리스토텔레스이다. 그는 진리, 즐거움, 고귀함을 ⓐ 추구하는 사색적 삶의 영역이 생계를 위한 활동적 삶의 영역보다 상위에 있다고 보았다. 이러한 인식은 근대 이전의 오랜 역사 속에서 사회 질서의 기본 원리로 자리 잡아 왔다.

　근대에 접어들어 과학 혁명과 청교도 윤리의 등장으로 활동적 삶과 사색적 삶에 대한 인식은 달라지기 시작했다. 16, 17세기 과학 혁명으로 실험 정신과 경험적 지식이 중시되면서 사색적 삶의 영역에 속한 과학적 탐구와 활동적 삶의 영역에 속한 기술 사이의 거리가 좁혀졌다. 또한 직업을 신의 소명으로 이해하고, 근면과 ⓑ 검약에 의한 개인의 성공을 구원의 징표로 본 청교도 윤리는 생산 활동과 부의 축적에 대한 부정적 인식을 불식하는 계기가 되었다. 이로써 활동적 삶과 사색적 삶이 대등한 위상을 갖게 된 것이다.

　18, 19세기 산업 혁명을 계기로 활동적 삶은 사색적 삶보다 중요성이 더 커지게 되었다. 생산 기술에 과학적 지식이 ⓒ 응용되고 기계의 사용이 본격화되면서 기계의 속도에 기초하여 노동 규율이 확립되었고, 인간의 삶은 시간적 규칙성을 따르도록 재조직되었다. 나아가 시간이 관리의 대상으로 부각되면서 시간-동작 연구를 통해 가장 효율적인 작업 동선(動線)을 ⓓ 모색했던 테일러의 과학적 관리론은 20세기 초부터 생산 활동을 합리적으로 조직하는 중요한 원리로 자리 잡았다. 이로써 두뇌에 의한 노동과 근육에 의한 노동이 분리되어 인간의 육체노동이 기계화되는 결과가 초래되었다. 또한 과학을 기술 개발에 활용하기 위한 시스템이 요구되어 공학, 경영학 등의 실용 학문과 산업체 연구소들이 출현하였다. 이는 전통적으로 사색적 삶의 영역에 속했던 진리 탐구마저 활동적 삶의 영역에 속하는 생산 활동의 논리에 ⓔ 포섭되었음을 단적으로 보여 준다.

　이처럼 산업 혁명 이후 기계 문명이 발달하고 그에 힘입어 자본주의 시장 메커니즘이 사회를 전면적으로 지배하게 됨에 따라 근면과 속도가 강조되었다. 활동적 삶이 지나치게 강조된 데 대한 반작용으로, '의미 없는 부지런함'이 만연해진 세태에 대한 비판의 목소리가 나타나 성찰에 의한 사색적 삶의 중요성을 역설하기도 하였다.

　이제 20세기 말 정보화와 세계화를 계기로 시간적·공간적 거리가 압축되어 세계가 동시적 경험이 가능한 공간으로 인식되면서 인간의 삶은 이전과 크게 달라졌다. 기술의 비약적 발달로 의식주 등 생활의 기본 욕구는 충족되었지만, 현대인들은 더욱 다양해진 욕구와 성취 욕망을 충족하기 위해 스스로를 소진하고 있다. 경쟁이 세계로 확대됨에 따라 사람들이 타인과의 경쟁에서 이기는 동시에 자신의 능력을 극한으로 끌어올리기 위해 스스로를 끝없이 몰아세울 수밖에 없는 내면화된 강박증에 시달리고 있는 것이다. 결국 기술의 발달이 인간의 삶을 여유롭고 의미 있는 것으로 만들어 줄 것이라는 기대와 달리, 사색적 삶은 설 자리를 잃고 활동적인 삶이 폭주하게 된 것이다.

24. ⓐ~ⓔ의 사전적 의미로 적절하지 <u>않은</u> 것은?

① ⓐ : 목적을 이룰 때까지 뒤쫓아 구함.

② ⓑ : 돈이나 물건, 자원 따위를 낭비하지 않고 아껴 씀.

③ ⓒ : 어떤 이론이나 지식을 다른 분야의 일에 적용하여 이용함.

④ ⓓ : 일이나 사건 따위를 해결할 수 있는 방법이나 실마리를 더듬어 찾음.

⑤ ⓔ : 어떤 대상을 너그럽게 감싸 주거나 받아들임.

적용 문제- 풀이

a. 문맥적 의미 적용하기

[적용 문제 1]

34. 윗글의 ⊙~⊕과 같은 의미로 사용된 것은? [2017학년도 9월 모의평가]

① ⊙ : 웃음은 또 다른 웃음을 <u>부르는</u> 법이다.
② ⊙ : 그는 익숙한 솜씨로 기계를 <u>다루고</u> 있었다.
③ ⊙ : 이야기가 엉뚱한 방향으로 <u>흐르고</u> 있다.
④ ⊙ : 그는 상식에 <u>어긋나는</u> 일을 한 적이 없다.
⑤ ⊙ : 하늘을 보니 당장이라도 비가 오게 <u>생겼다</u>.

[정답 찾기 3step]

step 1. 지문에 제시된 단어의 문맥적 의미를 정확하게 파악한다.

⊙ 부르는데

→ '칼로릭 이론이라 부르는데'로 보아 '무엇이라고 가리켜 말하거나 이름을 붙이다.'의 의미임을 알 수 있다.

⊙ 다루었다

→ '열 효율 문제를 다루었다.'로 보아 '소재나 대상으로 삼다.'의 의미임을 알 수 있다.

⊙ 흐르면서

→ '물이 높은 곳에서 낮은 곳으로 흐르면서'로 보아 '액체 따위가 낮은 곳으로 내려가거나 넘쳐서 떨어지다.'의 의미임을 알 수 있다.

⊙ 어긋나는

→ '에너지 보존 법칙에 어긋나는'으로 보아 '일정한 기준에서 벗어나다.'의 의미임을 알 수 있다.

ⓜ 생길

→ '현상이 생기다'로 보아 '어떤 일이 일어나다.'의 의미임을 알 수 있다.

step 2. 선택지에 제시된 단어의 문맥적 의미를 정확하게 파악한다.

① ㉠ : 웃음은 또 다른 웃음을 부르는 법이다.

→ '또 다른 웃음을 부르는 법이다'로 보아 '상황을 초래하다.'의 의미이다.

② ㉡ : 그는 익숙한 솜씨로 기계를 다루고 있었다.

→ '기계를 다루고 있었다'로 보아 '기계나 기구를 사용하다.'의 의미이다.

③ ㉢ : 이야기가 엉뚱한 방향으로 흐르고 있다.

→ '이야기가 엉뚱한 방향으로 흐르다'로 보아 '한 방향으로 치우쳐 쏠리다.'의 의미이다.

④ ㉣ : 그는 상식에 어긋나는 일을 한 적이 없다.

→ '상식에 어긋나는'으로 보아 '일정한 기준에서 벗어나다'의 의미이다.

⑤ ㉤ : 하늘을 보니 당장이라도 비가 오게 생겼다.

→ '비가 오게 생겼다'로 보아 '일의 상태가 부정적인 어떤 지경에 이르게 됨'의 의미이다.

* 서술어와 결합한 단어의 의미와 특성을 살펴보면, '비가 오게 생기다'는 본용언과 보조용언의 결합의 과거 완료형이다. 또한 부정적 상황에서 쓰이는 말이다. 이러한 차이점을 고려하면, '현상이 생기다'의 문맥적 의미와 차이가 있음을 쉽게 알 수 있다.

step 3. 지문과 선택지에서 파악한 의미를 바탕으로 정답을 찾는다.

문맥상 지문에 제시된 단어와 같은 의미로 쓰인 것은 '④ ㉣ 어긋나는'이다.

[적용 문제 2]

26. ⓐ의 문맥적 의미와 가장 가까운 것은? [2016학년도 수능 A형]

① 혼란에 빠진 적군은 지휘 계통이 무너졌다.
② 그의 말을 듣자 모든 사람들이 기운이 빠졌다.
③ 그는 무릎 위까지 푹푹 빠지는 눈길을 헤쳐 왔다.
④ 그의 강연에 자신의 주장이 빠져 모두 아쉬워했다.
⑤ 우리 제품은 타사 제품에 빠지지 않는 우수한 것이다.

[정답 찾기 3step]

step 1. 지문에 제시된 단어의 문맥적 의미를 정확하게 파악한다.

ⓐ 빠져

⟶ '순환 논리에 빠져 버리다'로 보아 '어떤 처지에 놓이다'의 의미임을 알 수 있다.

step 2. 선택지에 제시된 단어의 문맥적 의미를 정확하게 파악한다.

① 혼란에 빠진 적군은 지휘 계통이 무너졌다.

⟶ '혼란에 빠지다'로 보아 '어떤 처지에 놓이다'의 의미이다.

② 그의 말을 듣자 모든 사람들이 기운이 빠졌다.

⟶ '기운이 빠졌다'로 보아 '줄거나 없어지다'의 의미이다.

③ 그는 무릎 위까지 푹푹 빠지는 눈길을 헤쳐 왔다.

⟶ '무릎 위까지 푹푹 빠지는 눈길'로 보아 '잠겨 들어가다'의 의미이다.

④ 그의 강연에 자신의 주장이 빠져 모두 아쉬워했다.

⟶ '자신의 주장이 빠지다'로 보아 '들어가 있지 않다.'의 의미이다.

⑤ 우리 제품은 타사 제품에 <u>빠지지</u> 않는 우수한 것이다.

→ '우리 제품은 타사 제품에 빠지지 않는'으로 보아 '뒤떨어지거나 모자라다'의 의미이다.

step 3. 지문과 선택지에서 파악한 의미를 바탕으로 정답을 찾는다.

문맥적 의미와 가장 가까운 것은 '①'이다.

b. 바꿔쓰기

[적용 문제 1]

34. 문맥상 ㉠~㉤과 바꿔 쓰기에 가장 적절한 것은? [2018학년도 6월 모의평가]

① ㉠ : 제조(製造)되는
② ㉡ : 표시(標示)한다
③ ㉢ : 발생(發生)된
④ ㉣ : 인정(認定)한
⑤ ㉤ : 비교(比較)해

[정답 찾기 3step]

step 1. 지문에 제시된 단어의 의미를 정확하게 파악한다.

㉠ 만들어지는

→ '컴퓨터들은 IP에 따라 만들어지는 고유 IP 주소를'로 보아 '생성되다, 형성되다.'의 의미이다.

㉡ 나타낸다.

→ 'IP 주소는 숫자를 사용하여 나타낸다.'로 보아 '드러내다, 표시하다.'의 의미이다.

㉢ 이루어진

→ '문자로 이루어진 도메인 네임을'로 보아 '구성되다.'의 의미이다.

㉣ 알아낸

→ '클라이언트는 알아낸 주소로 사이트를 찾아간다.'로 보아 '발견하다, 찾다.'의 의미이다.

㉤ 맞추어

→ '클라이언트는 프로토콜에 맞추어 패킷을 주고받는다..'로 보아 '맞게 하다, 어긋나지 않게 하다.'의 의미이다.

step 2. 선택지의 단어들을 지문에 직접 대입하여 문장의 의미가 그대로 유지되는지, 문장이 어색하지 않은지 판단한다.

① ㉠ : 제조(製造)되는 [X]

→ '컴퓨터들은 IP에 따라 제조되는 고유 IP 주소를'은 어색하다. '제조되다'는 물건이나 제품이 만들어 질 때 쓰는 표현이므로, 추상적 성격의 IP 주소를 제조한다는 표현은 어색하다.

√ ② ㉡ : 표시(標示)한다. [○]

→ 'IP 주소는 숫자를 사용하여 표시한다.'가 되므로 문장의 의미가 그대로 유지되며 어색하지 않다. '표시하다'는 겉으로 드러내 보이게 한다는 뜻이므로 '나타내다'와 바꿔 쓸 수 있다.

③ ㉢ : 발생(發生)된 [X]

→ '문자로 발생된 도메인 네임을'이라는 표현은 문장의 원래 의미에서 벗어난다. '발생되다'는 사건이나 사물이 새로 생겨날 때 쓰는 표현이므로, 문자로 구성됨을 나타내는 문장에 쓰인 표현은 어색하다.

④ ㉣ : 인정(認定)한 [X]

→ '클라이언트는 인정한 주소로 사이트를 찾아간다.'는 표현은 문장의 원래 의미에서 벗어난다. '알아내다'는 '발견하다, 찾다'의 의미인데 반해, '인정하다'는 '원래 있던 사실을 그렇다고 여기다'의 의미이기 때문이다.

⑤ ㉤ : 비교(比較)해 [X]

→ '클라이언트는 프로토콜에 비교해 패킷을 주고받는다.'는 표현은 문장의 원래 의미에서 벗어난다. '맞추다'는 '어긋나지 않게 하다'의 의미인데 반해, '비교하다'는 '둘 또는 그 이상의 사물이나 현상을 견주어 서로 간의 유사점과 공통점, 차이점 따위를 밝히다.'의 의미이기 때문이다.

[적용 문제 2]

32. 문맥상 ⓐ~ⓔ와 바꾸어 쓸 수 있는 말로 적절하지 <u>않은</u> 것은? [2018학년도 9월 모의평가]

① ⓐ : 의거(依據)하면
② ⓑ : 인지(認知)하게
③ ⓒ : 소지(所持)하게
④ ⓓ : 제기(提起)한다
⑤ ⓔ : 부합(符合)한다

[정답 찾기 3step]

step 1. 지문에 제시된 단어의 의미를 정확하게 파악한다.

ⓐ 따르면,

　→ '고전 역학에 따르면'으로 보아 '어떤 경우, 사실이나 기준 따위에 의거하다.'의 의미이다.

ⓑ 알게

　→ '관찰을 통해 알게 되는 것'으로 보아 '사물이나 상황에 대한 정보나 지식을 갖추다.'의 의미이다.

ⓒ 지니게

　→ '우리가 지니게 된 상식적인 생각들'로 보아 '기억하여 잊지 않고 새겨 두다.'의 의미이다.

ⓓ 던진다.

　→ '근본적인 의문을 던진다.'로 보아 '어떤 문제 따위를 제기하다.'의 의미이다.

ⓔ 들어맞는다.

　→ '상식적인 생각과 잘 들어맞는다.'로 보아 '정확히 맞다'의 의미이다.

step 2. 선택지의 단어들을 지문에 직접 대입하여 문장의 의미가 그대로 유지되는지, 문장이 어색하지 않은지 판단한다.

① ⓐ : 의거(依據)하면 [○]

→ '고전 역학에 의거하면'이 되므로 문장의 의미가 그대로 유지되며 어색하지 않다. '의거하다'는 어떤 사실이나 원리 따위에 근거한다는 뜻이므로 '따르다'와 바꿔 쓸 수 있다.

② ⓑ : 인지(認知)하게 [○]

→ '관찰을 통해 인지하게 되는 것'이 되므로 문장의 의미가 그대로 유지되며 어색하지 않다. '인지하다'는 어떤 사실을 안다는 뜻이므로 '알다'와 바꿔 쓸 수 있다.

③ ⓒ : 소지(所持)하게 [X]

→ '우리가 소지하게 된 상식적인 생각들'이 되므로 어색하다. '지니다'는 추상적 대상에 쓰는 말이지만, '소지하다'는 '물건을 지니다'의 뜻으로 구체적 대상에 쓰는 말이다.

④ ⓓ : 제기(提起)한다 [○]

→ 'IP 주소는 숫자를 사용하여 표시한다.'가 되므로 문장의 의미가 그대로 유지되며 어색하지 않다. '표시하다'는 겉으로 드러내 보이게 한다는 뜻이므로 '나타내다'와 바꿔 쓸 수 있다.

⑤ ⓔ : 부합(符合)한다 [○]

→ '상식적인 생각과 잘 부합한다.'가 되므로 문장의 의미가 그대로 유지되며 어색하지 않다. '부합하다'는 사물이나 현상이 서로 꼭 들어맞는다는 뜻이므로 '들어맞다'와 바꿔 쓸 수 있다.

c. 사전적 의미 파악하기

[적용 문제 1]

26. ⓐ~ⓔ의 사전적 뜻풀이로 옳지 <u>않은</u> 것은? [2016학년도 6월 모의평가 A형]

① ⓐ : 판별하여 결정함.
② ⓑ : 규칙에 의해 일정한 한도를 정함.
③ ⓒ : 서로 의견이 일치함.
④ ⓓ : 의견이나 문제를 내어 놓음.
⑤ ⓔ : 서로 반대되어 어긋남.

[정답 찾기 3step]

step 1. 지문에 제시된 단어의 사전적 의미를 파악한다.

ⓐ 판정 → 판별하여 결정함.

ⓑ 규정 → 내용이나 성격, 의미 따위를 밝혀 정함.

* 앞뒤 문맥을 살펴보면 '도덕적 진리라고 규정한다'고 했으므로 어떤 것을 정한다는 의미이다.

ⓒ 합의 → 서로 의견이 일치함.

ⓓ 제기 → 의견이나 문제를 내어 놓음.

ⓔ 배치 → 서로 반대되어 어긋남.

* 앞뒤 문맥을 살펴보면 도덕적으로 옳음'과 '도덕적으로 옳지 않음'이 없다는 것은 보편적 인식과 어긋난 것이라는 의미이다.

step 2. step 1에서 파악한 의미를 선택지와 비교하여 정답을 찾는다.

정답은 ② ⓑ이다. '규칙에 의해 일정한 한도를 정함.'은 '규제'의 사전적 의미이다.

[적용 문제 2]

24. ⓐ~ⓔ의 사전적 의미로 적절하지 <u>않은</u> 것은? [2016학년도 9월 모의평가 B형]

① ⓐ : 목적을 이룰 때까지 뒤쫓아 구함.
② ⓑ : 돈이나 물건, 자원 따위를 낭비하지 않고 아껴 씀.
③ ⓒ : 어떤 이론이나 지식을 다른 분야의 일에 적용하여 이용함.
④ ⓓ : 일이나 사건 따위를 해결할 수 있는 방법이나 실마리를 더듬어 찾음.
⑤ ⓔ : 어떤 대상을 너그럽게 감싸 주거나 받아들임.

[정답 찾기 3step]

step 1. 지문에 제시된 단어의 사전적 의미를 파악한다.

ⓐ 추구 → 목적을 이룰 때까지 뒤쫓아 구함.

ⓑ 검약 → 근검절약, 돈이나 물건, 자원 따위를 낭비하지 않고 아껴 씀.

ⓒ 응용 → 어떤 이론이나 지식을 다른 분야의 일에 적용하여 이용함.

ⓓ 모색 → 일이나 사건 따위를 해결할 수 있는 방법이나 실마리를 더듬어 찾음.

ⓔ 포섭 → 어떤 개념이 보다 일반적인 개념에 포괄되는 종속 관계.

step 2. step 1에서 파악한 의미를 선택지와 비교하여 정답을 찾는다.

정답은 ⑤ ⓔ 이다. '어떤 대상을 너그럽게 감싸 주거나 받아들임.'은 '포용'의 사전적 의미이다.

* 부록 속의 부록

 지금까지 수능 독서 영역의 어휘·어법 문항 유형에 대한 '정답 찾기 핵심 3step'을 익혔다. 이제는 유형별로 분류된 수능 기출 문제를 통해 '정답 찾기 핵심 3step'을 직접 적용해 보자. 이를 통해 수능의 실전 감각을 익힐 수 있을 것이다.

어휘·어법 문항의 세 가지 법칙	뒤쪽
a. 문맥적 의미 적용하기	'정답 찾기 핵심 step'을 적용한 해설 * 앞서 예시문항, 실제 적용문제에 수록된 문항은 제외시킴
b. 바꿔 쓰기	
c. 사전적 의미 파악하기	

a. 문맥적 의미 적용하기

* 다음 글을 읽고 물음에 답하시오. [2016학년도 6월 모의평가 A형]

과거에는 물질이 더 이상 쪼개지지 않는 작은 원자들로 구성되어 있다고 생각되었지만, 오늘날에는 원자가 전자, 양성자, 중성자로 구성된 복잡한 구조라는 것이 밝혀졌다.

음전기를 띠고 있는 전자는 세 입자 중 가장 작고 가볍다. 1897년에 톰슨이 기체 방전관 실험에서 음전기의 흐름을 확인하여 전자를 발견하였다. 같은 음전기를 띠고 있는 전자들은 서로 반발하므로 원자 안에 모여 있기 어렵다. 이에 전자끼리 흩어지지 않고 원자의 형태를 유지하는 이유를 설명하기 위해 톰슨은 '건포도빵 모형'을 제안하였다. 양전기가 빵 반죽처럼 원자에 ㉠ 고르게 퍼져 있고, 전자는 건포도처럼 점점이 박혀 있어서 원자가 평소에 전기적으로 중성이라고 생각한 것이다.

양전기를 띠고 있는 양성자는 전자보다 대략 2,000배 정도 무거워서 작은 에너지로 전자처럼 분리해 내거나 가속시키기 쉽지 않다. 그러나 1898년 마리 퀴리가 천연 광물에서 라듐을 발견한 이후 새로운 실험이 가능해졌다. 라듐은 강한 방사성 물질이어서 양전기를 띤 알파 입자를 큰 에너지로 방출한다.

1911년에 러더퍼드는 라듐에서 방출되는 알파 입자를 얇은 금박에 충돌시키는 실험을 하였다. 그 결과 알파 입자는 금박의 대부분을 통과했지만 일부 지점들은 통과하지 못하고 튕겨 나갔다. 이 실험을 통해 러더퍼드는 양전기가 빵 반죽처럼 원자 전체에 퍼져 있는 것이 아니라 아주 좁은 구역에만 모여 있다는 것을 알게 되었고, 이 구역을 '원자핵'이라고 하였다. 그는 실험 결과를 바탕으로 태양이 행성들을 당겨 공전시키는 것처럼 양전기를 띤 원자핵도 전자를 잡아당겨 공전시킨다는 '태양계 모형'을 제안하여 톰슨의 모형을 수정하였다.

그런데 러더퍼드의 모형은 각각의 원자에서 나타나는 고유한 스펙트럼을 설명하지 못했다. 1913년에 닐스 보어는 전자가 핵주위의 특정한 궤도만을 돌 수 있다는 '에너지 양자화 가설'이라는 것을 제안하였다. 이를 통해 양성자 1개와 전자 1개로 이루어져 구조가 단순한 수소 원자의 스펙트럼을 설명할 수 있었다. 1919년에 러더퍼드는 질소 원자에 대한 충돌 실험을 통하여 핵에서 떨어져 나오는 양성자를 확인하였다. 그는 또한 핵 속에 전기를 띠지 않는 입자인 중성자가 있다는 것을 예측하였다. 1932년에 채드윅은 전기적으로 중성이며 질량이 양성자와 비슷한 입자인 중성자를 발견하였다. 1935년에 일본의 유카와 히데키는 중성자가 중간자라는 입자를 통해 핵력이 작용하게 하여 양성자를 잡아당긴다는 가설을 제안하였다. 여러 개의 양성자를 가진 원자에서는 같은 양전기를 띠고 있는 양성자들이 서로 밀어내려 하는데, 이러한 반발력보다 더 큰 힘이 있어야만 여러 개의 양성자가 핵에 속박될 수 있다. 그의 제안을 이용하면 양성자들이 흩어지지 않고 핵 안에 모여 있음을 설명할 수 있었다.

21. ㉠의 문맥적 의미와 가장 가까운 것은?

① 그 식물은 전국에 <u>고른</u> 분포를 보인다.
② 국어사전에서 적당한 단어를 <u>골라야</u> 한다.
③ 그는 목소리를 <u>고르며</u> 차례를 기다리고 있다.
④ 울퉁불퉁한 곳을 흙으로 메워 판판하게 <u>골랐다.</u>
⑤ 날씨가 <u>고르지</u> 못한 환절기에 아이가 감기에 들었다.

견과류와 같이 지방질을 많이 함유하고 있는 식품을 장기간 저장하다 보면 불쾌한 냄새가 나기도 한다. 이는 대개 산패로 인해 발생한다. 산패는 저장 중인 식품에서 비정상적인 맛과 냄새가 나는 현상을 말한다. 지방질이 공기에 장시간 노출되어 열, 빛 등의 영향을 받으면 산화 작용이 ⓐ 일어나 산패에 이르게 된다. 이러한 산패는 지방질을 구성하는 성분의 구조와 관련이 있다.

일반적으로 지방질은 사슬 모양을 ⓑ 이루고 있으며 지방질 한 분자에는 글리세롤 한 분자와 지방산 세 분자가 결합되어 있다. 지방산은 탄소끼리의 결합을 중심으로 탄소와 수소, 탄소와 산소의 결합을 포함한 사슬 구조로 이루어져 있으며 글리세롤과 결합된 탄소를 제외한 모든 탄소는 수소와 결합되어 있다. 지방산에서 탄소끼리의 결합은 대부분 단일결합인데 이중결합인 경우도 있다. 이중결합이 없으면 포화 지방산, 한 개 이상의 이중결합이 있으면 불포화 지방산이라고 한다. 오메가-3 지방산이나 오메가-6 지방산은 대표적인 불포화 지방산이다. 산화 작용에 의한 산패는 불포화 지방산이 결합된 지방질에서 일어나며, 이중결합의 수가 많을수록 잘 일어난다. 글리세롤은 지방질의 산패에 큰 영향을 ⓒ 주지 않는다.

예를 들어 글리세롤에 오메가-6 지방산만이 결합되어 있는 ㉠ A 지방질이 있다고 하자. A 지방질의 오메가-6 지방산 사슬에 있는 탄소에서 산화 작용이 일어나 산패에 이르게 되는데, 이 과정에서 중요한 역할을 하는 것이 라디칼 분자들이다. 대부분의 분자들은 짝수의 전자를 가지는데, 외부 에너지의 영향으로 홀수의 전자를 갖는 분자로 변화되기도 한다. 이 변화된 분자를 라디칼 분자라고 한다. 일반적으로 라디칼 분자는 에너지가 높고 불안정하여 주위 분자들과 쉽게 반응하는데, 이러한 반응 과정을 거치면 에너지가 낮고 안정적인 비(非)라디칼 분자로 변화한다.

A 지방질의 이중결합 바로 옆에 있는 탄소가 열이나 빛의 영향을 ⓓ 받으면, A 지방질 분자가 에너지가 높고 불안정한 알릴 라디칼로 변화한다. 알릴 라디칼은 산소와 결합하여 퍼옥시 라디칼로 변화한다. 퍼옥시 라디칼은 주위에 있는 다른 오메가-6 지방산 사슬과 반응하여 새로운 알릴 라디칼을 만들고, 자신은 비(非)라디칼 분자인 하이드로퍼옥사이드로 변화한다. 새로 생성된 알릴 라디칼은 다시 산소와 결합하여 퍼옥시 라디칼이 되면서 위의 연쇄 반응이 반복된다. 이로 인해 하이드로퍼옥사이드가 계속 생성되고, 생성된 하이드로퍼옥사이드는 분해되어 알코올, 알데히드 등의 화합물로 변화한다. 이 화합물들이 비정상적인 냄새를 나게 하는 주원인이다.

A 지방질에서 산패가 발생하는 것을 지연시키는 방법에는 산화방지제를 첨가하는 것이 있다. 산화방지제는 라디칼 분자에 전자를 주어 짝수 전자를 갖게 하여 다른 분자들과 쉽게 반응하지 않도록 한다. 예를 들어 식물에 ⓔ 들어 있는 천연 산화방지제인 비타민 E는 퍼옥시 라디칼을 안정화시켜 오메가-6 지방산 사슬이 알릴 라디칼로 만들어지는 과정을 방해한다. 이밖에도 산패로 진행되는 데 영향을 주는 요인들의 작용을 억제하는 방법에는 여러 가지가 있다.

21. 윗글의 ⓐ~ⓔ와 같은 의미로 사용되지 <u>않은</u> 것은?

① ⓐ : 지진이 <u>일어나</u> 피해를 주었다.
② ⓑ : 유리창에 빗방울이 무늬를 <u>이루고</u> 있다.
③ ⓒ : 태풍은 우리나라에 피해를 <u>주지</u> 않았다.
④ ⓓ : 차가 난간을 <u>받으면</u> 안 되니까 조심해라.
⑤ ⓔ : 이 물질에는 염화마그네슘이 많이 <u>들어</u> 있다.

* 다음 글을 읽고 물음에 답하시오. [2016학년도 9월 모의평가 A형]

사진은 19세기 초까지만 해도 근대 문명이 만들어 낸 기술적 도구이자 현실 재현의 수단으로 인식되었다. 하지만 점차 여러 사진작가들이 사진을 연출된 형태로 찍거나 제작함으로써 자기의 주관을 표현하고자 하는 시도를 하였다. 이들은 빛의 처리, 원판의 합성 등의 기법으로 회화적 표현을 모방하여 예술성 있는 사진을 추구하였다. 이러한 흐름 속에서 만들어진 사진 작품들을 회화주의 사진이라고 부른다.

스타이컨의 ⊙〈빅토르 위고와 생각하는 사람과 함께 있는 로댕〉(1902년)은 회화주의 사진을 대표하는 것으로 평가된다. 이 작품에서 피사체들은 조각가 '로댕'과 그의 작품인 〈빅토르 위고〉와 〈생각하는 사람〉이다. 스타이컨은 로댕을 대리석상 〈빅토르 위고〉 앞에 두고 찍은 사진과, 청동상 〈생각하는 사람〉을 찍은 사진을 합성하여 하나의 사진 작품으로 만들었다. 이렇게 제작된 사진의 구도에서 어둡게 나타난 근경에는 로댕이 〈생각하는 사람〉과 서로 마주 보며 비슷한 자세로 앉아 있고, 반면 환하게 보이는 원경에는 〈빅토르 위고〉가 이들을 내려다보는 모습으로 배치되어 있다. 단순히 근경과 원경을 합성한 것이 아니라, 두 사진의 피사체들이 작가가 의도한 바에 따라 하나의 프레임 속에서 자리 잡을 수 있도록 당시로서는 고난도인 합성 사진 기법을 동원한 것이다. 또한 인화 과정에서는 피사체의 질감이 억제되는 감광액을 사용하였다.

스타이컨은 1901년부터 거의 매주 로댕과 예술적 교류를 하며 그의 작품들을 촬영했다. 로댕은 사물의 외형만을 재현하려는 당시 예술계의 경향에서 벗어나 생명력과 표현성을 강조하는 조각을 하고 있었는데, 스타이컨은 이를 높이 평가하고 깊이 공감하였다. 스타이컨은 사진이나 조각이 작가의 주관과 감정을 표현할 수 있으며 문학 작품처럼 해석의 대상도 될 수 있다고 생각했는데, 로댕 또한 이에 동감하여 기꺼이 사진 작품의 모델이 되어 주기도 하였다.

이 사진에서는 피사체들의 질감이 뚜렷이 ⓒ 살지 않게 처리하여 모든 피사체들이 사람인 듯한 느낌을 주고자 하였다. 대문호 〈빅토르 위고〉가 내려다보고 있는 가운데 로댕은 〈생각하는 사람〉과 마주하여 자신도 〈생각하는 사람〉이 된 양, 같은 자세로 묵상하는 모습을 취하고 있다. 원경에서 희고 밝게 빛나는 〈빅토르 위고〉는 근경에 있는 로댕과 〈생각하는 사람〉의 어두운 모습에 대비되어 창조의 영감을 발산하는 모습으로 나타난다. 이러한 구도는 로댕의 작품도 문학 작품과 마찬가지로 창작의 고뇌 속에서 이루어진 것이라는 메시지를 주고 있다.

이처럼 스타이컨은 명암 대비가 뚜렷이 드러나도록 촬영하고, 원판을 합성하여 구도를 만들고, 특수한 감광액으로 질감에 변화를 주는 등의 방식으로 사진이 회화와 같은 방식으로 창작되고 표현될 수 있는 예술임을 보여 주고자 하였다.

30. ⓒ의 문맥적 의미와 가장 가까운 것은?

① 이 소설가는 개성이 살아 있는 문체로 유명하다.
② 아궁이에 불씨가 살아 있으니 장작을 더 넣어라.
③ 어제까지도 살아 있던 손목시계가 그만 멈춰 버렸다.
④ 흰긴수염고래는 지구에 살고 있는 동물 중 가장 크다.
⑤ 부부가 행복하게 살려면 서로를 존중하고 사랑해야 한다.

b. 바꿔 쓰기

* 다음 글을 읽고 물음에 답하시오. [2016학년도 6월 모의평가 B형]

나비가 되어 자신조차 잊을 만큼 즐겁게 날아다니는 꿈을 꾸다 깨어난 장자(莊子)는 자신이 나비가 되는 꿈을 꾼 것인지 나비가 자신이 된 꿈을 꾸고 있는 것인지 의아해한다. 이 호접몽 이야기는 나를 잊은 상태를 묘사함으로써 '물아일체(物我一體)' 사상을 그 결론으로 제시하고 있다. 이 이야기 외에도 『장자』에는 '나를 잊는다'는 구절이 나오는 일화 두 편이 있다.

하나는 장자가 타인의 정원에 넘어 들어갔다는 것도 모른 채, 기이한 새의 뒤를 ㉠ 홀린 듯 쫓는 이야기이다. 여기서 장자는 바깥 사물에 마음을 통째로 빼앗겨 자신조차 잊어버리는 고도의 몰입을 대상에 사로잡혀 끌려 다니는 꼴에 불과한 것으로 보았다. 이때 마음은 자신이 원하는 하나의 대상에만 과도하게 집착하여 그 어떤 것도 돌아보지 못한다. 이런 마음은 맹목적 욕망일 뿐이어서 감각적 체험을 있는 그대로 받아들이지 못하고 자신에게 이롭다거나 좋다고 생각하는 것만을 과장하거나 왜곡해서 ㉡ 받아들이고 그렇지 않은 것들은 배격하게 된다.

다른 하나는 "스승님의 마음은 불 꺼진 재와 같습니다."라는 말을 제자에게 들은 남곽자기(南郭子綦)라는 사람이 "나는 나 자신을 잊었다."라고 대답한 이야기이다. 여기서 '나 자신'은 마음을 가리키며, 마음을 잊었다는 것은 불꽃처럼 마음속에 치솟던 분별 작용이 사라졌음을 뜻한다. 달리 말해, 이는 텅 빈 마음이 되었다는 말이며 흔히 명경지수(明鏡止水…)의 비유로 표현되는 정적(靜寂)의 상태를 뜻한다. 이런 고요한 마음을 유지해야 천지만물을 있는 그대로 받아들일 수 있다.

그렇다면 첫째 이야기에서는 온전하게 회복해야 할 '참된 자아'를 잊은 것이고 둘째 이야기에서는 세상을 기웃거리면서 시비를 따지려 드는 '편협한 자아'를 잊은 것이라고 볼 수 있다. 참된 자아를 잊은 채 대상에 탐닉하는 식으로 자아와 세계가 관계를 맺게 되면 그 대상에 꼼짝없이 종속되어 괴로움이 증폭된다고 장자는 생각한다. 한편 편협한 자아를 잊었다는 것은 편견과 아집의 상태에서 ㉢ 벗어나 세계와 자유롭게 소통하는 합일의 경지에 도달할 수 있음을 의미한다.

장자는 이 경지를 만물의 상호 의존성으로 설명한다. 자아와 타자는 서로의 존재를 온전히 전제할 때 자신들의 존재가 ㉣ 드러날 수 있다고 그는 말한다. 예컨대, 내가 편견 없는 눈의 감각으로 꽃을 응시하면 그 꽃으로 인해 나의 존재가 성립되고 나로 인해 그 꽃 또한 존재의 의미를 획득하게 된다는 것이다. 이런 관계가 성립되기 위해서는 끊임없이 타자를 위해 마음의 공간을 비워 두는 수행이 필요하다. 장자는 이런 수행을 통해서 개체로서의 자아를 ㉤ 뛰어넘어 세계의 모든 존재와 일체를 이루는 자아에 도달할 수 있다고 주장한다. 장자가 나비가 되어 자신조차 잊은 채 자유롭게 날 수 있었던 것은 나비를 있는 그대로 온전하게 받아들일 수 있었기 때문에 가능했다. 만물과 조화롭게 합일한다는 '물아일체'로 호접몽 이야기를 끝맺는 까닭이 여기에 있다.

20. 문맥상 ㉠~㉤과 바꿔 쓰기에 적절하지 <u>않은</u> 것은?

① ㉠ : 미혹(迷惑)된
② ㉡ : 수용(受容)하고
③ ㉢ : 탈피(脫皮)하여
④ ㉣ : 출현(出現)할
⑤ ㉤ : 초월(超越)하여

* 다음 글을 읽고 물음에 답하시오. [2016학년도 9월 모의평가 A형]

소비자의 권익을 위하여 국가가 집행하는 정책으로 경쟁 정책과 소비자 정책을 들 수 있다. 경쟁 정책은 본래 독점이나 담합 등과 같은 반경쟁적 행위를 국가가 규제함으로써 시장에서 경쟁이 활발하게 이루어지도록 하는 데 중점을 둔다. 이러한 경쟁 정책은 결과적으로 소비자에게 이익이 되므로, 소비자 권익을 보호하는 데 유효한 정책으로 인정된다. 경쟁 정책이 소비자 권익에 ⓐ <u>기여하는</u> 모습은 생산적 효율과 배분적 효율의 두 측면에서 살펴볼 수 있다.

먼저, 생산적 효율은 주어진 자원으로 낭비 없이 더 많은 생산을 하는 것으로서, 같은 비용이면 더 많이 생산할수록, 같은 생산량이면 비용이 적을수록 생산적 효율이 높아진다. 시장이 경쟁적이면 개별 기업은 생존을 위해 비용 절감과 같은 생산적 효율을 추구하게 되고, 거기서 창출된 ㉠ <u>여력</u>은 소비자의 선택을 받고자 품질을 향상시키거나 가격을 ⓑ <u>인하하는</u> 데 활용될 것이다. 그리하여 경쟁 정책이 유발한 생산적 효율은 소비자 권익에 기여하게 된다. 물론 비용 절감의 측면에서는 독점 기업이 더 성과를 낼 수도 있겠지만, 꼭 이것이 가격 인하와 같은 소비자의 이익으로 이어지지는 않는다. 따라서 독점에 대한 감시와 규제는 지속적으로 필요하다.

다음으로, 배분적 효율은 사람들의 만족이 더 커지도록 자원이 배분되는 것을 말한다. 시장이 독점 상태에 놓이면 영리 극대화를 추구하는 독점 기업은 생산을 충분히 하지 않은 채 가격을 올림으로써 배분적 비효율을 발생시킬 수 있다. 반면에 경쟁이 활발해지면 생산량 증가와 가격 인하가 수반되어 소비자의 만족이 더 커지는 배분적 효율이 발생한다. 그러므로 경쟁 정책이 시장의 경쟁을 통하여 유발한 배분적 효율도 소비자의 권익에 기여하게 된다.

경쟁 정책은 이처럼 소비자 권익을 위해 중요한 역할을 수행해 왔지만, 이것만으로 소비자 권익이 충분히 실현되지는 않는다. 시장을 아무리 경쟁 상태로 유지하더라도 여전히 ㉡ <u>남는</u> 문제가 있기 때문이다. 우선, 전체 소비자를 기준으로 볼 때 경쟁 정책이 소비자 이익을 ⓒ <u>증진하더라도</u>, 일부 소비자에게는 불이익이 되는 경우도 있다. 예를 들어, 경쟁 때문에 시장에서 ⓓ <u>퇴출된</u> 기업의 제품은 사후 관리가 되지 않아 일부 소비자가 피해를 보는 일이 있다. 그렇다고 해서 경쟁 정책 자체를 포기하면 전체 소비자에게 ㉢ <u>불리한</u> 결과가 되므로, 국가는 경쟁 정책을 ⓔ <u>유지할</u> 수밖에 없는 것이다. 다음으로, 소비자는 기업에 대한 교섭력이 약하고, 상품에 대한 정보도 적으며, 충동구매나 유해 상품에도 쉽게 노출되기 때문에 발생하는 문제가 있다. 이를 해결하기 위해 상품의 원산지 공개나 유해 상품 회수 등의 조치를 생각해 볼 수 있지만 경쟁 정책에서 직접 다루는 사안이 아니다.

이런 문제들 때문에 소비자의 지위를 기업과 대등하게 하고 기업으로부터 입은 피해를 구제하여 소비자를 보호할 수 있는 별도의 정책이 요구되었고, 이 ㉣ <u>요구</u>에 따라 수립된 것이 소비자 정책이다. 소비자 정책은 주로 기업들이 지켜야 할 소비자 안전 기준의 마련, 상품 정보 공개의 의무화 등의 ㉤ <u>조치</u>와 같이 소비자 보호와 직접 관련 있는 사안을 대상으로 한다. 또한 충동구매나 유해 상품 구매 등으로 발생하는 소비자 피해를 구제하고, 소비자 교육을 실시하며, 기업과 소비자 간의 분쟁을 직접 해결해 준다는 점에서도 경쟁 정책이 갖는 한계를 보완할 수 있다.

26. 문맥상 ⓐ~ⓔ와 바꿔 쓰기에 적절하지 <u>않은</u> 것은?

① ⓐ : 이바지하는   ② ⓑ : 내리는
③ ⓒ : 늘리더라도   ④ ⓓ : 밀려난   ⑤ ⓔ : 세울

변론술을 가르치는 프로타고라스(P)에게 에우아틀로스(E)가 제안하였다. "제가 처음으로 승소하면 그때 수강료를 내겠습니다." P는 이를 ⓐ 받아들였다. 그런데 E는 모든 과정을 수강하고 나서도 소송을 할 기미를 보이지 않았고 그러자 P가 E를 상대로 소송하였다. P는 주장하였다. "내가 승소하면 판결에 따라 수강료를 받게 되고, 내가 지면 자네는 계약에 따라 수강료를 내야 하네." E도 맞섰다. "제가 승소하면 수강료를 내지 않게 되고 제가 지더라도 계약에 따라 수강료를 내지 않아도 됩니다."

지금까지도 이 사례는 풀기 어려운 논리 난제로 거론된다. 다만 법률가들은 이를 해결할 수 있는 사안이라고 본다. 우선, 이 사례의 계약이 수강료 지급이라는 효과를, 실현되지 않은 사건에 의존하도록 하는 계약이라는 점을 살펴야 한다. 이처럼 일정한 효과의 발생이나 소멸에 제한을 ⓑ 덧붙이는 것을 '부관'이라 하는데, 여기에는 '기한'과 '조건'이 있다. 효과의 발생이나 소멸이 장래에 확실히 발생할 사실에 의존하도록 하는 것을 기한이라 한다. 반면 장래에 일어날 수도 있는 사실에 의존하도록 하는 것은 조건이다. 그리고 조건이 실현되었을 때 효과를 발생시키면 '정지 조건', 소멸시키면 '해제 조건'이라 ⓒ 부른다.

민사 소송에서 판결에 대하여 상소, 곧 항소나 상고가 그 기간 안에 제기되지 않아서 사안이 종결되든가, 그 사안에 대해 대법원에서 최종 판결이 선고되든가 하면, 이제 더 이상 그 일을 다툴 길이 없어진다. 이때 판결은 확정되었다고 한다. 확정판결에 대하여는 '기판력(旣判力)'이라는 것을 인정한다. 기판력이 있는 판결에 대해서는 더 이상 같은 사안으로 소송에서 다툴 수 없다. 예를 들어, 계약서를 제시하지 못해 매매 사실을 입증하지 못하고 패소한 판결이 확정되면, 이후에 계약서를 발견하더라도 그 사안에 대하여는 다시 소송하지 못한다. 같은 사안에 대해 서로 모순되는 확정 판결이 존재하도록 할 수는 없는 것이다.

확정 판결 이후에 법률상의 새로운 사정이 ⓓ 생겼을 때는, 그것을 근거로 하여 다시 소송하는 것이 허용된다. 이 경우에는 전과 다른 사안의 소송이라 하여 이전 판결의 기판력이 미치지 않는다고 보는 것이다. 위에서 예로 들었던 계약서는 판결 이전에 작성된 것이어서 그 발견이 새로운 사정이라고 인정되지 않는다. 그러나 임대인이 임차인에게 집을 비워 달라고 하는 소송에서 임대차 기간이 남아 있다는 이유로 임대인이 패소한 판결이 확정된 후 시일이 흘러 계약 기간이 만료되면, 임대인은 집을 비워 달라는 소송을 다시 할 수 있다. 계약상의 기한이 지남으로써 임차인의 권리에 변화가 생겼기 때문이다.

이렇게 살펴본 바를 바탕으로 ㉠ P와 E 사이의 분쟁을 해결하는 소송이 어떻게 전개될지 따져 보자. 이 사건에 대한 소송에서는 조건이 성취되지 않았다는 이유로 법원이 E에게 승소판결을 내리면 된다. 그런데 이 판결 확정 이후에 P는 다시 소송을 할 수 있다. 조건이 실현되었기 때문이다. 따라서 이 두 번째 소송에서는 결국 P가 승소한다. 그리고 이때부터는 E가 다시 수강료에 관한 소송을 할 만한 사유가 없다. 이 분쟁은 두 차례의 판결을 ⓔ 거쳐 해결될 수 있는 것이다.

30. 문맥상 ⓐ~ⓔ와 바꿔 쓰기에 가장 적절한 것은?

① ⓐ : 수취하였다　　② ⓑ : 부가하는

③ ⓒ : 지시한다　　④ ⓓ : 형성되었을

⑤ ⓔ : 경유하여

(가) 유비 논증은 두 대상이 몇 가지 점에서 유사하다는 사실이 확인된 상태에서 어떤 대상이 추가적 특성을 갖고 있음이 알려졌을 때 다른 대상도 그 추가적 특성을 가지고 있다고 추론하는 논증이다. 유비 논증은 이미 알고 있는 전제에서 새로운 정보를 결론으로 도출하게 된다는 점에서 유익하기 때문에 일상생활과 과학에서 흔하게 쓰인다. 특히 의학적인 목적에서 포유류를 대상으로 행해지는 동물 실험이 유효하다는 주장과 그에 대한 비판은 유비 논증을 잘 이해할 수 있게 해 준다.

(나) 유비 논증을 활용해 동물 실험의 유효성을 주장하는 쪽은 인간과 ⓐ 실험동물이 ⓑ 유사성을 보유하고 있기 때문에 신약이나 독성 물질에 대한 실험동물의 ⓒ 반응 결과를 인간에게 안전하게 적용할 수 있다고 추론한다. 이를 바탕으로 이들은 동물 실험이 인간에게 명백하고 중요한 이익을 준다고 주장한다.

(다) 도출한 새로운 정보가 참일 가능성을 유비 논증의 개연성이라 한다. 개연성이 높기 위해서는 비교 대상 간의 유사성이 커야 하는데 이 유사성은 단순히 비슷하다는 점에서의 유사성이 아니고 새로운 정보와 관련 있는 유사성이어야 한다. 예를 들어 ㉠ 동물 실험의 유효성을 주장하는 쪽은 실험동물로 많이 쓰이는 포유류가 인간과 공유하는 유사성, 가령 비슷한 방식으로 피가 순환하며 허파로 호흡을 한다는 유사성은 실험 결과와 관련 있는 유사성으로 보기 때문에 자신들의 유비 논증은 개연성이 높다고 주장한다. 반면에 인간과 꼬리가 있는 실험동물은 꼬리의 유무에서 유사성을 갖지 않지만 그것은 실험과 관련이 없는 특성이므로 무시해도 된다고 본다.

(라) 그러나 ㉡ 동물 실험을 반대하는 쪽은 유효성을 주장하는 쪽을 유비 논증과 관련하여 두 가지 측면에서 비판한다. 첫째, 인간과 실험동물 사이에는 위와 같은 유사성이 있다고 말하지만 그것은 기능적 차원에서의 유사성일 뿐이라는 것이다. 인간과 실험동물의 기능이 유사하다고 해도 그 기능을 구현하는 인과적 메커니즘은 동물마다 차이가 있다는 과학적 근거가 있는데도 말이다. 둘째, 기능적 유사성에만 주목하면서도 막상 인간과 동물이 고통을 느낀다는 기능적 유사성에는 주목하지 않는다는 것이다. 인간은 자신의 고통과 달리 동물의 고통은 직접 느낄 수 없지만 무엇인가에 맞았을 때 신음 소리를 내거나 몸을 움츠리는 동물의 행동이 인간과 기능적으로 유사하다는 것을 보고 유비 논증으로 동물이 고통을 느낀다는 것을 알 수 있는데도 말이다.

(마) 요컨대 첫째 비판은 동물 실험의 유효성을 주장하는 유비 논증의 개연성이 낮다고 지적하는 반면 둘째 비판은 동물도 고통을 느낀다는 점에서 동물 실험의 윤리적 문제를 제기하는 것이다. 인간과 동물 모두 고통을 느끼는데 인간에게 고통을 ⓒ 끼치는 실험은 해서는 안 되고 동물에게 고통을 끼치는 실험은 해도 된다고 생각하는 것은 공평하지 않다고 생각하기 때문이다. 결국 윤리성의 문제도 일관되지 않게 쓰인 유비 논증에서 비롯된 것이다.

24. 문맥상 ⓒ과 바꿔 쓰기에 적절하지 <u>않은</u> 것은?

① 맡기는   ② 가하는
③ 주는   ④ 안기는
⑤ 겪게 하는

* 다음 글을 읽고 물음에 답하시오. [2017학년도 9월 모의평가]

　　권리와 의무의 주체가 될 수 있는 자격을 권리 능력이라 한다. 사람은 태어나면서 저절로 권리 능력을 갖게 되고 생존하는 내내 보유한다. 그리하여 사람은 재산에 대한 소유권의 주체가 되며, 다른 사람에 대하여 채권을 누리기도 하고 채무를 지기도 한다. 사람들의 결합체인 단체도 일정한 요건을 ㉠ 갖추면 법으로써 부여되는 권리 능력인 법인격을 취득할 수 있다. 단체 중에는 사람들이 일정한 목적을 갖고 결합한 조직체로서 구성원과 구별되어 독자적 실체로서 존재하며, 운영 기구를 두어, 구성원의 가입과 탈퇴에 관계없이 존속하는 단체가 있다. 이를 사단(社團)이라 하며, 사단이 갖춘 이러한 성질을 사단성이라 한다. 사단의 구성원은 사원이라 한다. 사단은 법인(法人)으로 등기되어야 법인격이 생기는데, 법인격을 가진 사단을 사단 법인이라 부른다. 반면에 사단성을 갖추고도 법인으로 등기하지 않은 사단은 '법인이 아닌 사단'이라 한다. 사람과 법인만이 권리 능력을 가지며, 사람의 권리 능력과 법인격은 엄격히 구별된다. 그리하여 사단 법인이 자기 이름으로 진 빚은 사단이 가진 재산으로 갚아야 하는 것이지 ⓐ 사원 개인에게까지 ⓑ 책임이 미치지 않는다.

　　회사도 사단의 성격을 갖는 법인이다. 회사의 대표적인 유형이라 할 수 있는 주식회사는 주주들로 구성되며 주주들은 보유한 주식의 비율만큼 회사에 대한 지분을 갖는다. 그런데 2001년에 개정된 상법은 한 사람이 전액을 출자하여 일인 주주로 회사를 설립할 수 있도록 하였다. ⓒ 사단성을 갖추지 못했다고 할 만한 형태의 법인을 인정한 것이다. 또 여러 주주가 있던 회사가 주식의 상속, 매매, 양도 등으로 말미암아 모든 주식이 한 사람의 소유로 되는 경우가 있다. 이런 '일인 주식회사'에서는 일인 주주가 회사의 대표 이사가 되는 사례가 많다. 이처럼 일인 주주가 회사를 대표하는 기관이 되면 경영의 주체가 개인인지 회사인지 모호해진다. 법인인 회사의 운영이 독립된 주체로서의 경영이 아니라 마치 ⓓ 개인 사업자의 영업처럼 보이는 것이다.

　　구성원인 사람의 인격과 법인으로서의 법인격이 잘 분간되지 않는 듯이 보이는 경우에는 간혹 문제가 일어난다. 상법상 회사는 이사들로 이루어진 이사회만을 업무 집행의 의결 기관으로 둔다. 또한 대표 이사는 이사 중 한 명으로, 이사회에서 선출되는 기관이다. 그리고 이사의 선임과 이사의 보수는 주주 총회에서 결정하도록 되어 있다. 그런데 주주가 한 사람뿐이면 사실상 그의 뜻대로 될 뿐, 이사회나 주주 총회의 기능은 퇴색하기 쉽다. 심한 경우에는 회사에서 발생한 이익이 대표 이사인 주주에게 귀속되고 회사 자체는 ⓔ 허울만 남는 일도 일어난다. 이처럼 회사의 운영이 주주 한 사람의 개인 사업과 다름없이 이루어지고, 회사라는 이름과 형식은 장식에 지나지 않는 경우에는, 회사와 거래 관계에 있는 사람들이 재산상 피해를 입는 문제가 발생하기도 한다. 이때 그 특정한 거래 관계에 관련하여서만 예외적으로 회사의 법인격을 일시적으로 부인하고 회사와 주주를 동일시해야 한다는 ㉡ '법인격 부인론'이 제기된다. 법률은 이에 대하여 명시적으로 규정하고 있지 않지만, 법원은 권리 남용의 조항을 끌어들여 이를 받아들인다. 회사가 일인 주주에게 완전히 지배되어 회사의 회계, 주주 총회나 이사회 운영이 적법하게 작동하지 못하는데도 회사에만 책임을 묻는 것은 법인 제도가 남용되는 사례라고 보는 것이다.

39. 문맥상 ㉠과 바꿔 쓰기에 가장 적절한 것은?

① 겸비(兼備)하면　　② 구비(具備)하면

③ 대비(對備)하면　　④ 예비(豫備)하면

⑤ 정비(整備)하면

* 다음 글을 읽고 물음에 답하시오. [2017학년도 11월 수능]

　　㉠ 논리실증주의자와 포퍼는 지식을 수학적 지식이나 논리학 지식처럼 경험과 무관한 것과 과학적 지식처럼 경험에 의존하는 것으로 구분한다. 그중 과학적 지식은 과학적 방법에 의해 누적된다고 주장한다. 가설은 과학적 지식의 후보가 되는 것인데, 그들은 가설로부터 논리적으로 도출된 예측을 관찰이나 실험 등의 경험을 통해 맞는지 틀리는지 판단함으로써 그 가설을 시험하는 과학적 방법을 제시한다. 논리실증주의자는 예측이 맞을 경우에, 포퍼는 예측이 틀리지 않는 한, 그 예측을 도출한 가설이 하나씩 새로운 지식으로 추가된다고 주장한다.

　　하지만 ㉡ 콰인은 가설만 가지고서 예측을 논리적으로 도출할 수 없다고 본다. 예를 들어 ⓐ 새로 발견된 금속 M은 열을 받으면 팽창한다는 가설만 가지고는 ⓑ 열을 받은 M이 팽창할 것이라는 예측을 이끌어낼 수 없다. 먼저 지금까지 관찰한 모든 금속은 열을 받으면 팽창한다는 기존의 지식과 M에 열을 가했다는 조건 등이 필요하다. 이렇게 예측은 가설, 기존의 지식들, 여러 조건 등을 모두 합쳐야만 논리적으로 도출된다는 것이다. 그러므로 예측이 거짓으로 밝혀지면 정확히 무엇 때문에 예측에 실패한 것인지 알 수 없다는 것이다. 이로부터 콰인은 개별적인 가설뿐만 아니라 ㉢ 기존의 지식들과 여러 조건 등을 모두 포함하는 전체 지식이 경험을 통한 시험의 대상이 된다는 총체주의를 제안한다.

　　논리실증주의자와 포퍼는 수학적 지식이나 논리학 지식처럼 경험과 무관하게 참으로 판별되는 분석 명제와, 과학적 지식처럼 경험을 통해 참으로 판별되는 종합 명제를 서로 다른 종류라고 구분한다. 그러나 콰인은 총체주의를 정당화하기 위해 이 구분을 부정하는 논증을 다음과 같이 제시한다. 논리실증주의자와 포퍼의 구분에 따르면 "총각은 총각이다."와 같은 동어 반복 명제와, "총각은 미혼의 성인 남성이다."처럼 동어 반복 명제로 환원할 수 있는 것은 모두 분석 명제이다. 그런데 후자가 분석 명제인 까닭은 전자로 환원할 수 있기 때문이다. 이러한 환원이 가능한 것은 '총각'과 '미혼의 성인 남성'이 동의적 표현이기 때문인데 그게 왜 동의적 표현인지 물어보면, 이 둘을 서로 대체하더라도 명제의 참 또는 거짓이 바뀌지 않기 때문이라고 할 것이다. 하지만 이것만으로는 두 표현의 의미가 같다는 것을 보장하지 못해서, 동의적 표현은 언제나 반드시 대체 가능해야 한다는 필연성 개념에 다시 의존하게 된다. 이렇게 되면 동의적 표현이 동어 반복 명제로 환원 가능하게 하는 것이 되어, 필연성 개념은 다시 분석 명제 개념에 의존하게 되는 순환론에 빠진다. 따라서 콰인은 종합 명제와 구분되는 분석 명제가 존재한다는 주장은 근거가 없다는 결론에 ㉣ 도달한다.

　　콰인은 분석 명제와 종합 명제로 지식을 엄격히 구분하는 대신, 경험과 직접 충돌하지 않는 중심부 지식과, 경험과 직접 충돌할 수 있는 주변부 지식을 상정한다. 경험과 직접 충돌하여 참과 거짓이 쉽게 바뀌는 주변부 지식과 달리 주변부 지식의 토대가 되는 중심부 지식은 상대적으로 견고하다. 그러나 이 둘의 경계를 명확히 나눌 수 없기 때문에, 콰인은 중심부 지식과 주변부 지식을 다른 종류라고 하지 않는다. 수학적 지식이나 논리학 지식은 중심부 지식의 한가운데에 있어 경험에서 가장 멀리 떨어져 있지만 그렇다고 경험과 무관한 것은 아니라는 것이다. 그런데 주변부 지식이 경험과 충돌하여 거짓으로 밝혀지면 전체 지식의 어느 부분을 수정해야 할지 고민하게 된다. 주변부 지식을 수정하면 전체 지식의 변화가 크지 않지만 중심부 지식을 수정하면 관련된 다른 지식이 많기 때문에 전체 지식도 크게 변화하게 된다. 그래서 대부분의 경우에는 주변부 지식을 수정하는 쪽을 선택하겠지만 실용적 필요 때문에 중심부 지식을 수정하는 경우도 있다. 그리하여 콰인은 중심부 지식과 주변부 지식이 원칙적으로 모두 수정의 대상이 될 수 있고, 지식의 변화도 더 이상 개별적 지식이 단순히 누적되는 과정이 아니라고 주장한다.

총체주의는 특정 가설에 대해 제기되는 반박이 결정적인 것처럼 보이더라도 그 가설이 실용적으로 필요하다고 인정되면 언제든 그와 같은 반박을 피하는 방법을 강구하여 그 가설을 받아들일 수 있다. 그러나 총체주의는 "A이면서 동시에 A가 아닐 수는 없다."와 같은 논리학의 법칙처럼 아무도 의심하지 않는 지식은 분석 명제로 분류해야 하는 것이 아니냐는 비판에 답해야 하는 어려움이 있다.

20. 문맥상 ⓒ과 바꿔 쓰기에 가장 적절한 것은?

① 잇따른다
② 다다른다
③ 봉착한다
④ 회귀한다
⑤ 기인한다

c. 사전적 의미 파악하기

* 다음 글을 읽고 물음에 답하시오. [2016학년도 6월 모의평가 B형]

산업화에 따라 사회가 분화되고 개인이 공동체적 유대로부터 벗어나게 되는 현상을 '개체화'라고 한다. 울리히 벡과 지그문트 바우만은 현대의 개체화 현상을 사회적 위험 문제와 연관시켜 진단한 대표적인 학자들이다.

사실 사회 분화와 개체화는 자본주의적 산업화 이래로 지속된 현상이다. 그런데 20세기 중반 이후부터는 세계화를 계기로 개체화 현상이 과거와는 질적으로 달라진 양상을 보여 주고 있다. 교통과 통신 수단의 발달에 따라 국경을 넘나드는 자본과 노동의 이동이 가속화되었고, 개인에 대한 국가의 통제력도 현저하게 약화되고 있다. 또한 전 세계적인 노동 시장의 유연화 경향에 따라 정규직과 비정규직, 생산직과 사무직 등 다양한 형태로 분절화된 노동자들이 이제는 계급적 연대 속에서 이해관계를 공유하지 못하게 되었다. 핵가족화 추세에 더하여 일인 가구가 급속도로 늘어나는 등 가족의 해체 현상도 많이 나타나고 있다. 벡과 바우만은 개체화의 이러한 가속화 추세에 대해서 인식의 차이를 보이지 않는다.

그런데 현대의 위기와 관련해서 그들이 개체화를 바라보는 시선은 사뭇 다르다. 먼저 벡은 과학 기술의 의도하지 않은 결과로 나타난 현대의 위기가 개체화와는 별개로 진행된 현상이라고 본다. 벡은 핵무기와 원전 누출 사고, 환경 재난 등 예측 불가능한 위험이 현실화될 가능성이 있는데도 삶의 편의와 풍요를 위해 이를 ⓐ 방치(放置)함으로써 위험이 체계적이고도 항시적으로 존재하게 된 현대 사회를 ㉠ '위험 사회'라고 규정한 바 있다. 현대의 위험은 과거와 달리 국가와 계급을 가리지 않고 파괴적으로 영향을 미친다는 것이 벡의 관점이다. 그런데 벡은 현대인들이 개체화되어 있다는 바로 그 조건 때문에 오히려 전 지구적 위험에 의한 불안에 대응하기 위해 초계급적, 초국가적으로 ⓑ 연대(連帶)할 가능성이 있다고 보았다. 특히 벡은 그들이 과학 기술의 발전뿐 아니라 그 파괴적 결과까지 인식하여 대안을 모색하는 '성찰적 근대화'의 실천 주체로서 일상생활에서의 요구를 모아 정치적으로 ⓒ 표출(表出)하는 등 행동에 나서야 한다고 주장한다.

한편 바우만은 개체화된 개인들이 삶의 불확실성 속에서 생존을 모색하게 된 현대를 ㉡ '액체 시대'로 정의하였다. 현대인의 삶과 사회 전체가, 형체는 가변적이고 흐르는 방향은 유동적인 액체와 같아졌다고 보았던 것이다. 그런데 그는 액체 시대라는 개념을 통해 핵 확산이나 환경 재앙 등 예측 불가능한 전 지구적 위험 요인의 항시적 존재만이 아니라 삶의 조건을 불확실하게 만드는 개체화 현상 자체를 위험 요인으로 본다는 점에서 벡과 달랐다. 바우만은 우선 세계화의 흐름 속에서 소수의 특권 계급을 제외한 대다수의 사람들이 무한 경쟁에 내몰리고 빈부 격차에 따라 생존 자체를 위협받는 등 잉여 인간으로 ⓓ 전락(轉落)하고 있다고 본다. 그러나 그가 더 치명적으로 본 것은 협력의 고리를 찾지 못하게 된 현대인들이 개인 수준에서 위기에 대처해야 하는 상황에 빠져 버렸다는 점이다. 더구나 그는 위험에 대한 공포가 내면화되면 사람들은 극복 의지도 잃고 공포로부터 도피하거나 소극적 자기 방어 행동에 ⓔ 몰두(沒頭)하게 된다고 보았다. 그렇기 때문에 바우만은 일상생활에서의 정치적 요구를 담은 실천 행위도 개체화의 흐름에 놓여 있기 때문에 현대의 위기에 대한 해결책이 될 수 없다고 판단하고 있다.

24. ⓐ~ⓔ의 사전적 의미로 적절하지 <u>않은</u> 것은?

① ⓐ : 쫓아내거나 몰아냄.

② ⓑ : 여럿이 함께 무슨 일을 하거나 함께 책임을 짐.

③ ⓒ : 겉으로 나타냄.

④ ⓓ : 나쁜 상태나 타락한 상태에 빠짐.

⑤ ⓔ : 어떤 일에 온 정신을 다 기울여 열중함.

* 부록 속의 부록 - 정답 풀이

a. 문맥적 의미 적용하기

21. ㉠의 문맥적 의미와 가장 가까운 것은? [2016학년도 6월 모의평가 A형]

① 그 식물은 전국에 <u>고른</u> 분포를 보인다.
② 국어사전에서 적당한 단어를 <u>골라야</u> 한다.
③ 그는 목소리를 <u>고르며</u> 차례를 기다리고 있다.
④ 울퉁불퉁한 곳을 흙으로 메워 판판하게 <u>골랐다</u>.
⑤ 날씨가 <u>고르지</u> 못한 환절기에 아이가 감기에 들었다.

[정답 찾기 3step]

step 1. 지문에 제시된 단어의 문맥적 의미를 정확하게 파악한다.

　㉠ 고르게
　→ '양전기가 원자로에 고르게 퍼져 있다.'로 보아 '높낮이, 크기, 양 따위의 차이가 없이 한결같게'의
　　의미임을 알 수 있다.

step 2. 선택지에 제시된 단어의 문맥적 의미를 정확하게 파악한다.

　① 그 식물은 전국에 <u>고른</u> 분포를 보인다.
　→ '고른 분포'로 보아 '높낮이, 크기, 양 따위의 차이가 없이 한결같은'의 의미이다.

　② 국어사전에서 적당한 단어를 <u>골라야</u> 한다.
　→ '적당한 단어를 고르다'로 보아 '여럿 중에서 가려내거나 뽑다.'의 의미이다.

　③ 그는 목소리를 <u>고르며</u> 차례를 기다리고 있다.
　→ '목소리를 고르다'로 보아 '제 기능을 발휘하도록 다듬거나 손질하다.'의 의미이다.

④ 울퉁불퉁한 곳을 흙으로 메워 판판하게 골랐다.

　→ '울퉁불퉁한 곳을 판판하게 고르다'로 보아 '울퉁불퉁한 것을 평평하게 하거나 들쭉날쭉한 것을 가지런하게 하다.'의 의미이다.

⑤ 날씨가 고르지 못한 환절기에 아이가 감기에 들었다.

　→ '날씨가 고르지 못한 환절기'로 보아 '상태가 정상적으로 순조롭다.'의 의미이다.

step 3. 지문과 선택지에서 파악한 의미를 바탕으로 정답을 찾는다.

　문맥상 지문에 제시된 단어와 가장 가까운 의미로 쓰인 것은 '①'이다.

21. 윗글의 ⓐ~ⓔ와 같은 의미로 사용되지 않은 것은? [2016학년도 9월 모의평가 A형]

① ⓐ : 지진이 일어나 피해를 주었다.
② ⓑ : 유리창에 빗방울이 무늬를 이루고 있다.
③ ⓒ : 태풍은 우리나라에 피해를 주지 않았다.
④ ⓓ : 차가 난간을 받으면 안 되니까 조심해라.
⑤ ⓔ : 이 물질에는 염화마그네슘이 많이 들어 있다.

[정답 찾기 3step]

step 1. 지문에 제시된 단어의 문맥적 의미를 정확하게 파악한다.

ⓐ 일어나

　→ '산화작용이 일어나'로 보아 '어떤 일이 생기다.'의 의미임을 알 수 있다.

ⓑ 이루고

　→ '사슬 모양을 이루고 있으며'로 보아 '일정한 성질이나 모양을 가진 존재가 되게 하다.'의 의미임을 알 수 있다.

ⓒ 주지

　→ '큰 영향을 주다'로 보아 '끼치다, 미치다.'의 의미임을 알 수 있다.

ⓓ 받으면

→ '빛의 영향을 받으면'으로 보아 '빛, 별, 열이나 바람 따위의 기운이 닿다.'의 의미임을 알 수 있다.

ⓔ 들어

→ '식물에 들어 있는 비타민 E'로 보아 '안에 담기거나 그 일부를 이루다.'의 의미임을 알 수 있다.

step 2. 선택지에 제시된 단어의 문맥적 의미를 정확하게 파악한다.

① ⓐ : 지진이 <u>일어나</u> 피해를 주었다.

→ '지진이 일어나'로 보아 '어떤 일이 생기다.'의 의미이다.

② ⓑ : 유리창에 빗방울이 무늬를 <u>이루고</u> 있다.

→ '무늬를 이루고 있다.'로 보아 '일정한 성질이나 모양을 가진 존재가 되게 하다.'의 의미이다.

③ ⓒ : 태풍은 우리나라에 피해를 <u>주지</u> 않았다.

→ '피해를 주다.'로 보아 '끼치다, 미치다.'의 의미이다.

④ ⓓ : 차가 난간을 <u>받으면</u> 안 되니까 조심해라.

→ '차가 난간을 받다'로 보아 '세차게 부딪치다.'의 의미이다.

⑤ ⓔ : 이 물질에는 염화마그네슘이 많이 <u>들어</u> 있다.

→ '염화마그네슘이 들어 있다.'로 보아 '안에 담기거나 그 일부를 이루다.'의 의미이다.

step 3. 지문과 선택지에서 파악한 의미를 바탕으로 정답을 찾는다.

문맥상 지문에 제시된 단어와 가장 가까운 의미로 쓰인 것은 '④'이다.

* 서술어와 결합된 문장 성분을 살펴보면, ⓓ는 '빛의 영향을 받다'로 어떤 기운이 닿는다는 의미인 반면, ④는 '차가 난간을 받다'로 강하게 부딪친다는 의미임을 알 수 있다.

30. ⓒ의 문맥적 의미와 가장 가까운 것은? [2016학년도 9월 모의평가 A형]

① 이 소설가는 개성이 살아 있는 문체로 유명하다.
② 아궁이에 불씨가 살아 있으니 장작을 더 넣어라.
③ 어제까지도 살아 있던 손목시계가 그만 멈춰 버렸다.
④ 흰긴수염고래는 지구에 살고 있는 동물 중 가장 크다.
⑤ 부부가 행복하게 살려면 서로를 존중하고 사랑해야 한다.

[정답 찾기 3step]

step 1. 지문에 제시된 단어의 문맥적 의미를 정확하게 파악한다.

ⓒ 살지

→ '질감이 뚜렷이 살지 않다.'로 보아 '성질이나 기운 따위가 뚜렷이 나타나다.'의 의미임을 알 수 있다.

step 2. 선택지에 제시된 단어의 문맥적 의미를 정확하게 파악한다.

① 이 소설가는 개성이 살아 있는 문체로 유명하다.

→ '개성이 살아 있는 문체'로 보아 '성질이나 기운 따위가 뚜렷이 나타나다..'의 의미이다.

② 아궁이에 불씨가 살아 있으니 장작을 더 넣어라.

→ '불씨가 살아 있다'로 보아 '불 따위가 타거나 비치고 있는 상태에 있다.'의 의미이다.

③ 어제까지도 살아 있던 손목시계가 그만 멈춰 버렸다.

→ '살아 있던 손목시계'로 보아 '움직이던 물체가 멈추지 않고 제 기능을 하다.'의 의미이다.

④ 흰긴수염고래는 지구에 살고 있는 동물 중 가장 크다.

→ '지구에 살고 있는 동물'로 보아 '어느 곳에 거주하거나 거처하다'의 의미이다.

⑤ 부부가 행복하게 살려면 서로를 존중하고 사랑해야 한다.

→ '부부가 행복하게 살다.'로 보아 '어떤 사람과 결혼하여 함께 생활하다.'의 의미이다.

step 3. 지문과 선택지에서 파악한 의미를 바탕으로 정답을 찾는다.

문맥상 지문에 제시된 단어와 가장 가까운 의미로 쓰인 것은 '①'이다.

b. 바꿔 쓰기

20. 문맥상 ⊙~⊙과 바꿔 쓰기에 적절하지 <u>않은</u> 것은? [2016학년도 6월 모의평가 B형]

① ⊙ : 미혹(迷惑)된   ② ⊙ : 수용(受容)하고
③ ⊙ : 탈피(脫皮)하여   ④ ⊙ : 출현(出現)할
⑤ ⊙ : 초월(超越)하여

[정답 찾기 3step]

step 1. 지문에 제시된 단어의 의미를 정확하게 파악한다.

⊙ 홀린

→ '장자가 새의 뒤를 홀린 듯 쫓는'으로 보아 '무엇의 유혹에 빠져 정신을 차리지 못하다.'의 의미이다.

⊙ 받아들이고

→ '좋다고 생각하는 것만을 받아들인다.'로 보아 '인정하고 용납하거나 이해하고 수용하다.'의 의미이다.

⊙ 벗어나

→ '아집의 상태에서 벗어나'로 보아 '빠져나오다'의 의미이다.

⊙ 드러날

→ '자신들의 존재가 드러날 수 있다.'로 보아 '두드러지다, 밝혀지다.'의 의미이다.

⊙ 뛰어넘어

→ '자아를 뛰어넘다.'로 보아 '이겨내다, 일정한 범위나 표준에서 벗어나다.'의 의미이다.

① ㉠ : 미혹(迷惑)된 [○]

　　→ '장자가 새의 뒤를 미혹된 듯 쫓는'이 되므로 문장의 의미가 그대로 유지되며 어색하지 않다. '미혹된'은 '무엇에 홀려 정신이 차려지지 못한'의 뜻이다.

② ㉡ : 수용(受容)하고 [○]

　　→ '좋다고 생각하는 것만을 수용한다.'가 되므로 문장의 의미가 그대로 유지되며 어색하지 않다. '수용하다'는 '어떠한 것을 받아들이다.'는 뜻이다.

③ ㉢ : 탈피(脫皮)하여 [○]

　　→ '아집의 상태에서 탈피하여'가 되므로 문장의 의미가 그대로 유지되며 어색하지 않다. '탈피하다'는 '일정한 상태나 처지에서 완전히 벗어나다.'의 뜻이다.

√ ④ ㉣ : 출현(出現)할. [X]

　　→ '자신들의 존재가 출현할 수 있다.'가 되므로 문장의 의미가 어색해진다.

지문에서 '드러내다'는 추상적 개념의 존재를 두드러지게 할 수 있다는 의미인데 반해, '출현하다'는 구체적 사물이 나타나거나 또는 나타나서 보인다는 의미이므로 바꿔 쓰기에 적절하지 않다.

⑤ ㉤ : 초월(超越)하여 [○]

　　→ '자아를 초월하여'가 되므로 문장의 의미가 그대로 유지되며 어색하지 않다. '초월하다'는 '어떠한 한계나 표준을 뛰어넘다'는 뜻이다.

26. 문맥상 ⓐ~ⓔ와 바꿔 쓰기에 적절하지 <u>않은</u> 것은? [2016학년도 9월 모의평가 A형]

① ⓐ : 이바지하는
② ⓑ : 내리는
③ ⓒ : 늘리더라도
④ ⓓ : 밀려난
⑤ ⓔ : 세울

[정답 찾기 3step]

step 1. 지문에 제시된 단어의 의미를 정확하게 파악한다.

ⓐ 기여하는

→ '소비자 권익에 기여하는 모습'으로 보아 '도움이 되도록 이바지하다.'의 의미이다.

ⓑ 인하하는

→ '가격을 인하하는 데'로 보아 '가격 따위를 낮추다.'의 의미이다.

ⓒ 증진하더라도,

→ '소비자 이익을 증진하더라도'로 보아 '점점 더 늘려 가고 나아가게 하다.'의 의미이다.

ⓓ 퇴출된

→ '시장에서 퇴출된 기업의 제품'으로 보아 '두드러지다, 밝혀지다.'의 의미이다.

ⓔ 유지할

→ '국가는 정책을 유지할 수밖에 없다.'로 보아 '어떤 상태나 상황을 그대로 보존하거나 변함없이 계속하여 지탱하다.'의 의미이다.

step 2. 선택지의 단어들을 지문에 직접 대입하여 문장의 의미가 그대로 유지되는지, 문장이 어색하지 않은지 판단한다.

① ⓐ : 이바지하는 [○]

→ '소비자 권익에 이바지하는 모습'이 되므로 문장의 의미가 그대로 유지되며 어색하지 않다. '이바지하다'는 '도움이 되게 하다'의 뜻이다.

② ⓑ : 내리는 [○]

→ '가격을 내리는 데'가 되므로 문장의 의미가 그대로 유지되며 어색하지 않다.

③ ⓒ : 늘리더라도 [○]

→ '소비자 이익을 늘리더라도'가 되므로 문장의 의미가 그대로 유지되며 어색하지 않다.

④ ⓓ : 밀려난 [○]

→ '시장에서 밀려난 기업의 제품'이 되므로 문장의 의미가 그대로 유지되며 어색하지 않다.

√ ⑤ ⓔ : 세울 [X]

→ '국가는 정책을 세울 수밖에 없다..'가 되므로 문장의 의미가 그대로 유지되지 않는다. '유지하다' 는 있는 상황을 그대로 보존한다는 의미인데 반해, '세우다'는 새로운 것을 이룩한다는 의미이다.

30. 문맥상 ⓐ~ⓔ와 바꿔 쓰기에 가장 적절한 것은? [2016학년도 수능 A형]

① ⓐ : 수취하였다
② ⓑ : 부가하는
③ ⓒ : 지시한다
④ ⓓ : 형성되었을
⑤ ⓔ : 경유하여

[정답 찾기 3step]

step 1. 지문에 제시된 단어의 의미를 정확하게 파악한다.

ⓐ 받아들였다.

→ 'P는 이를(제안을) 받아들였다'로 보아 '다른 사람의 요구, 성의, 말 따위를 들어주다.'의 의미이다.

ⓑ 덧붙이는

→ '제한을 덧붙이는 것을'로 보아 '겹쳐 붙이다'의 의미이다.

ⓒ 부른다.

→ '해제 조건이라 부른다.'로 보아 '무엇이라고 가리켜 말하거나 이름을 붙이다.'의 의미이다.

ⓓ 생겼을

→ '새로운 사정이 생겼을 때는'으로 보아 '어떤 일이 일어나다.'의 의미이다.

ⓔ 거쳐

→ '두 차례의 판결을 거쳐'로 보아 '어떤 과정이나 단계를 겪거나 밟다.'의 의미이다.

step 2. 선택지의 단어들을 지문에 직접 대입하여 문장의 의미가 그대로 유지되는지, 문장이 어색하지 않은지 판단한다.

① ⓐ : 수취하였다. [X]

→ 'P는 이를(제안을) 수취하였다'가 되므로 문장의 의미가 어색해진다. '수취하다'는 '물건을 가지다'는 뜻이므로 제안이라는 목적어와 어울리지 않는다.

√ ② ⓑ : 부가하는 [○]

→ '제한을 부가하는 것을'이 되므로 문장의 의미가 그대로 유지되며 어색하지 않다. '부가하다'는 '주된 것을 덧붙이다.'는 뜻이다.

③ ⓒ : 지시한다. [X]

→ '해제 조건이라 지시한다.'가 되므로 문장의 의미가 어색해진다.
지문에서 '부르다'는 이름을 붙이다는 의미인 반면, '지시하다'는 가리켜 보게 하다는 의미이므로 바꿔 쓰기에 적절하지 않다.

④ ⓓ : 형성되었을 [X]

→ '새로운 사정이 형성되었을 때는'가 되므로 문장의 의미가 어색해진다. '형성되다'는 '어떤 형상이 이루어지다'는 뜻으로, 구체적 형상이 주어로 나타나야 한다. 따라서 추상적 개념인 '사정'과는 어울리지 않는다.

⑤ ⓔ : 경유하여 [X]

→ '두 차례의 판결을 경유하여'가 되므로 문장의 의미가 어색해진다. '경유하다'는 '어떤 곳을 거쳐 지나다'는 뜻으로, 구체적 지명이나 장소가 제시되어야 한다. 따라서 추상적 개념인 '판결'과는 어울리지 않는다.

24. 문맥상 ⓒ과 바꿔 쓰기에 적절하지 <u>않은</u> 것은? [2017학년도 6월 모의평가]

① 맡기는 　　　 ② 가하는
③ 주는 　　　 ④ 안기는
⑤ 겪게 하는

[정답 찾기 3step]

step 1. 지문에 제시된 단어의 의미를 정확하게 파악한다.

ⓒ 끼치는

→ '인간에게 고통을 끼치는 실험'으로 보아 '영향, 해, 은혜 따위를 당하거나 입게 하다.'의 의미이다.

step 2. 선택지의 단어들을 지문에 직접 대입하여 문장의 의미가 그대로 유지되는지, 문장이 어색하지 않은지 판단한다.

√ ① 맡기는 [X]

→ '인간에게 고통을 맡기는 실험'이 되므로 문장의 의미가 어색해진다.
'맡기다'는 '물건을 보관하게 하다, 어떤 일을 담당하게 하다'는 뜻이므로 '고통을'이라는 목적어와 어울리지 않는다.

② 가하는 [○]

→ '인간에게 고통을 가하는 실험'이 되므로 문장의 의미가 그대로 유지되며 어색하지 않다. '가하는'은 '어떤 행위를 하거나 영향을 끼치다.'는 뜻이다.

③ 주는 [○]

→ '인간에게 고통을 주는 실험'이 되므로 문장의 의미가 그대로 유지되며 어색하지 않다.

④ 안기는 [○]

→ '인간에게 고통을 안기는 실험'이 되므로 문장의 의미가 그대로 유지되며 어색하지 않다.

⑤ 겪게 하는 [○]

→ '인간에게 고통을 겪게 하는 실험'이 되므로 문장의 의미가 그대로 유지되며 어색하지 않다.

39. 문맥상 ⊙과 바꿔 쓰기에 가장 적절한 것은? [2017학년도 9월 모의평가]

① 겸비(兼備)하면 ② 구비(具備)하면 ③ 대비(對備)하면
④ 예비(豫備)하면 ⑤ 정비(整備)하면

[정답 찾기 3step]

step 1. 지문에 제시된 단어의 의미를 정확하게 파악한다.

　　㉠ 갖추면

　　→ '단체도 요건을 갖추면'으로 보아 '있어야 할 것을 가지거나 차리다.'의 의미이다.

step 2. 선택지의 단어들을 지문에 직접 대입하여 문장의 의미가 그대로 유지되는지, 문장이
　　　　어색하지 않은지 판단한다.

　　① 겸비(兼備)하면 [X]

　　→ '단체도 요건을 겸비하면'이 되므로 문장의 의미가 어색해진다. '겸비하다'는 '두 가지 이상을
　　　아울러 갖추다.'의 뜻이므로 목적어가 '요건을' 하나 뿐인 문장에 쓰이면 어색하다.

√ ② 구비(具備)하면 [○]

　　→ '단체도 요건을 구비하면'이 되므로 문장의 의미가 그대로 유지되며 어색하지 않다. '구비하다'는
　　　'있어야 할 것을 빠짐없이 다 갖추다.'는 뜻이다.

　　③ 대비(對備)하면 [X]

　　→ '단체도 요건을 대비하면'이 되므로 문장의 의미가 어색해진다. '대비하다'는 '앞으로 일어날지도
　　　모르는 어떠한 일에 대응하기 위하여 미리 준비하다.'의 뜻이다.

　　④ 예비(豫備)하면 [X]

　　→ '단체도 요건을 예비하면'이 되므로 문장의 의미가 어색해진다. '예비하다'는 '필요할 때 쓰기
　　　위하여 미리 마련하거나 갖추어 놓다.'의 뜻이다.

　　⑤ 정비(整備)하면 [○]

　　→ '단체도 요건을 정비하면'이 되므로 문장의 의미가 의미가 어색해진다. '정비하다'는 '흐트러진
　　　체계를 정리하여 제대로 갖추다.'는 뜻이다.

20. 문맥상 ㉢과 바꿔 쓰기에 가장 적절한 것은? [2017학년도 11월 수능]

　　① 잇따른다　　② 다다른다　　③ 봉착한다
　　④ 회귀한다　　⑤ 기인한다

[정답 찾기 3step]

step 1. 지문에 제시된 단어의 의미를 정확하게 파악한다.

√ ⓒ 도달한다.

→ '주장은 근거가 없다는 결론에 도달한다.'로 보아 '목적한 곳이나 수준에 다다르다.'의 의미이다.

step 2. 선택지의 단어들을 지문에 직접 대입하여 문장의 의미가 그대로 유지되는지, 문장이
어색하지 않은지 판단한다.

① 잇따른다 [X]

→ '주장은 근거가 없다는 결론에 잇따른다.'가 되므로 문장의 의미가 그대로 유지되지 않는다. '잇따
르다'는 '어떤 사건이나 행동 따위가 이어 발생하다.'는 뜻으로, 연이어 결론이 발생한다는 의미의
문장이 되므로 바꿔 쓰기에 적절하지 않다.

② 다다른다 [○]

→ '주장은 근거가 없다는 결론에 다다른다.'가 되므로 문장의 의미가 그대로 유지되며 어색하지
않다. '다다르다'는 '목적한 곳에 이르다.'의 뜻이다.

③ 봉착한다 [X]

→ 주장은 근거가 없다는 결론에 봉착한다.'가 되므로 문장의 의미가 그대로 유지되지 않는다. '봉착하
다'는 '어떤 처지나 상태에 부닥치다.'는 뜻이므로 부정적 의미를 내포하는 부사어와 어울린다.

④ 회귀한다 [X]

→ '주장은 근거가 없다는 결론에 회귀한다.'가 되므로 문장의 의미가 그대로 유지되지 않는다. '회귀
하다'는 '한 바퀴 돌아 제자리로 돌아오거나 돌아가다.'는 뜻으로, 바꿔 쓰기에 적절하지 않다.

⑤ 기인한다 [X]

→ '주장은 근거가 없다는 결론에 기인한다.'가 되므로 문장의 의미가 그대로 유지되지 않는다. '기인
하다'는 '어떠한 것에 원인을 두다.'는 뜻이므로 바꿔 쓰기에 적절하지 않다.

c. 사전적 의미 파악하기

24. ⓐ~ⓔ의 사전적 의미로 적절하지 <u>않은</u> 것은? [2016학년도 6월 모의평가 B형]

① ⓐ : 쫓아내거나 몰아냄.
② ⓑ : 여럿이 함께 무슨 일을 하거나 함께 책임을 짐.
③ ⓒ : 겉으로 나타냄.
④ ⓓ : 나쁜 상태나 타락한 상태에 빠짐.
⑤ ⓔ : 어떤 일에 온 정신을 다 기울여 열중함.

[정답 찾기 3step]

step 1. 지문에 제시된 단어의 사전적 의미를 파악한다.

ⓐ 방치(放置) → 내버려 둠.

ⓑ 연대(連帶) → 여럿이 함께 무슨 일을 하거나 함께 책임을 짐.

ⓒ 표출(表出) → 겉으로 나타냄.

ⓓ 전락(轉落) → 나쁜 상태나 타락한 상태에 빠짐.

ⓔ 몰두(沒頭) → 어떤 일에 온 정신을 다 기울여 열중함.

step 2. step 1에서 파악한 의미를 선택지와 비교하여 정답을 찾는다.

정답은 ① ⓐ이다. '쫓아내거나 몰아냄'은 '축출'의 사전적 의미이다.

박종석 (집필)

울산제일고등학교(chpark650@hanmail.net)
동아대학교 국어국문학과 박사과정 졸업(문학박사)
전국연합학력평가 언어영역 출제팀장(전국시도연합 주관)
EBS 수능완성(고3) 실전편 집필 / EBS 천재의 약속(한국교육방송공사)
2015개정 고등 '국어'(미래엔) 교과서 집필 위원

조연현평전(2006): 동아일보, 서울신문, 부산일보, 연합뉴스(서울)
대학을 사로잡는 자기소개서, 추천서(2012): 한국일보 인터뷰
송욱문학연구(2000)
송욱평전(2000)
한국 현대시의 탐색(2001)
작가 연구 방법론(2003년도 문화관광부 추천-우수학술도서)
비평과 삶의 감각(2004)
현대시 분석 방법론(2005년도 제 2회 울산작가상)
정상으로 통하는 논술(2007)
통합교과 논술 100시간(2008, 공저)
현대시와 표절 양상(2008)
송욱의 실험시와 주체적 시학(2008)
에고티스트 송욱의 삶과 문학(2009)
박종석의 글쓰기 기술(수정증보판, 2015)
대학을 사로잡는 자기소개서, 추천서(2012, 공저)
명문대가 뽑아주는 대입 자기소개서, 추천서(2013, 공저)
명문대가 뽑아주는 대입 면접의 모든 것(2014, 공저)
「명문대가 뽑아 주는 대입전략의 모든 것」(2015, 공저)
「명문대가 뽑아 주는 동아리 활동의 모든 것」(2016, 공저)
「자소설 말고 자소서」(교육법인 동아일보사, 2017, 공저)
「과정중심평가로 대학간다 1」(2018, 공저) : 아주경제 신문 소개
「speed 수능 국어의 답- 독서 영역 편 1부-」(2019)
「speed 수능 국어의 답- 문학 영역 편 1부-」(2020)

임소라(문수고등학교) (집필)

경북대학교 국어교육학과 졸업
전국연합학력평가 언어영역 출제(전국시도연합 주관)
「speed 수능 국어의 답- 문학 영역 편 1부-」(2020) 검토

안세봉(강남고등학교) (검토) ─────────

부산대학교 국어교육학과 석사과정 졸업
전국연합학력평가 언어영역 출제(전국시도연합 주관)
EBS 수능완성(고3) 실전편 집필/ EBS 수능N 집필(한국교육방송공사)
2015개정 '국어' 교과서 집필(창비)
「대학을 사로잡는 자기소개서, 추천서」(2012, 공저)
「명문대가 뽑아 주는 대입 자기소개서, 추천서」(2013, 공저)
「명문대가 뽑아 주는 대입전략의 모든 것」(2015, 공저)

문법 영역 편 1부

초판인쇄   2020년 5월 25일
초판발행   2020년 5월 25일

지은이   박종석·임소라
펴낸이   채종준
펴낸곳   한국학술정보㈜
주소   경기도 파주시 회동길 230(문발동)
전화   031) 908-3181(대표)
팩스   031) 908-3189
홈페이지   http://ebook.kstudy.com
전자우편   출판사업부 publish@kstudy.com
등록   제일산-115호(2000. 6. 19)

ISBN   978-89-268-9940-3 03710